Michael Lüders (Hrsg.)
Der Islam im Aufbruch?

W0094357

SERIE PIPER
Band 1569

Zu diesem Buch

Der zweite Golfkrieg hat den Krisenherd Naher Osten nur vorübergehend wieder ins Bewußtsein der Öffentlichkeit gebracht. Westlich/christliche und östlich/islamische Welt standen sich in der Aktion »Desert Storm« unversöhnlich gegenüber, so schien es jedenfalls. In Saddam Hussein fanden die Anhänger der Idee eines Panarabismus eine neue Leitfigur – aber die westlichen Medien auch ihr Feindbild, um das Schreckgespenst einer Bedrohung durch den Islam an die Wand zu malen.

Wissenschaftler und Publizisten aus beiden Kulturen diskutieren im vorliegenden Band die Perspektiven der Moderne in der islamischen Welt, wie sie sich in der Auseinandersetzung mit der Geschichte und der westlichen Zivilisation darstellt.

Michael Lüders, geboren 1959, studierte Islamwissenschaft, Politologie und Publizistik in Berlin, Arabische Literatur in Damaskus. Promotion über das ägyptische Kino. Autor, Redakteur und Filmemacher beim Südwestfunk, Baden-Baden.

Der Islam im Aufbruch?

Perspektiven der arabischen Welt

Herausgegeben von
Michael Lüders

Piper
München Zürich

Soweit nichts anderes vermerkt ist,
stammen die Übersetzungen vom Herausgeber.
Die Karikatur auf S. 279 wurde
mit freundlicher Genehmigung
des Künstlers verwendet.

ISBN 3-492-11569-1
Originalausgabe
Juni 1992
© R. Piper GmbH & Co. KG, München 1992
Umschlag: Federico Luci
Foto: Süddeutscher Bilderdienst, München
Gesamtherstellung: Clausen & Bosse, Leck
Printed in Germany

Inhalt

Nachlese

Vorwort

Kurz vor Ausbruch des Golfkrieges hatte ich in Ägypten Gelegenheit, die große Spannweite der öffentlichen Debatte zu verfolgen, für und wider Saddam Hussein. Gewiß gab es viele Sympathien für den irakischen Diktator, vor allem, weil er es wagte, westliche, amerikanische Interessen offen herauszufordern. Überwiegend herrschte jedoch Ratlosigkeit und Sorge, besonders unter Intellektuellen und ägyptischen Gastarbeitern, die ihre Jobs in Kuweit und Irak verloren hatten. Jedenfalls war das Stimmungsbild äußerst differenziert und entsprach so gar nicht dem hiesigen Medienbild, das den Nahen Osten gerne vereinfacht und mythologisiert: Allah, Blut und Heiliger Krieg, Gefahr für den Westen.

Die wenigsten von uns haben Sympathien für die arabische, die islamische Welt. Warum das so ist? Vielleicht, weil wir im Gesicht des Islam Facetten unserer eigenen Existenz entdecken, die uns selber längst unheimlich geworden sind. Man spiegelt sich im Fremden und erkennt sich wieder, unbewußt und widerwillig. Da sind Sinnlichkeit, Leidenschaft, Brüderlichkeit, große Gefühle, die bis in die Politik reichen, umschlagen in Fanatismus und Haß, sich selber zerstören, Geiseln nehmen, Kriege führen, alles im Namen von Ideologie und Religion, destruktiv, aber eben Teil menschlicher Zivilisation, die es in ihren zerstörerischen Anteilen zu überwinden gilt. Eben das ist ja die Aufgabe menschlicher Vernunft.

Die technisch-rationale, westliche Industriekultur behauptet, sie habe diese Anteile überwunden. Sie besitze die Vernunft. Habe ihren niederen Instinkten, habe der Gewalt entsagt. Das stimmt zum Teil, aber eben nur zum Teil. Die Gewalt hat ihr Gesicht verändert, aber sie ist existent in den westlichen

Industriegesellschaften, nach innen wie nach außen. Saddam Hussein verkörpert archaische Gewalt: Er tötet seine Gegner, wenn es ihm gefällt, noch mit eigener Hand. Westliche Gewalt ist abstrakter, entsinnlichter, indirekter, eben High Tech, wie im Golfkrieg demonstriert. Wir halten das für zivilisiert und dämonisieren archetypische Gewalttäter wie Saddam Hussein oder Ayatollah Khomeini. Das schafft Gewißheiten in einer Welt neuer politischer Unübersichtlichkeiten und rechtfertigt eigene Machtpolitik als menschliche Mission. Überdies hat die mentale Orientalisierung von Gewalt den für die Täter von gestern erfreulichen Nebeneffekt, daß sich eigene historische Schuld gleichermaßen exportiert und entsprechend relativiert: Saddam gleich Hitler.

Die arabischen Gesellschaften leiden unter dieser archaischen Gewalt, und sie versuchen, sie zu überwinden. Ihre aufgeklärten Teile jedenfalls. Nirgends habe ich derart leidenschaftliche Debatten über Politik verfolgt wie im Orient, trotz Diktatur und Despotie. Die Menschen sehnen sich nach Freiheit und Demokratie, nicht anders als in Osteuropa, nur interessiert sich kaum jemand für diese Menschen, anders als in Osteuropa. Aufgeklärte arabische Stimmen sind nur selten in den Medien vertreten – vielleicht, weil ihre Ansichten nicht ganz so spektakulär sind wie die Bilder von grimmigen Fundamentalisten, die »Tod den Ungläubigen« rufen oder die amerikanische Fahne verbrennen. Dennoch glaube ich, daß die Ausführungen etwa von Fuad Zakariya, Tahar Ben Jelloun, Mohammed Arkoun oder Adonis für weite Teile der arabischen Öffentlichkeit repräsentativer sind als der oberflächliche, anti-westliche Diskurs der Fundamentalisten, der sich in der Ventilierung von Gefühlen kultureller Orientierungslosigkeit erschöpft, ohne konkrete gesellschaftliche Programme anzubieten.

Arabische Intellektuelle, vor allem Schriftsteller und Dichter, erzielen in ihren Gesellschaften traditionell eine sehr viel größere Resonanz als ihre Kollegen in Europa, nicht selten allerdings auf Kosten heftiger Anfeindungen, die dann ins Exil nach Paris oder London führen. Dennoch, ich glaube, daß ihr öffentlicher Einfluß in dem Maße zunehmen wird, in dem islamistische Bewegungen ihre Unfähigkeit offenbaren, die drängenden Probleme der Zeit zu lösen. Das betrifft insbesondere das Verhältnis von Islam und Moderne, die Frage, wie die arabischen Gesellschaften den Anschluß an die technisch-rationale Moderne finden können, ohne ihre eigene, islamisch geprägte Identität zu verlieren. Die arabischen Autoren des Buches sind darin unmißverständlich einer Meinung: Ohne eine zumindest partielle Säkularisierung ist diese historische Aufgabe nicht zu bewältigen.

Womit wir bei den Perspektiven wären, und damit schon mitten im Band. Den thematisch zweigeteilten »Perspektiven« – zunächst geht es um arabische Intellektuelle und ihr Verhältnis zu Staat und Gesellschaft, anschließend um reformistisches Denken im Islam – ist die Analyse wesentlicher Krisensymptome der arabischen Welt vorangestellt. Aus der einfachen Überlegung, daß über die Zukunft nur reden kann, wer Vergangenheit und Gegenwart kennt. Denn das Buch will von praktischem Nutzen sein: Es möchte den Leser fundiert informieren und ihn gleichzeitig bekanntmachen mit aufgeklärtem arabischen Denken, das politische Gewalt und religiösen Fundamentalismus zu überwinden sucht.

Angestrebt war gute Lesbarkeit, deswegen die essayistische Form der Beiträge, die es erlaubt, Analyse mit Subjektivität zu verbinden. Am sinnvollsten erschien mir, arabische und deutschsprachige Autoren gleichermaßen zu gewinnen – schon um zu vermeiden, daß sich das Buch in einer inner-arabischen Debatte verliert. Das Spektrum der Essays reicht vom polemischen Aperçu zur umfassenden Analyse, und gewiß enthalten die einzelnen Beiträge hinlänglich Stoff für weitere, kontroverse Diskussionen. Was ja kein schlechtes Ergebnis wäre.

Michael Lüders

Die Autoren haben arabische Namen und Begriffe zum Teil unterschiedlich wiedergegeben, so daß gelegentlich dasselbe Wort in verschiedenen Schreibweisen vorkommt, z. B. Scharia neben šarîᶜa.

Symptome einer Krise

FRIEDEMANN BÜTTNER

Im Schatten des »Achten Kreuzzugs«: Die Araber und der Westen nach dem Golfkrieg

»Nichts wird im Nahen Osten mehr sein wie bisher!« Intellektuelle in der Region, Nahostexperten im Westen, Journalisten vor Ort hatten während der Golfkrise das Gefühl, Zeuge von Ereignissen zu sein, die die Strukturen arabischer Politik, wenn nicht gar die Strukturen der Gesellschaften insgesamt grundlegend verändern würden. Nicht nur die Intensität der politischen und militärischen Konfrontation zwischen Saddam Hussein auf der einen und der von den USA aufgebauten und zusammengehaltenen pro-kuwaitischen Koalition auf der anderen Seite schien alles in den Schatten zu stellen, was die Region bisher an Konflikten erlebt hatte. Beispiellos schien auch – zumindest für die Phase seit Errichtung des heutigen arabischen Staatensystems –, daß die USA und andere Staaten des Westens von Arabern gegen Araber zu Hilfe geholt, christliche Truppen von Muslimen gegen Muslime aufgeboten wurden.

Ausgerechnet Saudi-Arabien, die Hüterin der heiligsten Stätten des Islam, hatte die Christen ins Land gerufen. Das Vorbild des Propheten Muhammad, der sich in Krisensituationen ohne Zögern von Nicht-Muslimen hatte helfen lassen, mochte das Verhalten von König Fahd vielleicht juristisch-theologisch legitimieren. Die von der Machtentfaltung der Amerikaner erschrockenen Menschen konnte Fahd mit diesem Argument nicht gewinnen. Im Gegenteil: Hunderttausende demonstrierten in allen Teilen der islamischen Welt gegen die westliche Militärpräsenz; und der Protest blieb nicht auf Staaten beschränkt, die eine Beteiligung an der Anti-Saddam-Koalition ablehnten, oder, wie Jordanien, im Konflikt vermitteln wollten. Auch in den mit Kuwait und den USA verbündeten Staaten Ägypten und Syrien hat es noch bei keinem Konflikt einen vergleichbaren Widerspruch zwischen der Politik der Regierung und der Haltung weiter Bevölkerungskreise gegeben.

Saddam Hussein und die Krise der arabischen Gesellschaften

Durch Saddams Reden nicht weniger als durch seine Taten waren quer durch alle Parteien und Bewegungen hitzige Debatten ausgelöst worden über die Besetzung Kuwaits und Palästinas, über die Interessen des Westens in der Region und die Interessen der Araber, über die ungerechte Verteilung des Ölreichtums, die Willkürlichkeit der postkolonialen Grenzen und die geringe Legitimität der meisten Regime, über Autoritarismus und Demokratisierung, über Identität und Authentizität.[1]

Niemand, auch kein Palästinenser, konnte Saddam abnehmen, daß er an Palästina gedacht habe, als er den Überfall auf Kuwait befahl. Erst als ihm zustimmende Reaktionen vieler Palästinenser einen Propagandagewinn versprachen, hat er das Thema ebenso aufgegriffen wie andere Themen: Mit Parolen wie der »Befreiung Palästinas«, dem »Kampf um die arabische Einheit« und dem »Heiligen Krieg« der Muslime zur Verteidigung gegen den neuen »Kreuzzug« des Westens ist es Saddam 1990 gelungen, die Kuwait-Krise allmählich zum ersten Akt eines Dramas hochzuspielen, in dem fast alle Probleme gelöst werden sollten, an denen die Region krankt.

Geschickt verstanden es Saddam und sein Propaganda-Apparat, den frustrierten Menschen einen ursächlich Schuldigen anzubieten, einen in letzter Instanz Verantwortlichen für die all-

---

1 Vgl. etwa die vorzügliche Analyse von Al-Saiyid Yasin, Die intellektuelle Auseinandersetzung mit der Golfkrise (arab.), in: ders. (Hrsg.), Der arabische strategische Bericht 1990 (arab., Jahrbuch des Ahram-Zentrums für Politische und Strategische Studien), Kairo 1991, S. 9–26, und auch andere Beiträge im selben Band.

gemein perspektivenlosen Lebensumstände: »der Westen«, symbolisiert und personifiziert durch die USA. Der Westen habe im kolonialen Interesse künstliche Grenzen geschaffen; der Westen habe jeden Lösungsversuch in der Palästinafrage blockiert; der Westen schütze mit seiner gewaltigen Streitmacht letztlich nur den Familienbesitz der »Ölscheiche«; der Westen lasse Araber und Muslime immer wieder mit empörender Arroganz seine unerreichbare Überlegenheit spüren.

Es waren kaum persönliche Sympathien für Saddam, die die Menschen auf die Seite des Irak getrieben haben. Aber Saddam hatte es – wie seit den Tagen Gamal Abdel Nassers kein arabischer Politiker mehr – verstanden, ungelöste Probleme so miteinander zu verquicken, daß sich die Frustrationen der unter mannigfachen Ungerechtigkeiten leidenden Menschen in Hoffnung auf die befreiende Tat Saddams und in Wut gegen den Westen verwandeln konnten. Gegenüber diesem Westen erschien Saddam plötzlich wie ein Ritter ohne Furcht und Tadel. Je hartnäckiger er jeden Kompromiß ablehnte und den militärischen Konflikt mit den USA und ihren Alliierten in Kauf nahm, ja, geradezu heraufbeschwor, desto mehr Zustimmung schien er bei den demonstrierenden »Massen« zu finden. Art und Ausmaß der alliierten Kriegführung gegen den Irak haben all die Gefühle der Ablehnung nur bestätigt und bestärkt.

Während in unseren Medien Bestsellerautoren, die sich als »Nahost-Experten« verkaufen, mit handlichen Vereinfachungen »irrationale Araber« und »den Islam« zu neuen Feindbildern aufzubauen versuchten und Ängste vor einem Sturm fanatischer Fundamentalisten auf Europa schürten, empfanden viele Islamisten – also Vertreter eines ideologisierten und politisierten Islam – den Golfkrieg als Teil eines »Achten Kreuzzugs« des Westens, mit dem die Macht des Islam endgültig zerstört werden solle.

Hinter solch klischeehaften Bildern, in denen Erfahrungen und Ängste längst vergangener Jahrhunderte wieder an die Oberfläche drängen, verschwinden leicht die realen Konfliktpunkte der Golfkrise aus dem Blickfeld: Saddam hatte mit der Besetzung und Annexion Kuwaits das gesamte postkoloniale arabische Staatensystem in Frage gestellt, dessen Grenzen kaum den Zielen und Hoffnungen der arabischen und anderer Nationalisten entsprochen hatten, dessen faktische Existenz und Unantastbarkeit jedoch alle Staaten akzeptiert zu haben schienen. Saddam hatte auch die Verteilungsprobleme in der Region und die Verflechtung regionaler mit westlichen Interessen auf drastische Weise sichtbar gemacht.

In den Monaten vor dem Überfall auf Kuwait hatte sich Saddam empört, daß Kuwait einerseits auf der Rückzahlung der irakischen Kriegsschulden aus dem Krieg gegen Iran bestand, andererseits aber durch die gemeinsam mit Saudi-Arabien verfolgte Ölpolitik hoher Fördermengen zu niedrigen Preisen verhinderte, daß der Irak die benötigten Öleinnahmen erzielen konnte. Dies schien Ausdruck einer zunehmenden Kapitalverflechtung der Staaten des Golf-Kooperationsrates (GKR) mit westlichen Industrieunternehmen. Denen war an stabilen, niedrigen Ölpreisen gelegen – was die Golfstaaten entsprechend berücksichtig haben, mehr als die wirtschaftlichen oder gar politischen Interessen.

Für einige der Staaten, die eine Teilnahme an der Anti-Saddam-Koalition ablehnten, lag in der hier sichtbar werdenden Interessenidentität zwischen den Golfstaaten einerseits und dem Westen andererseits die eigentliche Ursache des Konflikts. Gegen den Vorwurf mangelnder Solidarität mit dem geschundenen Kuwait stand der Vorwurf mangelnder Solidarität Kuwaits und der anderen GKR-Staaten mit dem Irak und anderen arabischen »Bruderländern« vor der Krise.

Zwar sind die Zeiten vorbei, in denen Kuwait, Saudi-Arabien und andere GKR-Staaten über die weltweit höchsten Pro-Kopf-Einkommen verfügten; die Golfstaaten nehmen diese Konsequenz ihrer Niedrigpreispolitik jedoch in Kauf, weil es die eigenen Kapitalinvestitionen im Westen zu sichern hilft. Ganz abgesehen davon ist auch trotz gesunkener Ölrenten der Gegensatz von reich und arm noch immer nirgends krasser ausgeprägt als in dieser Region, wo der Arabischen Halbinsel, nur durch das Rote Meer getrennt, einige der ärmsten Staaten der Erde unmittelbar gegenüberliegen: Somalia, Äthiopien, Sudan, selbst noch Ägypten. Verglichen mit dem ägyptischen Pro-Kopf-Einkommen war das kuwaitische vor Beginn der

Krise 25mal höher, gemessen an dem äthiopischen gar 130mal. Mit weniger als einem Drittel allein jenes Vermögens, das die arabischen Golfstaaten im westlichen Ausland angelegt haben, hätten sich die drückenden Auslandsschulden aller anderen arabischen Staaten begleichen lassen – einschließlich der gewaltigen Kriegsschulden des Irak.

Kuwait genoß darum nicht unbedingt nur Sympathie bei arabischen Politikern; und die Tatsache, daß der Lebensstil der Reichen in den Ölstaaten nur durch ein Millionenheer von Arbeitsmigranten aus den ärmeren arabischen »Bruderländern« und den noch ärmeren Staaten Süd- und Südostasiens hatte aufgebaut und aufrechterhalten werden können, akzentuierte das Verteilungsproblem auf der »unteren Ebene« noch zusätzlich: Denn manch einer von denen, die mit mannigfachen Diskriminierungen, vor allem ohne alle Bürgerrechte, jahrelang für die Reichen hatten schuften müssen, empfand nach der irakischen Invasion auch dann noch Schadenfreude über die Vertreibung der kuwaitischen Elite, als er selbst Kuwait fluchtartig verlassen mußte.

Hoffnung auf ein Ende der Diktaturen

Bereits während der Eskalation der Krise – und dann vor allem während der alliierten Luftangriffe – machte sich unter arabischen Intellektuellen – Journalisten, Schriftsteller, Wissenschaftler – das lähmende Gefühl breit, daß nicht nur der Irak verlieren werde. Zu offensichtlich wurde, daß vor allem die USA ihre Kriegsziele erreichen würden, außer ihnen und der kuwaitischen Herrscherfamilie aber kaum jemand aus dem Krieg Nutzen ziehen konnte. Selbst die »Gewinner« Saudi-Arabien und die Golfstaaten mußten ja begreifen, daß sie sich trotz der Milliardeninvestitionen in ihre Militärapparate nicht aus eigener Kraft gegen eine regionale Hegemonialmacht wie den Irak verteidigen können.

Die arabische Welt insgesamt werde aus dieser Schlacht geschlagen hervorgehen, meinte etwa der in Paris lehrende libanesische Politikwissenschaftler Ghassan Salame, und *jeder*

Araber, auch der Ägypter oder der Saudi, werde sich nach der Zerstörung der höchstentwickelten Militärmacht der Region »ein bißchen nackter fühlen. Die Araber werden kaum beliebt sein, wenn sie es denn je überhaupt waren. Sie werden sich selbst kaum ausstehen, die einen, weil sie Saddam bewundert haben, die anderen, weil sie sich gegen ihn verschworen haben.«[2]

Andererseits sah der ägyptische Soziologe Saad Eddin Ibrahim in der Golfkrise auch eine Chance, weil sie die seit langem ungelösten und grundlegenden Problemkomplexe wieder offengelegt und ihre Lösung dringlicher gemacht hat. Diese Problemkomplexe ergeben sich zum einen aus der kolonialen Aufsplitterung der arabischen Welt, zum anderen aus den bedrohlichen Folgen der ungleichen Verteilung des Reichtums in der Region. Daneben benannte Ibrahim die strukturellen Faktoren, die eine rationale Lösung der Probleme verhindert haben: autoritäre Herrschaftsstrukturen und Interventionen des Westens.

Auf beiden Seiten des Konflikts stünden sich, so Ibrahim, despotische Regime gegenüber – ein von Saddam repräsentierter moderner Despotismus und der traditionelle Despotismus der Golfmonarchien –, die beide keine Verbindung zu den Bedürfnissen der Bevölkerung haben und sich den weltweiten Trends zu Demokratisierung wie zur Verwirklichung von Menschenrechten und anderen grundlegenden Freiheiten verschließen.[3] Hier setzten die Hoffnungen von Politikern und Intellektuellen in vielen Ländern an: So wie von den westlichen Alliierten ein demokratischer Irak als letztes Ziel der Intervention proklamiert wurde, sollte auch das befreite Kuwait mit einem demokratischeren System wiederaufgebaut werden.

---

2 Ghassan Salame, Jeder Araber wird sich ein bißchen nackter fühlen. Perspektiven der Nachkriegszeit im Nahen Osten, in: die taz, 16.2.1991 (zit. nach taz Golf Journal, Frankfurt 1991, S. 47).
3 Saad Eddin Ibrahim in einem Interview mit Karim El-Gawhary, in: die taz, 16.1.1991 (zit. nach ebda., S. 48).

Insofern schien die Krise ein Ende der Diktaturen in der Region einzuläuten: Jener Prozeß, der Mitte der siebziger Jahre im nördlichen Mittelmeerraum mit dem Zusammenbruch der Diktaturen Griechenlands, Portugals und Spaniens begonnen und sich in der Rückkehr zur Demokratie in Lateinamerika sowie der Auflösung der real-sozialistischen Systeme Osteuropas fortgesetzt hatte, würde nun zugleich mit dem sub-saharischen Afrika auch den südlichen Mittelmeerraum und die arabischen Staaten erreichen. Wohl keine Demokratisierung, aber doch deutliche Schritte in Richtung auf mehr Pluralität und Partizipation hatte es bereits 1988 mit dem Nationalpakt in Tunesien und 1989 bei den Parlamentswahlen in Jordanien gegeben. Für 1991 waren freie Parlamentswahlen in Algerien angekündigt. Selbst Saudi-Arabien wollte nach der Golfkrise eine beratende Versammlung zulassen ...

Doch die Hoffnungen haben sich nicht erfüllt. Saddam Hussein ist nach wie vor an der Macht und hat sogar an Legitimität gewonnen, weil die hungernde und medizinisch unterversorgte Bevölkerung für ihre Leiden nicht Saddam, sondern die Embargopolitik der siegreichen Alliierten verantwortlich macht. Unterdessen rufen die USA vergeblich zum Sturz des *Diktators* auf.

Als jedoch nach dem Ende des Krieges Schiiten und Kurden zum Sturz des *Regimes* angesetzt hatten, ließen die USA zu, daß die geschwächten, aber keineswegs vernichteten Republikanischen Garden Saddams die Aufstände niederschlugen. Ein geschwächter und seiner nicht-konventionellen Waffen beraubter Saddam erschien den USA offenbar berechenbarer als ein Bündnis von Schiiten, Kurden und der linken, vor allem kommunistischen irakischen Opposition. Ein solch prekäres Bündnis von Gruppen, von denen sich die erste religiös, die zweite ethnisch und die dritte ideologisch definiert, hätte kaum Bestand gehabt. Mit einem Zerfall des Bündnisses wäre zugleich der irakische Staat vom Zerfall bedroht gewesen. Das aber hätte bei den Nachbarn Befürchtungen und, angesichts des irakischen Ölreichtums, zugleich Begehrlichkeiten auslösen und dadurch wiederum die Stabilität des etablierten Staatensystems in Frage stellen können. Existierende Grenzen und Staaten wollten die USA mit ihrer »Neuen Weltordnung« aber offensichtlich nicht zur Disposition stellen: Das galt für Kuwait so gut wie nun für den Irak.

Auch in Kuwait war die Herrscherfamilie nach ihrer Rückkehr kaum zu demokratischen Reformen bereit. Im Gegenteil war der Wunsch nach Rache an den Palästinensern, denen pauschal Kollaboration vorgeworfen wurde, so stark, daß kuwaitische Menschenrechtsverletzungen Vergleiche mit dem Verhalten der irakischen Besatzer provozierten. Dabei war die Mehrheit der Palästinenser durchaus loyal geblieben. Doch selbst einem so anerkannt gemäßigten Palästinenserführer wie Khalid el-Hassan wurde die kuwaitische Staatsbürgerschaft entzogen – obwohl sein Sohn sogar im kuwaitischen Widerstand gegen die Iraker gekämpft hatte.

In anderen Staaten der Region hatte der Konflikt zwar große Demonstrationen und vielfältige Debatten ausgelöst, von einer Öffnung und Liberalisierung der Regime war in der Folgezeit aber nur wenig zu spüren. In den meisten Ländern wurden Pluralisierungsprozesse wieder gebremst und die Schrauben eher angezogen. Nicht besser stand es, wie Ali E. Hillal Dessouki im folgenden Beitrag zeigt, um die zwischenstaatlichen Beziehungen in der arabischen Welt... Nur wenige Monate nach dem Ende einer traumatisierenden Krisen- und Kriegserfahrung, nach der nichts mehr so hatte sein sollen wie bisher, schien alles wieder beim alten.

Auch die USA und die Europäer schienen zur Tagesordnung übergegangen zu sein: Das endgültige Auseinanderbrechen der Sowjetunion, der erschreckend militante Ethno-Nationalismus in einigen der neuen unabhängigen Staaten und nicht zuletzt der Bürgerkrieg in Jugoslawien verdrängten Golf und Nahen Osten weitgehend aus den Schlagzeilen – ganz besonders in der Bundesrepublik, die mit den wirtschaftlichen, sozialen und zunehmend auch negativen politischen Folgen der Vereinigung genügend Schlagzeilen selbst produzierte.

Die »Neue Weltordnung« erwies sich als gefährlicher und gefährdeter, als es jene sarkastische Formel vermuten läßt, die die »Neue Weltordnung« als »die alte Weltordnung minus Sowjetunion« definiert.[4] Wenn militanter Nationalismus, Bürgerkrieg und die Erosion des Staatensystems in Osteuropa und demnächst vielleicht auch noch in anderen Regionen der Welt ebenso Kennzeichen der »Neuen Weltordnung« sein sollten wie Kriege im Stil des »Wüstensturms«, dann gäbe es guten Grund, sich nach der alten Weltordnung mit der stabilisierenden und dadurch Frieden erhaltenden Wirkung des Kalten Krieges zurückzusehnen.

»Neue Weltordnung« oder Pax Americana für den Nahen Osten?

In seiner Fernsehrede an die amerikanische Nation zwei Stunden nach Beginn der alliierten Luftangriffe auf den Irak sprach Präsident George Bush von der »Chance, für uns und für zukünftige Generationen eine neue Weltordnung zu formen, ...eine Ordnung, in der glaubwürdige Vereinte Nationen ihre friedensbewahrende Rolle einsetzen können, um das Versprechen und die Vision der Gründer der UNO zu erfüllen«.[5] Politiker und Kommentatoren in den mit Kuwait verbündeten arabischen Staaten nahmen die Formel von der »Neuen Weltordnung« positiv auf. Boutros Boutros-Ghali, während des Golfkriegs noch für Ägyptens Außenpolitik zuständig, verband sogar im Herbst 1991 seine Kandidatur für das Amt des Generalsekretärs der Vereinten Nationen wiederholt mit der Erklärung, wichtigste Aufgabe der UNO in den nächsten Jahren werde es sein, die »Neue Weltordnung« zu realisieren.

Zu diesem Zeitpunkt waren jedoch schon dunkle Schatten

---

4 Richard Falk, The Cruelty of Geopolitics in the Middle East, Referat bei der Konferenz des Middle East Institute: After Desert Storm. Settling Dust or Unsettling Gust in the Middle East, Washington/D.C., 22. 11. 1991.
5 Präsident George Bush, Rede an die amerikanische Nation am 17. 1. 1991, in: Gert Krell/Bernd W. Kubbig (Hrsg.), Krieg und Frieden am Golf. Ursachen und Perspektiven, Frankfurt 1991, S. 209–212 (Zitat S. 211).

auf dieses Konzept und die Rolle der USA gefallen. Anfänglich waren vor allem Sympathisanten Saddam Husseins der Ansicht gewesen, die USA hätten ihn in eine Falle gelockt. Da diese These ziemlich einfach gestrickt war, ließ sie sich zunächst als Verschwörungstheorie abtun. Je mehr sich jedoch herausstellte, daß die Bush-Administration bereits zwei Tage nach der irakischen Kuwait-Invasion entschlossen gewesen zu sein scheint, militärisch gegen Saddam vorzugehen, desto kritischer wurden Ziele und Verhalten der USA beurteilt. Eine Befragung von 250 arabischen Intellektuellen, darunter zahlreiche Politikberater, ergab, daß sich deren Einschätzung der amerikanischen Politik in den Monaten nach Kriegsende bis zum Spätherbst 1991 immer stärker verschoben hat, bis schließlich über 80 % der Befragten die USA für die Eskalation bis hin zum Krieg verantwortlich machten, den Washington schon Monate zuvor fest eingeplant hätte.[6]

Zweifellos haben die USA ihre eigenen Ziele in der Golfkrise verfolgt, und diese beschränkten sich ganz gewiß nicht darauf, mit der Souveränität Kuwaits die internationale Rechtsordnung wiederherzustellen. Zu verhindern, daß Saddam Hussein zwei Drittel der Erdölreserven der Region kontrolliert, war ein mindestens ebenso starkes Motiv wie die Zerstörung des irakischen Militärpotentials, das Amerikas treuestem Bundesgenossen Israel gefährlich werden konnte. Darüber hinaus ging es wohl auch darum, nach dem Ende des traditionellen Ost-West-Konflikts den USA als einer Weltmacht im Niedergang eine Schlüsselrolle in den neuen Strukturen des internationalen Systems zu sichern. Militärisch haben die USA unterstrichen, daß sie nach dem Untergang der Sowjetunion die einzig verbliebene Weltmacht sind, deren Erbe Europäer und Japaner noch längst nicht antreten können – obwohl die USA hochverschuldet und auf den internationalen Märkten immer weniger konkurrenzfähig sind.

6 Jacqueline Ismael/Tareq Ismael, The Gulf War and the Middle East Order, Paper presented to the 25th Annual Meeting of the Middle East Studies Association of North America, Washington/D.C., 23.–26.11.1991.

Die Zahl der arabischen Zeitungskommentare oder auch der Freitagspredigten, in denen Präsident Bush als selbsternannter Weltpolizist erscheint, als Oberrichter oder Weltregierer, dem der Sicherheitsrat der Vereinten Nationen als Ersatzparlament Blanko-Vollmachten erteilt, sind Legion. Doch wäre es zu einfach, den USA ausschließlich zynische Machtpolitik zu unterstellen, deren dürftiges legitimatorisches Mäntelchen die »Neue Weltordnung« ist. Schon die Sprache Bushs in der oben zitierten Rede stellt ihn in die ur-amerikanische Tradition apokalyptischer Träume. Bereits die Pilgerväter suchten in der »neuen Welt« den Ort, wo sie eine Ordnung schaffen konnten, die in der Welt ein Zeichen setzt, wenngleich die Puritaner noch wußten, daß der Mensch die sündige Welt letztlich nicht verändern kann. Für sie blieb die Niederkunft des »himmlischen Jerusalem« religiöses Symbol. Bis zur Phase des amerikanischen Unabhängigkeitskampfes war dann aber der Glaube an die Möglichkeit einer innerweltlichen Erfüllung des Menschen so weit gediehen, daß Thomas Paine im Januar 1776 verkünden konnte: »Wir haben es in unserer Macht, die Welt neu zu beginnen.«[7] Seit der amerikanischen Revolution ist dieser Traum von einer »neuen Ordnung der Welt« geblieben: *Novus ordo seclorum* lautet das Motto unter der Jahreszahl 1776 auf dem Großen Siegel der Vereinigten Staaten – und auf jeder Ein-Dollar-Note.

Geblieben ist seit 1776 auch der Glaube, daß eine solche Weltordnung aus einem Krieg erwachsen kann. Entsprechende Hoffnungen motivierten Präsident Wilson 1917 beim Kriegseintritt der USA. Doch Wilsons Vision von einem »Gerechtigkeitsfrieden« wurde in Versailles so wenig erfüllt, daß die USA dem von Wilson vorgeschlagenen Völkerbund dann gar nicht erst beitraten. Auch im Zweiten Weltkrieg wurden auf Initiative der USA bereits 1942 mit dem Pakt der Vereinten Nationen die Weichen für eine Nachkriegsordnung gestellt, die »künftige Geschlechter vor der Geisel des Krieges bewahren«

---

7 Thomas Paine in seiner Flugschrift: Common Sense. Addressed to the Inhabitants of America, 1776.

sollte. Die Ordnung, die sich konkret herausbildete, war aber wieder nur eine der Friedlosigkeit: die des Kalten Krieges.

In dieser Tradition muß nicht nur Bushs Rede von der »Neuen Weltordnung« gesehen werden, sondern auch die amerikanische Politik nach dem Golfkrieg. Weder die Araber noch Israel sind im letzten Jahrzehnt nach den ersten Friedensansätzen in Camp David fähig oder auch nur willens gewesen, den »Friedensprozeß« weiterzuführen, obwohl die Probleme in der Region stetig zugenommen haben. Wenn denn aus der Region heraus keine eigenen Impulse kommen, dann mag aus amerikanischer Perspektive die Intervention einer Macht von außen – und selbst eine oktroyierte Pax Americana – noch als das kleinere Übel erscheinen, gemessen an einem Dauerkonflikt, der nach dem Ende der Großmachtkonfrontation in der Region für die USA und ihre Ölinteressen dysfunktional geworden ist.

Die intensive Reisediplomatie des amerikanischen Außenministers Baker, der im Vorfeld der Madrider Nahost-Friedenskonferenz Monat für Monat in der Region verhandelte, belegt, wie wichtig der US-Regierung nach dem Golfkrieg eine Annäherung der Positionen im arabisch-israelischen Konflikt – und in dem Zusammenhang auch eine Verbesserung des Status der Palästinenser (wenn auch wohl nicht eine umfassende Lösung des Palästinakonflikts) – geworden ist. Die Verhandlungsteilnehmer spielen zwar zu dem Zeitpunkt, da dieser Essay geschrieben wird, noch Katz und Maus in Verfahrensfragen und betonen Sachpositionen, zwischen denen kaum Spielraum für Kompromisse zu erkennen ist. Aber sie haben in Madrid zum ersten Mal an einem Tisch gesessen. Und selbst wenn sie sich nicht in die Augen schauen, reden sie doch wenigstens miteinander.

Die Voraussetzungen stehen nicht schlecht, daß Syrien und Israel eine für beide Seiten akzeptable Lösungsformel finden. Denn beide verhandeln aus einer Position relativer Schwäche und müssen letzten Endes zu Kompromissen bereit sein. Das gilt nicht nur für Syrien, das mit der Sowjetunion eine wesentliche Stütze verloren hat. Auch Israels strategische Situation hat sich entscheidend verändert: Gewiß hat Israel von der Zerstörung des irakischen Militärpotentials unmittelbar profitiert, aber das Land wird sich damit abfinden müssen, daß es für die USA strategisch kein Aktivposten mehr ist – wenn es denn je eine solche Rolle in den strategischen Erwägungen der USA gespielt hat. Und Israel wird über kurz oder lang nicht mehr die einzige Atommacht der Region sein.

Den Preis für ein israelisch-syrisches Arrangement könnten allerdings die Palästinenser zu zahlen haben, die sich in einer überaus schwachen »Verhandlungs«-Position befinden. Weder vier Jahre Intifada noch die von den USA immer wieder verlangten Vorleistungen scheinen den Palästinensern etwas gebracht zu haben: Obwohl der Palästinensische Nationalrat (PNR), das Exilparlament der Palästinenser, im November 1988 den Teilungsplan der Vereinten Nationen vom 29. November 1947 und damit die Legitimität des Staates Israel sowie mit der Sicherheitsrats-Resolution 242 vom 22. November 1967 die Grundprinzipien einer Friedenslösung im Nahostkonflikt anerkannt hat, haben die USA ihre offiziellen Gespräche mit der PLO nach einigen Monaten wieder abgebrochen. Obwohl nach diesen Entschließungen des PNR und der Proklamation der Unabhängigkeit Palästinas über 100 Staaten – mehr als zwei Drittel aller Mitglieder der Vereinten Nationen – den neuen Staat diplomatisch anerkannt haben, mußte Palästinas Präsident Yassir Arafat es hinnehmen, daß nicht er und die PLO, sondern letztlich Israel bestimmte, wer die Palästinenser bei den Friedensgesprächen vertreten könne und wer nicht.

Selbst nach dem Beginn der Gespräche hat Ministerpräsident Yitzhak Schamir noch mehrfach betont, daß Israel nicht auf der Basis »Frieden für Land«, sondern auf der Basis »Frieden für Frieden« verhandele und dementsprechend seine Siedlungspolitik unvermindert fortsetzen werde. Kein anderer Staat ist bereit, diese Position zu akzeptieren. Die Palästinenser in den besetzten Gebieten müssen jedoch aufgrund ihrer Erfahrungen mit der Enteignung und Besiedlung immer größerer Teile ihres Landes und angesichts der geplanten Einwanderung von über zwei Millionen Juden aus Rußland und anderen Staaten der ehemaligen Sowjetunion fürchten, daß sie in wenigen Jahren eine marginalisierte Minderheit in ihrem eigenen Land sein werden. Solange Schamir im Interesse seiner Siedlungspolitik sogar das Risiko eingeht, daß ihm die USA die gewünschten 10 Milliarden Dollar für die Integration der sowjetischen Juden verweigern, ist schon ein dürftiges Autonomieangebot an die Palästinenser eine Chance, die ihre Vertreter bei den Verhandlungen ergreifen müssen.

Wenig deutet darauf hin, daß die Palästinafrage in der Weise gelöst wird, wie es die große Mehrheit in der Generalversammlung der Vereinten Nationen immer wieder gefordert hat. Auf Kosten der Palästinenser haben die USA durch ihr Veto im Sicherheitsrat zwei Jahrzehnte lang verhindert, daß den UN-Resolutionen und insbesondere der Rückzugsforderung der Resolution 242 durch Maßnahmen gegen Israel Nachdruck verliehen wird. Würden die USA jetzt mehr tun, als eine Lösung zu fördern, die ihren eigenen Sicherheits- und Stabilitätsinteressen in der Region dient und im übrigen israelische Wünsche so wenig wie möglich beschneidet?

Nach dem Ende des »Petro-Islam«

»Verschwörung gegen Algerien nach dem Schlag gegen den Irak!« kommentierte die Wochenzeitung der oppositionellen ägyptischen Partei der Arbeit *al-Schaab* im Januar 1992 den Staatsstreich in Algerien. Fast auf den Tag genau ein Jahr nach Beginn der alliierten Luftangriffe auf den Irak mußte Algeriens Präsident Schazli Ben Jedid auf Druck des Militärs zurücktreten. Der zweite Wahlgang, der zweifellos die Islamische Heilsfront an die Macht gebracht hätte, wurde abgesagt. Wieder einmal hatten, wie schon viele Male in Lateinamerika und anderen Teilen der Welt, etablierte Interessen mit Hilfe des Militärs einen Machtwechsel durch Wahlen verhindert. Doch die Kommentatoren von Oppositionszeitungen wie *al-Schaab* verwiesen nicht auf dieses vertraute Problem von Demokratisierungsprozessen in Staaten ohne lange demokratische Tradition. Vielmehr sahen sie in den Ereignissen einen erneuten Versuch des Westens – bzw. von politischen Eliten, deren Interessen sich mit denen des Westens decken –, einen Machtzuwachs der

Araber und des Islam zu verhindern. Nicht, daß die Kommentatoren von *al-Schaab* so naiv wären anzunehmen, der amerikanische Geheimdienst CIA habe den Staatsstreich angezettelt. Es genügte, daß sich Politiker im Westen, vor allem in Frankreich, besorgt über die bevorstehende Machtübernahme der »Fundamentalisten« und die zu erwartende Welle von Hunderttausenden von Flüchtlingen aus Algerien geäußert hatten.

Die Formel vom »Achten Kreuzzug« des Westens hat sich nicht nur bei Islamisten ins Bewußtsein gegraben – Mißtrauen und Ablehnung scheinen größer geworden, seit mehr und mehr Details über westliche Ziele und Strategien während der Golfkrise bekannt geworden sind. Noch vor Beginn der Luftangriffe hatte Saad Eddin Ibrahim in dem bereits zitierten Interview als vierten Problemkomplex, den die Golfkrise verschärft bewußt gemacht habe, den Gegensatz zwischen der arabischen Welt und dem Westen genannt. »Der Westen stellte für uns immer das feindliche Andere dar. Der Westen war immer bereit, in die Region mit allen Arten von rassistischen und religiösen Vorurteilen einzudringen.«[8] Wie mit diesem Westen umgehen? Darum geht es in den Diskussionen über die Folgen der Golfkrise in der Region.

Ali E. Hillal Dessouki analysiert im folgenden Beitrag die Rolle der arabischen Staaten in der »Neuen Weltordnung« und die Verschiebungen, die sich in den inter-arabischen Allianzen ergeben haben. Nicht minder bedeutsam für die Zukunft der arabischen Gesellschaften sind die Verschiebungen von Allianzen zwischen politischen und sozialen Bewegungen im Inneren.

Je mehr die Koalition gegen Saddam als eine Koalition gesehen wurde, die mit den Interessen Kuwaits vor allem auch die Interessen des Westens verfolgte, um so kritischer verhielten sich Oppositionsgruppen und Intellektuelle den Regierungen der arabischen Koalitionsstaaten gegenüber. Je intensiver in diesem Zusammenhang die Niederlage des Irak als eine symbo-

8 Saad Eddin Ibrahim, a. a. O.

lische Niederlage »der Araber« erfahren wurde, um so nachhaltiger drängten sich Parallelen zu früheren Niederlagen auf. Einigen arabischen Intellektuellen bedeutete die Golfkrise gar gleichermaßen eine »Große *Fitna*« und eine »Große *Nakba*« – die beiden Formen von Heimsuchung und Katastrophe, die das Arabische kennt: »*Fitna*« bezeichnet die Aggression eines Muslims gegen einen anderen Muslim, also einen Bürgerkrieg wie jenen, der im ersten Jahrhundert muslimischer Zeitrechnung zur Spaltung in Sunniten und Schiiten geführt hat. Eine »*Nakba*« ist die Niederlage gegen äußere Invasoren: Die Vertreibung der Araber aus Andalusien war die erste *Nakba*, der Verlust Palästinas die zweite.[9]

Die jüngsten Katastrophen für die Araber, die Niederlagen im Palästinakrieg 1948 und im Sechstagekrieg 1967, hatten die Führungseliten der arabischen Staaten in ihren eigenen Gesellschaften isoliert und letztlich, in den fünfziger und späten sechziger Jahren, deren Ablösung zur Folge, in zwei Wellen von Staatsstreichen. Ob Golfkrise und -krieg zu vergleichbaren Entwicklungen führen werden, ist nicht abzusehen. Eine unerwartete Konsequenz haben sie allerdings schon gehabt: das Ende bestimmter Formen des »Petro-Islams«.[10]

Bereits vor der Krise hatte sich eine gewisse Entfremdung der ägyptischen Muslimbruderschaft und anderer islamistischer Gruppen von Saudi-Arabien bemerkbar gemacht, das seit den siebziger Jahren in großem Umfang Aktivitäten von Islamisten finanziert hatte – nicht zuletzt, um mit der Unterstützung solcher Gruppen die eigene Machtposition in der Region abzusichern. Nun aber hatte Saudi-Arabien, um die eigene »Ölmacht« zu erhalten, so eindeutig für die Interessen des Westens und die von den USA gewünschte neue Ordnung optiert, daß sich erhebliche Teile der islamistischen Gefolgschaft abkehrten.

9 Ivesa Lübben, Die Haut in Fetzen vom Leib gezogen. Arabische Intellektuelle diskutieren die veränderte Identität ihrer Region: Pan-Arabismus versus Islam, in: die taz, 18. 1. 1992.
10 Vgl. Fouad Zakaryia, Vers le déclin de l'islamisme, in: Le Monde – belvédère, April 1991, S. 34–35.

Sowohl König Fahd als auch Saddam Hussein hatten während der Golfkrise islamische Konferenzen nach Mekka bzw. Bagdad einberufen, um Religionsgelehrte, Politiker und Intellektuelle die jeweiligen politischen Positionen Saudi-Arabiens und des Irak legitimieren zu lassen. Diese Konferenzen haben zwar gezeigt, wie wichtig islamische Diskurse für nahöstliche Politik geworden sind; der »islamischen Legitimität« der beiden Regime waren sie in ihrer Widersprüchlichkeit jedoch eher abträglich. Die Tatsache, daß beide Staaten von autoritären Regimen beherrscht werden, fand hier ihren Niederschlag.

Beides – die Funktionalisierung des Islam durch Legitimierung von Herrschaft und der Mangel an demokratischen Strukturen – wurden zum Ansatzpunkt für neue Debatten, die kritischer und offener gewordene Islamisten und oppositionelle, nicht zuletzt auch linke, Intellektuelle zusammenführte. Als ein Beispiel für viele mag hier die Tatsache stehen, daß die Führer der Volksfront für die Befreiung Palästinas und der Demokratischen Front für die Befreiung Palästinas, George Habbasch und Naif Hawatmeh – beides Alt-Linke und noch dazu Christen –, an dem von Hassan Turabi, dem führenden Kopf der Islamischen Front im Sudan, initiierten Arabisch-Islamischen Volkskongreß beteiligt sind.

Die Fragen, um die es in den neuen Debatten geht, sind nicht neu, aber sie haben angesichts der verschärft ins Bewußtsein gedrungenen Krise der arabischen Gesellschaften eine neue Dringlichkeit gewonnen: Was sind die Dimensionen unserer Krise? Was bedeutet der Westen für uns? Was ist in der neuen Weltordnung des Westens akzeptabel, was abzulehnen? Was folgt aus der Erfahrung ständiger Interventionen des Westens, ständiger Enttäuschungen, ständiger Niederlagen? Was bedeutet vor dem Hintergrund der Niederlagen die vorkoloniale Geschichte der Araber und des Islam? Was bedeutet in diesem Zusammenhang den Arabern und Muslimen von heute der Islam als verbindendes Kulturerbe (*turath*)? Was bedeutet der Islam als Religion für den einzelnen? Und was könnte der Islam als ganzheitliches »System« (*nizam*) – oder weniger ideologisch: als umfassender Begründungszusammenhang für alle gesellschaftlichen Bezüge, in denen der Mensch lebt – für die Identität des einzelnen wie für die Authentizität der Gesellschaft bedeuten?

ALI E. HILLAL DESSOUKI

Neue Perspektiven?
Die Araber in einer veränderten
Weltordnung*

Die Folgen der Golf-Krise für den Mittleren Osten

Für viele Beobachter scheint der Mittlere Osten gegen den
Strom, gegen die Entwicklung der Weltordnung zu schwim-
men. Im Gegensatz zur internationalen Atmosphäre der Annäherung und Entspannung war die Politik der Region im Jahr
1990 gekennzeichnet von Konfrontation und erhöhter Kriegsbereitschaft. Der Einmarsch des Irak in Kuwait am 2. August
setzte starke politische Kräfte frei, die sowohl die regionale
Ordnung (bzw. Unordnung) als auch deren Verbindungen zum
internationalen System beeinflußt haben. Die Invasion war ein
beispielloses Ereignis, weil hier erstmals ein arabischer Staat
unter Anwendung militärischer Gewalt einen anderen arabischen Staat eroberte und schließlich annektierte. Dadurch
wurden die Grundlagen, auf denen sich die inter-arabischen
Beziehungen in den achtziger Jahren entwickelt hatten, in
Frage gestellt, ja sogar zerstört. Eine neue Runde von politischen Spaltungen, Konflikten und Allianzbildungen war die
Folge.

Die Krise kam zu einer Zeit, in der sich eine neue Weltordnung herauszubilden begann, und sie war eine Art Testfall
für deren Dynamik und Effektivität. Sie offenbarte, daß dem
Sicherheitsrat eine neue Funktion zukommt, daß die USA in

---

* Deutsche Fassung von Friedemann Büttner, unter Verwendung einer Übersetzung aus dem Englischen von Dipl.-Dolm. W. Becker, Gaiberg. Die übrigen Übersetzungen aus dem Französischen, Arabischen und Englischen sind
  vom Herausgeber.

militärstrategischen Angelegenheiten die uneingeschränkte Führungsrolle einnehmen und sie ein Interesse daran haben, sich mit der Sowjetunion/Rußland und den anderen ständigen Mitgliedern des Sicherheitsrats weitestgehend abzustimmen. Nicht minder wichtig, wenn auch weniger offensichtlich, ist die Lehre aus den Ereignissen im Vorfeld der Krise, die gezeigt haben, wie sich die Beziehungen zwischen einer Globalmacht wie den USA und Regionalmächten wie dem Irak künftig gestalten könnten und wie groß die Freiräume sein mögen, die letzteren zugestanden werden.

Darüber hinaus unterstrich die Krise die strukturellen Ungleichgewichte in der Region zwischen reichen und armen Staaten sowie die ungebrochene Brisanz der Palästina-Frage und des arabisch-israelischen Konfliktes – Problemkomplexe, die Saddam Hussein erfolgreich zu manipulieren und für seine Zwecke zu nutzen verstand. Zugleich führte die Krise die Problematik der Massenvernichtungswaffen in der Region ebenso vor Augen wie den außerordentlichen Umfang der Waffenimporte. Kaum erwähnt zu werden braucht, daß die Krise die unverminderte Bedeutung des Öls für westliche Interessen einmal mehr offenbarte.

Es gilt allerdings, einige methodologische Vorbehalte anzumelden. So sind zum einen die Auswirkungen des Krieges auf die unmittelbar betroffenen Teilnehmer Irak und Kuwait keineswegs ausgestanden. In beiden Ländern sind immer noch Entwicklungen im Gange, die Rückwirkungen auf die Region haben werden. Zum anderen zeigen sich die Auswirkungen bedeutender Ereignisse oft erst innerhalb längerer Zeiträume. Was wir heute wahrnehmen, sind daher nur die unmittelbaren emotionalen und pragmatischen Reaktionen auf den Krieg. Die Bewältigung der neugeschaffenen Lage durch die einzelnen Staaten und Gesellschaften benötigt sehr viel mehr Zeit. Und schließlich dürfen wir nicht unterschätzen, wie elastisch arabische politische Institutionen und Verhaltensmuster sind, wie flexibel sie sich neuen Rahmenbedingungen anzupassen verstehen. Mögen die Akteure und Probleme auch wechseln: Die grundlegenden Strukturen und Verhaltensmuster bleiben gleich. Ich meine die Rivalitäten und Konkurrenzkämpfe unter

34

den Staaten, die kurzlebigen Bündnisse und Koalitionen sowie Konflikte auf unterschiedlichen Identitäts- und Gefühlsebenen – wodurch insgesamt eine Atmosphäre des Mißtrauens, der politischen Polarisierung und der Zersplitterung geschaffen wird.

In diesem Zusammenhang haben sich Krise und Krieg am Golf als klärende Ereignisse ersten Ranges erwiesen. Sie haben die Quellen der Auseinandersetzungen in der Region offengelegt und bestehende Widersprüche vertieft, ohne auch nur einen einzigen aufzuheben. Andererseits ermöglichten sie einen Zustand des »Fließens«, in dem neue Ideen und neue politische Ansätze erkundet werden können. Ob die herrschenden Eliten in den arabischen Ländern diese Gelegenheit tatsächlich ergreifen und ihre Staaten, wie auch die gesamte Region, auf einen neuen Kurs bringen werden, wird sich erst noch erweisen müssen.

Die internationalen Veränderungen aus arabischer Sicht

In den achtziger Jahren wurde man sich in den arabischen Ländern zunehmend der Veränderungen in der Welt bewußt, und die damit zusammenhängenden Probleme wurden zum Gegenstand öffentlicher Debatten.

Fünf Aspekte stehen dabei im Vordergrund:
- die wissenschaftlich-technologische Revolution,
- die wachsende wirtschaftliche Interdependenz,
- die zunehmende wirtschaftliche Integration und die Errichtung großer Märkte,
- die politische Demokratisierung und die unüberhörbare Forderung nach Achtung der Menschenrechte,
- die internationale Entspannung nach dem Ende des Kalten Krieges.

Welche Auswirkungen haben aber diese die Weltgesellschaft prägenden Entwicklungen auf die Region und ihre Probleme?

Zunächst einmal ist die Ansicht weit verbreitet, daß die USA ihre dominante Rolle noch weiter ausbauen werden. Denn trotz der immensen wirtschaftlichen und finanziellen Schwierigkeiten konnten die USA im Zuge des Golfkrieges ihre globale politische und militärstrategische Machtposition konsolidieren, insbesondere nach dem Zusammenbruch der Sowjetunion und der osteuropäischen Regime.

In arabischen Intellektuellen- und Regierungskreisen wird die Auflösung der Sowjetunion vielfach mit Besorgnis und Mißtrauen betrachtet. Zum einen, weil die »strategische Parität« zwischen Israel und dem »Frontstaat« Syrien mangels Waffenlieferungen der ehemals zweiten Supermacht nicht mehr gegeben ist. Zum anderen, weil das Ende der Sowjetunion die Auswanderung einer großen Zahl von Juden nach Israel ermöglicht, obwohl dies zu einer drastischen Änderung des demographischen Gleichgewichts zwischen Israelis und Palästinensern führen muß. Arabische Beobachter kritisieren diese Auswanderung, weil sie es der israelischen Regierung ermöglicht, ihre Siedlungspolitik in den besetzten Gebieten fortzusetzen. Das Problem der Einwanderung sowjetischer Juden nach Israel war ein wichtiger Grund für die Einberufung der arabischen Gipfelkonferenz von Bagdad im Mai 1990. Der Zusammenbruch der Sowjetunion hat folglich die Position Israels gestärkt und läßt den USA freiere Hand als je zuvor, jedenfalls zum gegenwärtigen Zeitpunkt.

Auch wenn es so aussieht, als würde sich die Welt auf ein multipolares System zubewegen, in dem die USA, die Sowjetunion (bzw. in deren Nachfolge Rußland und die Gemeinschaft Unabhängiger Staaten), Europa, China und Japan in einer hierarchischen Ordnung koexistieren werden: Eine solche Entwicklung braucht Zeit, weswegen die USA vorerst über erhebliche Handlungsspielräume verfügen.

Im Grunde hängen die herrschenden Eliten der Araber, der »Dritten Welt« insgesamt, zur Zeit in der Luft. In der Phase ihrer politischen Sozialisation vor 20 oder 30 Jahren galt die politische Kultur des Kalten Krieges, deren Regeln sie auswendig kennen und deren Techniken sie beherrschen. Die neuen Entwicklungen aber haben eine neue Umwelt voller Rätsel geschaffen, in der das neue Moskau mit seinen offenen Debatten und ungewohnten Orientierungen die größte Überraschung ist. So unangenehm dieses veränderte Klima auch sein mag, den

Eliten bleibt nichts anderes übrig, als sich entsprechend zu ändern und anzupassen. Zu den entscheidenden Fehlkalkulationen Saddam Husseins gehörte, daß er das nicht rechtzeitig begriffen hatte und von falschen Annahmen über die zu erwartenden sowjetischen Reaktionen ausging. Saddam scheint geglaubt zu haben, daß die Aktion des Irak den Sowjets eine willkommene Gelegenheit bieten würde, ihre strategische Rolle in der Region auszubauen. Als die Sowjetunion dann aber ganz anders reagierte, wurde sie von Bagdad des Verrats an der »Dritten Welt« geziehen und beschuldigt, nur ein Abklatsch Washingtons zu sein.

Unterm Strich bleibt ein Gefühl wachsender Marginalisierung und Entfremdung. Nachdem die Ära des Kalten Krieges zu Ende ist, hat sich auch das bisherige Konzept der Blockfreiheit – ein politisches Kind des Kalten Krieges – überlebt. Die Pariser Korrespondentin der *New York Times*, Flora Lewis, sieht die blockfreien Staaten nunmehr gar in einer Identitätskrise, nachdem es eigentlich keine Blöcke mehr gibt, von denen man sich freimachen könnte. Allerdings, die Großmächte werden im Nahen und Mittleren Osten präsent bleiben, mögen sich auch ihre Rollenverteilung und ihre Interessen ändern.

Neue Prioritäten und alte Interessen

In seinem bekannten Buch über die internationalen Beziehungen im Mittleren Osten bezeichnet L. Carl Brown* die Region als das von Außeneinflüssen am stärksten durchdrungene Subsystem der internationalen Politik. Die Geschichte dieses Subsystems erscheint ihm als unablässiger Kampf um Einfluß und Vorherrschaft, in dem Regional- und Großmächte miteinander ringen und sich gegenseitig neutralisieren. Die Beziehungen zwischen dem internationalen System und dem Nahen Osten waren in der Tat eng, seit europäische Mächte im 19. Jahrhun-

---

* International Politics and the Middle East. Old rules, dangerous game, Princeton 1984.

dert miteinander zu konkurrieren begannen. Hier sei nur an das Sykes-Picot-Abkommen von 1916 erinnert, mit dem Großbritannien und Frankreich während des Ersten Weltkriegs ihre Einflußzonen in den arabischen Provinzen des Osmanischen Reiches abgegrenzt haben, oder an die Balfour-Deklaration von 1917, in der die britische Regierung der Zionistischen Organisation versprach, sie würde sich für die Errichtung einer nationalen Heimstätte für die Juden in Palästina einsetzen; erinnert sei aber auch an die Korrespondenz zwischen dem Sherifen Hussein von Mekka und dem britischen Hochkommissar in Ägypten, McMahon, in der den Arabern 1915/16 für eine Kriegsbeteiligung auf seiten Großbritanniens ein unabhängiges arabisches Königreich versprochen wurde, dessen Gebiet die heutigen Staaten Irak, Syrien, Jordanien und – mit britischen Vorbehalten – auch Libanon und Israel/Palästina hätte umfassen sollen.

In der Zeit nach dem Zweiten Weltkrieg gehörte der Nahe und Mittlere Osten zu den Geburtsstätten des Kalten Krieges. Darüber hinaus hat die Region – in der Einschätzung des Nahostexperten und langjährigen Mitglieds des Nationalen Sicherheitsrats der USA, William B. Quandt – in den letzten 40 Jahren einige der gefährlichsten internationalen Krisen erlebt. Mehrfach schien es so, als ob sich Moskau und Washington im Nahen Osten am Rande einer direkten Konfrontation gegenüberstünden. Sogar der Einsatz von Atomwaffen soll erwägt worden sein.

Abgesehen von ihrer geo-strategischen Bedeutung ist die Region für westliche Interessen aus drei Gründen wichtig: das Erdöl, der Staat Israel sowie einige gesellschaftliche Faktoren.

Das Öl: Die Region verfügt über etwa 62 % der nachgewiesenen Rohölreserven der Welt und über 29 % Prozent der gesicherten Erdgasvorräte. Das Öl ist der Transmissionsriemen zwischen der Region und dem internationalen System. Als eine der bedeutendsten strategischen Ressourcen macht das Öl die Region verwundbar für die Durchdringung mit ausländischen Einflüssen. Die Industrien der Region werden von westlichen Firmen beherrscht, und ihre Gewinne landen letztendlich in westlichen Banken und Investmentfonds. Das Öl ist auch verantwortlich für eine neue Gemeinsamkeit der Interessen zwischen reichen Ölstaaten, kapitalistischen Ländern und den Finanzmärkten der Welt. So erhielt etwa Saudi-Arabien 1977 einen Sitz im Aufsichtsrat des Internationalen Währungsfonds (IWF) – als Gegenleistung für die zweitgrößte Einzahlung zu einem der Finanzierungsprogramme des IWF.

In den siebziger Jahren wurde der neue Einfluß der Ölförderländer mit dem Begriff »Ölmacht« bezeichnet. Entwicklungen in den späten siebziger und den achtziger Jahren zeigten dann jedoch die Zerbrechlichkeit dieser Ölmacht: Wirtschaftliche Rezessionen in vielen westlichen Ländern und Maßnahmen zur Energieeinsparung führten zu einer Reduzierung des Importbedarfs. Neue Ölfelder in Alaska und der Nordsee boten sich als Alternative an. Für die arabischen erdölexportierenden Staaten eine volle Kreisdrehung: von einem Käufermarkt, in dem die Abnehmer des Öls die Bedingungen diktieren konnten, zu einem Verkäufermarkt in den Jahren, in denen die Anbieter, insbesondere die in der OPEC zusammengeschlossenen Staaten, das Marktgeschehen bestimmten, und wieder zurück zu einem Käufermarkt. Solange allerdings noch keine billige und sichere Alternative für die Energieversorgung vorhanden ist, wird das Öl des Mittleren Ostens wohl von zentraler Bedeutung bleiben.

Der Staat Israel: Israel ist ein außerregionaler Akteur par exellence. Israels Gründungsideologie betont, daß der Staat das jüdische Volk bzw. die Juden in aller Welt repräsentiere. In bestimmten Fragen, wie etwa der Zuwanderung von Juden, sind neben der israelischen Regierung die jüdischen Gemeinden der Welt wichtige Quellen finanzieller und politischer Unterstützung. Historisch gesehen bestand diese außerregionale Dimension von Anfang an. Theodor Herzls Buch »Der Judenstaat« und der Aufstieg des Zionismus waren eine Reaktion auf ein europäisches Problem. Die Balfour-Deklaration war eine Initiative Großbritanniens und wurde sowohl von den USA wie auch von anderen europäischen Mächten unterstützt. Ob wir nun die wesentlichen politischen Entwicklungen, etwa den Teilungsbeschluß der UN-Generalversammlung von 1947, die Kriege von 1948 und danach oder aber die wirtschaftliche Entwicklung betrachten, insbesondere die Abhängigkeit Israels von amerikanischer Finanzhilfe – immer erscheint Israel eng an westliche Länder und ganz besonders an die USA gebunden. Aufgrund seines außerregionalen Charakters hat Israel das globale System tief in die regionalen Beziehungen hineingezogen.

Gesellschaftliche Faktoren: Verschiedene Faktoren sind gemeint. Zunächst einmal ist die Region demographisch sehr heterogen und von entsprechenden ethnischen, religiösen und nationalen Differenzen gekennzeichnet. Diese gehen in ihrer heutigen Form auf das 19. Jahrhundert zurück, als lokale Gemeinschaften versuchten, sich unter die Schirmherrschaft der einen oder anderen europäischen Macht zu stellen. Die gesellschaftlichen Spaltungen schufen ein günstiges Umfeld für die Durchdringung von außen. So wurden die Revolten der Kurden im Irak von mehreren Staaten unterstützt, zu denen nacheinander auch die USA, die Sowjetunion, Iran und Israel gehörten. Zum zweiten haben sowohl die Sowjetunion als auch die USA ihre entsprechenden eigenen Bevölkerungsgruppen, auf die sie Rücksicht nehmen müssen: Die Bevölkerungsmehrheit in mehreren Unionsrepubliken der Sowjetunion – bzw. in den neuen unabhängigen Staaten Aserbeidschan, Kasachstan, Kirgistan, Usbekistan, Tadschikistan und Turkmenien – besteht aus Muslimen mit engen historischen Verbindungen zur Türkei, zu Iran und zu Afghanistan. Die USA wiederum können keine Nahostpolitik betreiben, ohne ihre einflußreiche jüdische Minderheit zu berücksichtigen.

Die regionale Machtbalance nach dem Golfkrieg

Die irakische Invasion in Kuwait und die nachfolgenden Ereignisse haben in der gesamten arabischen Welt Schockwellen ausgelöst. Die Invasion und die mit historischen Ansprüchen gerechtfertigte Annexion konfrontierten die arabischen Regierungen mit einem noch nie dagewesenen Problem. Während die Krise in einigen arabischen Ländern weite Teile der Bevölkerung mobilisierte und politisierte, weckte sie in anderen Besorgnis und tiefes Mißtrauen. Das führte im Endergebnis zur Polarisierung und zu einem Krieg, in dem sich arabische Armeen gegenüberstanden. Ob der Golfkrieg nur eine Episode war oder aber eine »Wasserscheide« darstellt, die die arabische Politik grundlegend verändert hat, wird erst die Zukunft zeigen. An dieser Stelle kann ich nur versuchen, einige der Auswirkungen und Folgen zu bestimmen.

1. Die Auswirkungen auf den Staat

Die Auswirkungen der Krise auf die Stabilität und Konsolidierung staatlicher Strukturen sind unterschiedlich. Einerseits hat die Krise gezeigt, daß bestehende Grenzen instabil sind und daß ein erheblicher Teil der arabischen öffentlichen Meinung sie für künstlich hält. Auf der anderen Seite hat die Krise aber auch verdeutlicht, daß die Staatsräson das politische Leitprinzip der arabischen Staaten ist.

Eng damit verbunden ist der alte Konflikt zwischen »Arabismus« und dem »arabischen Staat«. Auch hier sind die Auswirkungen der Krise unterschiedlich, denn einerseits konnte Saddam Hussein im Namen des Arabismus einen bedeutenden Teil der arabischen öffentlichen Meinung für sich mobilisieren; andererseits sahen sich die arabischen Staaten in ihrem je eigenen Patriotismus bestätigt.

Ein dritter Aspekt sind die Auswirkungen der Krise auf den Demokratisierungsprozeß in der Region. Hier hat sich gezeigt, daß nicht einmal die Anhänger einundderselben Partei bzw. einundderselben ideologischen Richtung über Prioritäten einig sind.

Nicht vergessen werden sollten hier schließlich die Auswirkungen der Krise auf die Legitimität der arabischen Regime, besonders in Kuwait und im Irak, wo der Mangel an Demokratie kaum mehr zu kaschieren ist.

2. Die Struktur politischer Allianzen

Krise und Krieg haben zu außenpolitischen Neuorientierungen und Positionswechseln geführt. So hatte beispielsweise Ägypten ab 1985, also während des irakisch-iranischen Krieges, besonders enge Beziehungen zu Jordanien und dem Irak aufgebaut, was schließlich zur Gründung des Arabischen Kooperationsrates führte, zu dem außer diesen drei Staaten auch noch der Jemen gehörte. Syrien und Libyen waren damals die beiden letzten arabischen Staaten, die zögerten, die 1979 nach dem ägyptisch-israelischen Friedensvertrag abgebrochenen Beziehungen zu Ägypten wiederaufzunehmen. Heute ist die Lage genau umgekehrt: Eine neue Koalition ist entstanden, die die sechs Mitgliedstaaten des Golf-Kooperationsrates – Saudi-Arabien, Kuwait, Bahrain, Qatar, die Vereinigten Arabischen Emirate und Oman – sowie Ägypten und Syrien umfaßt. Grundlage dieser Koalition sind die Haltung ihrer Mitglieder während des Golfkrieges sowie die wechselseitigen Bedürfnisse ihrer Mitglieder. Allerdings ist auch diese neue Koalition nicht frei von Meinungsverschiedenheiten und Spannungen, und ihr Erfolg wird letztlich davon abhängen, ob sie in der Lage ist:

– Institutionen zu schaffen, die einen fairen »Interessenausgleich« ihrer Mitglieder garantieren,
– sich mit denjenigen arabischen Staaten zu versöhnen, die während des Krieges eine andere Haltung eingenommen haben,
– in der Lösung der Palästina-Frage und des arabisch-israelischen Konflikts Fortschritte zu erzielen und
– die Initiative für eine Reform und Wiederbelebung der Arabischen Liga zu übernehmen, um auf diesem Weg Sicherheit und Entwicklung in der Region zu fördern.

3. Das arabische und das mittelöstliche System

Zwischen den arabischen und den nichtarabischen Staaten in der Region besteht traditionell eine gewisse Spannung. Der Golfkrieg hat Iran, Israel und die Türkei aufgewertet, und sowohl Iran als auch die Türkei streben nach einer Erweiterung ihres Aufgaben- und Einflußbereichs.

Ich glaube, die Region wird sich institutionell auf zwei Ebenen weiterentwickeln, einer arabischen und einer mittelöstlichen. Die Arabische Liga und ihre Unterorganisationen werden für inter-arabische Beziehungen und Fragen zuständig sein. Fragen der Rüstungskontrolle und der Wasserversorgung dagegen werden auf einer übergreifenden mittelöstlichen Ebene behandelt werden müssen. In diesem Zusammenhang kann der europäische Lösungsansatz mit der Konferenz für Sicherheit und Zusammenarbeit (KSZE) als Modell durchaus hilfreich sein.

Krise und Krieg des Jahres 1990/91 wurden unmittelbar durch den Einmarsch des Irak in Kuwait ausgelöst. Sie müssen jedoch im breiteren Kontext der arabischen Politik verstanden werden, die das Ergebnis ist eines entsprechenden Krisenumfeldes. Und dieses Umfeld ist bislang fast unverändert geblieben. Wenn es den Arabern nicht gelingt, die damit verbundenen Probleme – gegenseitiges Mißtrauen, politische Zersplitterung, wirtschaftliche Gegensätze zwischen arm und reich – in den Griff zu bekommen, wird vermutlich bald ein weiteres Erdbeben folgen.

Perspektiven

Das Ausmaß des politischen Erdbebens, das die arabische Welt 1990/91 erschüttert hat, steht in einem krassen Gegensatz zur Stagnation arabischer Politik. Alle arabischen Führer, einschließlich Saddam Hussein und Sheikh Jaber al-Ahmad al-Sabah in Kuwait, sind nach wie vor an der Macht. Nicht eine einzige arabische Regierung hat sich selbstkritisch mit ihrer Politik während der Golfkrise auseinandergesetzt. Im Gegenteil, sie alle verteidigen auch weiterhin ihre Positionen, die in ihrer Gegensätzlichkeit wie eine Zeitbombe wirken. Es ist pure Ironie: Die Arabische Liga hält offizielle Treffen ab, als sei nichts geschehen; jedoch ist mit einer Erneuerung der gesamtarabischen Diplomatie nicht zu rechnen, es fehlt das gegenseitige Vertrauen.

Sollte sich dieser Trend fortsetzen, wird die Bedeutung der arabischen Staaten in der Weltpolitik weiter abnehmen. Einzelne arabische Staaten oder auch Staatengruppen werden neue Verbindungen zu Mächten außerhalb der Region aufbauen bzw. bestehende festigen – wie es sich bereits in der zunehmenden militärischen Zusammenarbeit zwischen den Golfstaaten und den USA zeigt.

Die Alternative wäre eine wachsende arabische Solidarität, die zum Beispiel eine gemeinsame Verhandlungsposition im Rahmen der Nahost-Friedenskonferenzen mit Israel ermöglichen würde. Die entscheidende Frage ist, wie mit Problemen regionaler Sicherheit und Stabilität umzugehen ist. Die arabischen Staaten können nicht erwarten, in der internationalen Politik einflußreich zu sein, solange sie uneins sind, wer oder was denn eigentlich ihre Sicherheit bedroht, welcher Natur diese Bedrohungen sind und wie darauf zu reagieren ist. Solange darüber kein Konsens besteht, werden die Araber eher ein »Objekt« der internationalen Politik bleiben, als zum »Akteur« in diesem Spiel aufzusteigen.

ARNOLD HOTTINGER

Ideologie und Personenkult.
Der Drang zum »Starken Mann«

Die ersten arabischen Einmannherrschaften kamen schon bald nach der Unabhängigkeit an die Macht. Ihre Machtergreifungen waren direkte Folgen des verlorenen Krieges gegen Israel im Jahr 1948/49.

Die neuen Machthaber waren durchweg Armeeoffiziere, die ihren vom Kolonialismus geerbten Parlamenten und demokratischen Politikern vorwarfen, sie seien korrupt und hätten die Niederlage verschuldet. Andere ideologische Doktrinen besaßen sie nicht. Nur einer, der begabteste von ihnen, legte sich eine Ideologie zu, nachdem er die Herrschaft ergriffen hatte. Dies war Abdel Nasser mit seinem Arabischen Nationalismus, der sich allmählich zum Arabischen Sozialismus wandeln sollte, aber stets ein seltsamer Sozialismus blieb, weil er über keine wirklich funktionierende sozialistische Partei verfügte.[1]

Im Dienst der Alleinherrscher

Die frühen syrischen Militärdiktatoren: Husni Zaim, Sami Hinnawi, Adib Schischakli, begnügten sich mit einem mehr oder minder unbestimmten Nationalismus; Abdel Karim Kassem und seinen Nachfolgern im Irak, den beiden Brüdern Abdus-Salam und Abdur-Rahman Aref, ging es ähnlich. General

---

1 Am Ende der Regierungszeit Nassers wurde versucht, eine Staatspartei weitgehend nach sowjetischem Vorbild, doch auch mit jugoslawischer Hilfe aufzubauen. Was davon zustande gekommen war, nahm Sadat wieder auseinander, nachdem er 1971 gegen Ali Sabri und seine Freunde eingeschritten war.

Ibrahim Abboud im Sudan war in erster Linie bemüht, die Rebellion der Südsudanesen niederzuschlagen, die bis heute fortdauert. Sein Nachfolger, nach einem parlamentarischen Intermezzo, Jafar Numeiri, war zuerst ein linksgerichteter »Sozialist«, dann aber orientierte er sich nach rechts um, weil eine Gruppe prokommunistischer Offiziere gegen ihn einen Staatsstreich versucht hatte, und zum Schluß entwickelte er sogar eine »islamistische« Phase. Mu'ammar Ghaddafi schuf sich eine Ideologie, die er selbst bastelte, doch ihre inneren Widersprüche fallen den meisten Beobachtern – außer ihm selbst – in die Augen. Die Algerier stellten insofern eine Ausnahme dar, als sie sich schon während des Befreiungskampfes auf »Sozialismus« festlegten, der in ihren Augen vor allem den Aufbau einer staatlichen Schwerindustrie beinhalten sollte. Die »sozialistische« Staatspartei, die FLN, wurde freilich unter strenger Kontrolle gehalten, und ihre Gewerkschaftszweige noch mehr. In Marokko und in Tunesien gab es Einmannherrschaften, die nicht auf Armeeoffiziere zurückgingen. Habib Bourguiba führte den *Bourguibismus* als Ideologie ein, worunter er wohl in erster Linie einen politischen Gradualismus pragmatischer Art verstand. Die Könige Muhammed V. und Hassan II. benötigten keinerlei Ideologie, sondern regierten und herrschten kraft ihrer traditionellen Königsrolle, die ihrerseits eine religiöse Komponente besaß.

Die Widersprüche des Baathismus

Einzig der Arabischen Baath Partei, die in Syrien entstand, kann man zusprechen, daß sie über eine Ideologie verfügte, bevor sie an die Macht kam. Diese war freilich eher widersprüchlich, da sie versuchte, Pan-Arabismus mit Sozialismus zu verbinden. Der Streit darüber, wieviel Pan-Arabismus gegenüber wieviel Sozialismus den echten »Baathismus« ausmache, brach sehr schnell innerhalb der Partei aus und sollte zu ihrer Spaltung führen. Der sogenannte »Linksbaathismus« unter dem Einfluß des alawitischen Ideologen Zaki al-Arsuzi sollte in Syrien den sogenannten »Rechtsbaathismus« des Parteigründers Michel Aflak und seiner Mitarbeiter blutig zu Fall bringen (1966 unter Salah Jedid). Da kurz darauf die Aflak-Branche im Irak die Macht ergriff (1968), wurde der Grundstein zur Feindschaft zwischen den syrischen und den irakischen Baathisten gelegt, die bis heute fortdauert. Ungeachtet der Tatsache, daß in der Zwischenzeit in beiden Staaten »Starke Männer« die Baath Partei de facto weitgehend entmachtet haben und sie nur noch als bloßes Regierungsinstrument benützen: Hafez al-Asad und Saddam Hussein at-Takriti.[2]

Infiltration der Offizierscorps

Die Baath Partei war ohnehin nicht als ideologische Partei an die Macht gelangt und konnte sich auch nicht kraft ihrer Ideologie behaupten; sie verdankte ihren Aufstieg in Syrien und später im Irak vielmehr der Tatsache, daß ihre Gründer und Ideologen mit besonderer Sorgfalt die Offiziersschüler in Syrien und später auch im Irak förderten, und es sollten in der Tat die Offiziere sein, die den beiden feindlichen Flügeln der Partei in Syrien und im Irak zur Macht verhalfen (Amin al-Hafez in Syrien, Hassan al-Bakr im Irak).[3]

Sogar Südjemen, wo eine Zeitlang (1969 bis 1990) eine linksextreme Gruppierung regierte, nicht ohne schwere innere

---

2 Im November 1970 umstellte Asad den Parteikongreß seiner linksbaathistischen Vorgänger und bisherigen Kollegen mit Truppen, so daß die Beschlüsse der Parteiführung gegen ihn wirkungslos blieben. Festnahmen und die Bildung eines neuen Kongresses aus Asad-Anhängern folgten am 12. November. Vgl. Patrick Seale, Asad of Syria. The Struggle for the Middle East, London 1988, S. 163 ff. – Die Geschichte des parteiinternen Coups vom 22. Juli 1979, den Saddam kurz nach seiner vollen Machtübernahme durchführte, ist bekannt. Eine ausführliche Darstellung geben: Judith Miller/Laurie Mylroie, Saddam Hussein and the Crisis in the Gulf, Times Books, New York 1990, S. 44 ff.
3 Über die entscheidende Rolle des »Militärkomitees« bei der Machtergreifung der Baath Partei in Syrien vgl. Seale, Asad of Syria, S. 61 ff.

Kämpfe und Umstürze, erwies sich letztendlich als wenig ideologisch und mehr pragmatisch ausgerichtet: Als die Sowjetunion keine Unterstützungsgelder mehr bezahlen wollte, schloß sich das Regime im Sommer 1990 mit seinem bisherigen Rivalen und ideologischen Gegenspieler im Norden zusammen.

Die Versuche all dieser Einmannherrschaften, sich eine Ideologie zusammenzuzimmern, wurden im allgemeinen im Ausland ernster genommen als im Innern, schon weil das Ausland sie lange Jahre hindurch (1955 bis rund 1989) im Lichte des Kalten Krieges erblickte, der zwei Supermächte und ihre Ideologien gegeneinander ausspielte. Nach innen hin war fast immer klar, daß es die Person des Einmannherrschers war, welche die Macht ausübte, wobei dieser gelegentlich ein mehr oder minder starkes Interesse daran zeigte, eine Ideologie zu benützen, um dadurch den Zusammenhalt der Untergebenen zu stärken und dem jeweiligen Regime einen zeitgemäßen, »modernen« Firnis zu geben.

Mehr Emotion als Ideologie

Dabei ist der Arabische Nationalismus gleichzeitig mehr und weniger als eine Ideologie gewesen; weniger, weil es sich um eine recht einfache Denk- und Empfindungsart handelte, mehr, weil sie im wesentlichen auf ein Zusammengehörigkeitsgefühl zurückging, das sich auf die gemeinsame Sprache gründete. Seine emotionale Triebfeder erhielt er durch den Kampf gegen den Kolonialismus und die späteren Versuche der Einflußnahme durch die Industriemächte des Ostens und Westens.

Die ideologischen Konstruktionen waren natürlich auch stets eine Sache der Intellektuellen und der unter ihnen vorherrschenden politischen Moden. Wobei deutlich war, daß die Minderheiten, etwa die verschiedenen christlichen Gemeinschaften, auch die ethnische Minderheit der Kurden, sich den Ideologien besonders weit öffneten. Dies war verständlich: In einer ideologisch ausgerichteten politischen Ordnung konnten sie hoffen, ihre Stellung als Mitglied einer Minderheit (die nach alter Tradition nicht ganz zum Staatsvolk der Muslime gehören konnte) zugunsten einer echten Gleichberechtigung mit allen anderen Anhängern der Ideologie zu verändern. Viele Kommunistenführer waren Christen, Kurden oder irakische Schiiten; auch in der frühen Baath Partei spielten die Christen eine bedeutende Rolle, später in Syrien die Drusen, dann (nach deren Ausschaltung) die Alawiten beinahe alleine.[4] In Südjemen erwiesen sich die Stammesbindungen als stärker denn alle Ideologie, weshalb es im Januar 1986 zu blutigen Kämpfen innerhalb der regierenden Staatspartei kam, von denen der südjemenitische Staat sich nie mehr völlig erholen sollte.

Importe aus dem Westen

Der Umstand, daß die Ideologien letzten Endes stets importiert waren, insbesondere aus Osteuropa, wirkte sich zu ihren Ungunsten aus. Der »Starke Mann« war im Gegensatz dazu eine durchaus einheimische Erscheinung. Die muslimischen Staaten waren praktisch immer von einem einzigen politischen Machthaber regiert worden, wenngleich dieser Ratgeber und einen Familienrat hinzuziehen mochte. Oft war aus diesem Grunde zu beobachten, daß das Volk dem Alleinherrscher zujubelte, der mehr oder weniger »charismatischen« Figur, während die Intellektuellen sich mit ideologischen Betrachtungen abgaben, wobei natürlich meist offenblieb, ob sie dies aus opportunistischem Anpassungsstreben taten oder weil sie sich wirklich selbst überzeugen konnten, daß die jeweils proklamierten Ideologien oder Ideologieansätze in der Tat einigen Wahrheitsgehalt enthielten.

---

4 Vgl. Nicolas Van Dam, Sectarian and Regional Factionalism in the Syrian Political Elite, Middle East Journal Vol. 26 No. 2 1972, und ders., The Struggle of Power in Syria: Sectarianism, Regionalism and Tribalism in Politics 1961–1978, London 1979.

Der Diktator als Hoffnungsträger

Deutlich war bei alledem, daß die Militärdiktatoren meist einen Anfangskredit besaßen, weil die Bevölkerung ihnen noch am meisten zutraute, die arabische Welt aus der schwierigen Lage hinauszuführen, in die sie gegenüber dem wirtschaftlich, technologisch, militärisch, wissensmäßig, organisatorisch usw. überlegenen Westen geraten war. Israel erwies sich als die Folie, gegen die sich im allgemeinen die Empfindungen der Araber, die Unfähigkeit der arabischen Regime und Staaten, in der modernen Welt zu bestehen und standzuhalten, immer wieder besonders unglücklich abhoben. Weshalb man die »Starken Männer«, besonders in den ostarabischen Staaten, in erster Linie daran maß, ob sie ihre Staaten erfolgreich gegen Israel anführen könnten. Wenn sie dies nicht vermochten, verloren sie viel von ihrer anfänglichen Glaubwürdigkeit, und falls sie sich nach ihren Niederlagen oder Teilniederlagen noch eine Zeitlang an der Macht halten konnten, waren sie darauf angewiesen, ihre Geheimdienste zur Aufrechterhaltung ihrer Herrschaft besonders brutal einzusetzen sowie jegliche Meinungsfreiheit besonders streng zu unterdrücken.

Der Wendepunkt von 1967

In dieser Hinsicht bildete die Niederlage im Sechstagekrieg von 1967 einen klar erkennbaren Einschnitt. Vor ihr waren die meisten arabischen Militärherrscher und anderen Einmann-Machthaber auf einer Welle des arabischen Nationalismus geritten, wie ihn in erster Linie Nasser verkörperte. Die Hoffnung auf ein großes arabisches Reich war lebendig, und die früher oder später als unumgänglich erscheinende Auseinandersetzung mit Israel wurde im Licht dieser Hoffnungen optimistisch betrachtet. Der Tag, so glaubte man, werde kommen, an dem die arabischen Machthaber dem »der Region fremden Störenfried« erfolgreich die Stirn bieten würden. Angesichts solcher Träume und Hoffnungen waren die meisten Araber bereit, die harte, manchmal durchaus als ungerecht empfundene

Hand ihrer Einmannherrscher hinzunehmen; der erhoffte Zweck schien gewissermaßen die Mittel zu heiligen. Dies war der Grund, weshalb anfänglich Militärherrscher wie Nasser und auch Abdel Karim Kassem ein gewaltiger Jubel umgab.

Ein Echo dieses Jubels ist wiedererstanden, als Saddam Hussein es im Sommer 1990 wagte, den Amerikanern die Stirn zu bieten. Den Rechtsbruch der Invasion Kuwaits nahmen viele Araber leicht hin angesichts der Hoffnungen, die Saddam Hussein durch seine Herausforderung der Amerikaner in ihnen weckte. Er werde, so glaubten sogar gebildete Intellektuelle, in die Lage kommen, die ganze arabische Welt anzuführen, Macht zu entwickeln, die weit über jene des bloßen Landes Irak hinausreiche, und am Ende eine glaubwürdige Herausforderung gegenüber Israel lancieren. Wobei Israel immer noch als das Symbol für alle Unzulänglichkeiten der arabischen Staatenordnung und Eigenständigkeit erschien. Wenn es gelänge, jenen Staat in die Schranken zu weisen, so empfanden Millionen, wäre der Beweis erbracht, daß die arabische Welt wieder den ihr zustehenden Rang in der internationalen Staatengemeinschaft zurückerlangt habe oder mindestens zurückgewinnen könne.

Hoffnungslosigkeit der Jugend

Um diese emotionalen Reaktionen auf das Auftreten des irakischen »Starken Mannes« zu verstehen, muß man wissen, wie sehr gerade die arabische Jugend in den übervölkerten Staaten (Maghreb, Ägypten, besetzte Gebiete, Jordanien) einen jeden Weg in die Zukunft als hoffnungslos versperrt empfindet. Nur einige Privilegierte, die den Machthabern nahestehen, scheinen Aussicht zu haben, ein einigermaßen befriedigendes Leben zu führen. Die überwiegende Mehrheit weiß, daß die Zukunft wenig Perspektiven bietet. Der einzige Ausweg in bessere Zeiten müßte daher durch einen politischen Umsturz erreicht werden, der die bestehende Gesellschaft umwälzte, so daß der untere Teil des Omeletts nach oben gelangen würde. Amerika und sein Verbündeter, Israel, gelten als die Garanten der bestehenden Ordnung, mit der alle Machthaber sich mehr oder weniger willig abfinden, da sie ja an der Macht bleiben wollen. Amerika herauszufordern weckt daher die Begeisterung all jener, der immensen Mehrzahl natürlich, die sich mit der bestehenden Ordnung nicht versöhnen können, weil sie darin keine Hoffnung für ihre Zukunft erblicken.

Die politische Frustration, die seit dem Versagen des arabischen Nationalismus pan-arabischer Färbung (wie unter Nasser und der Baath Partei) gegenüber Israel besteht, trifft sich an dieser Stelle mit der mehr sozialen und wirtschaftlichen Frustration über die Aussichtslosigkeit der Jungen, denen lohnende Arbeit zu fehlen scheint. Beide werden leicht als zwei Seiten der gleichen Sache empfunden, weil die Meinung vorherrscht, wenn nur die reichen Erdölstaaten einem einzigen arabischen Staat einverleibt würden, sähe die Sache ganz anders aus, und wenn nur die eigentlichen Machthaber, wie Amerika und sein lokales Werkzeug, Israel, zurückgeschlagen werden könnten, wäre eine neue, großzügigere politische Ordnung in der arabischen Welt möglich.[5]

All dies sind vage ideologisierende Vorstellungen, die aus der »großen Zeit« Abdel Nassers stammen, sich aber bezeichnenderweise stets mit dem Auftreten einer Figur, des »Starken Mannes«, verbinden. IHM traut man es zu, die erhofften Änderungen durchzusetzen.

Macht um der Macht willen

Die Militärherrscher und Diktatoren der Periode nach 1967 haben fast alle viel länger regiert als ihre Vorgänger: Hafez al-Asad herrscht seit 1970; Saddam Hussein seit 1979, jedoch als

---

5 Das erstaunlich geringe Mitgefühl, das das besetzte Kuwait bei den meisten Arabern fand, dürfte hier seine Wurzel gehabt haben. Staaten wie Kuwait wurden als »koloniale« Schöpfungen empfunden, die in erster Linie eingerichtet worden seien, um dem Rest der arabischen Welt den Genuß der »arabischen« Erdöleinkünfte vorzuenthalten.

Zweiter Mann schon seit 1968, und sein theoretischer Vorgesetzter, General Hassan al-Bakr, war oft krank. Numeiri war von 1969 bis 1985 an der Macht; Ghaddafi herrscht seit 1969. In der vorausgehenden Epoche hatte neben Bourguiba (1956–87) nur Nasser eine vergleichbar lange Regierungszeit, 1952–70. Die Erklärung dürfte darin zu suchen sein, daß die späteren Diktatoren weniger auf einigermaßen ideologisch basierte Volksbegeisterung bauten als auf den harten und überaus konsequenten Einsatz von Sicherheitsleuten und Geheimpolizisten. Die Volksbegeisterung selbst war immer weniger eine spontane Erscheinung. Sie wurde statt dessen zum bewußt kultivierten Produkt eines von den Sicherheits- und Propagandafachleuten aufgezogenen Personenkultes, dem niemand mehr wirklichen Glauben schenkte, der aber dennoch eine halbbewußte, subkutane und subzerebrale Wirkung nicht verfehlte. Sie erklärt sich einfach dadurch, daß der »Starke Mann« im Fernsehen und auf allgegenwärtigen Bildern dermaßen konsequent überall sichtbar und präsent gemacht wurde, daß die Bevölkerung sich über die Jahre hinweg ohne IHN die Welt und ihre eigene Umwelt kaum mehr vorstellen konnte.

Doch die Furcht vor dem, was einem geschehen könnte, wenn man sich gegen den Alleinherrscher und seine Wünsche stemmte, war ebenso wirksam. Sie schaltete jedwede kritische Äußerung aus; es war sogar vorsichtiger, nicht einmal kritisch zu denken, weil man sonst doch immer Gefahr lief, sich auch einmal ein Wort entschlüpfen zu lassen.[6]

Für die Alleinherrscher war es leicht, ihre eigene Härte vor sich selbst zu rechtfertigen. Sie neigten dazu, den Schmeicheleien ihrer Gefolgsleute mehr oder weniger Glauben zu schenken – Asad wohl etwas weniger, Saddam sehr viel mehr; was mit sich brachte, daß sie sich selbst als die unentbehrlichen Führer ihrer Staaten ansahen. Wenn sie einer Revolution zum Opfer fielen, würde in ihren Augen die Welt, und vor allem der von ihnen beherrschte Staat, einen solch schweren Verlust er-

---

6 Vgl. Samir al-Khalil, The Republic of Fear, London 1990 und Middle East Watch, Human Rights in Iraq, New York 1990.

leiden, daß sie noch die grausamsten Unterdrückungsmethoden als das für ihr Volk kleinere Übel ansehen, verglichen mit dem Unglück, das IHR Verschwinden heraufbeschwören müßte. SIE waren der Staat, und sie glaubten sich daher verpflichtet, sich selbst mit allen Mitteln an der Macht zu behaupten.

Der Populismus der Einmannherrscher, der in der ersten Epoche hervorgetreten war, wich einer reinen Machtpolitik, die dem Erhalten der eigenen Macht die absolute Priorität einräumte und die Hauptaufmerksamkeit zuwendete. Daß dabei Asad eher abwägend und bedächtig vorging, Saddam Hussein vielmehr impulsiv und unüberlegt, lag in der Verschiedenheit der Temperamente begründet. Saddam Hussein glaubte sich immer durch gegen ihn gerichtete Verschwörungen gefährdet, und er reagierte darauf, indem er schneller zuschlug als der vermeintliche Verschwörer, was ihm sicherheitspolitisch im Irak oft gelang; ihn jedoch außenpolitisch zuerst in den achtjährigen Krieg gegen Iran und dann in den 13tägigen gegen die Amerikaner und ihre 28 Verbündeten führte. Numeiri stellte ihnen gegenüber den weniger entschlossenen Typus dar, der sich durch Hofschranzen und vermeintliche Freunde in seinen mit den Jahren immer irrationaleren Entscheidungen beeinflussen ließ.[7]

Legitimitätsverluste

Das Absterben der populistisch-ideologischen Züge und das Hervortreten der reinen Machterhaltungstriebe hat dazu beigetragen, daß heute die Militärdiktatoren bei ihren Bevölkerungen viel von ihrer Glaubwürdigkeit verloren haben. Auch wenn kaum vorstellbar ist, daß ihre Herrschaft einmal ein Ende nehmen könnte, und völlig offen ist, was dann geschieht – weil sie ein vollständiges politisches Vakuum um sich herum

---

7 Über Numeiri gibt Auskunft: Khaled Mansour, The Revolution of Dismay, London 1984.

geschaffen haben, das keinerlei Nachfolger erkennen läßt –, wächst dennoch ihre Unglaubwürdigkeit. Große Teile der Bevölkerung wissen (meßbar sind sie nicht, aber man kann vermuten, es sind zwischen 60 und 85 %), daß der »Starke Mann« ihnen weder Fortschritt noch außenpolitische Erfolge einbringen wird, obgleich dies der eigentliche Grund war, weshalb man ihm ursprünglich zugejubelt hatte, als er zuerst die Macht an sich riß. Es ist allzu deutlich geworden, daß er sein Überleben und die Selbstbehauptung seiner Diener und Machtinstrumente so stark in den Vordergrund stellt, daß für andere politische Belange kaum mehr Aufmerksamkeit oder Mittel übrigbleiben.

Zurück zur orientalischen Tradition

Die Ausübung der Herrschaft um der Herrschaft willen ist natürlich ein altes orientalisches Phänomen. Auch die Methoden, die zur Machterhaltung angewandt werden, stammen aus der vorkolonialen Vergangenheit, nur daß sie mit moderner – importierter – Sicherheitstechnologie kombiniert werden. Man umgibt sich mit eigenen Stammes- und Familienangehörigen, denen man am ehesten zutraut, daß sie durch dick und dünn zu dem Machthaber halten werden, schon weil sie wissen, daß es ihnen ebenfalls an den Kragen ginge, wenn ihr Herr und Meister zu Fall käme. Man stellt besondere Elite- und Sicherheitstruppen auf, die nicht in den Kriegen eingesetzt werden, allerhöchstens in Augenblicken dringender Not, weil sie primär dazu bestimmt sind, den Herrscher und seinen Palast zu schützen, sei es gegen rebellische Armeeeinheiten, sei es gegen die aufbegehrende Bevölkerung. Auch diese Prätorianer werden mit der modernsten Waffentechnologie versehen. Doch ihre Funktion unterscheidet sich nicht von der ihnen schon im Altertum zugedachten.

Zu diesen alten Machttechniken gehört auch, die regulären Armeen stets zu beschäftigen und ihre Aufmerksamkeit nach außen zu lenken. Wenn man einen Nachbarn besitzt, dessen militärische Potenz stärker ist als die eigene, stellt dies eine schwierige Aufgabe dar. Asad, stets durch Kriege bedroht, die ein übermächtiges Israel gegen ihn führen könnte, hat sie bisher dadurch gelöst, daß er zu seinen Soldaten zwar beständig von der Aggressionsgefahr sprach, die Israel darstelle, aber gleichzeitig sorgfältig vermied, die Israelis zu provozieren. So ließ er zu, daß die syrisch-israelische Waffenstillstandslinie durch Uno-Verbände abgedichtet und für alle Infiltrationen verschlossen wurde. Auch seine gesamte Libanonpolitik ist dadurch zu erklären, daß er immer Situationen zu vermeiden suchte, in denen die Auslösung eines Krieges mit Israel zu einem von Syrien nicht erwünschten Zeitpunkt hätte möglich oder wahrscheinlich werden können.

Saddam Hussein seinerseits ließ sich zweimal auf verderbliche Kriege ein, weil er nicht fähig war zu erkennen, daß er in ihnen Gefahr laufen werde, den kürzeren zu ziehen. Der Wille, die bereitstehende Armee zu beschäftigen, indem er sie über die iranischen und später kuwaitischen Grenzen sandte, dürfte auch in seinem Fall ein wichtiges Handlungsmotiv gewesen sein.

Demokratie oder Fundamentalismus?

Die immer ausschließlichere Machtpolitik, welche die »Starken Männer« betrieben, hatte Folgen. Ein wachsender Teil der Bevölkerung begann zu erkennen, daß sie in ihrem eigenen Interesse handelten, nicht in dem der von ihnen Regierten. Dies brachte zweierlei Kritiken hervor. Einerseits entstand eine neue, diesmal einheimische, nicht importierte Ideologie, die man als Fundamentalismus bezeichnet; andererseits wuchs die Kritik der Intellektuellen an den Machthabern, und zwar in dem Maße, in dem sie erkannten, daß diese die Länder eher ins Verderben als in eine bessere Zukunft führen würden. Die Intellektuellen begannen zu erkennen, daß in der heutigen komplexen Welt eine Einmannregierung, die zunehmend in die psychologische Unmöglichkeit gerät, auch nur die leiseste Kritik oder kritische Mitarbeit anzunehmen, notwendigerweise auf Abwege geraten muß. Meist sind dies Abwege, die zu

Kriegen führen, und die Kriege gehen verloren. Oder es kommt, wie in Algerien 1988, zu Verzweiflungsaufständen. Der Schluß, den die arabische Intelligenz aus diesen Beobachtungen zieht, lautet: Man braucht eine Form von Pluralismus, die sich nicht ohne Demokratie verwirklichen läßt. Dabei mag man einräumen, daß die Demokratie nicht gerade zum lokalen politischen Erbe gehört; doch sie erscheint dermaßen unabkömmlich, daß die Einsicht in die Notwendigkeit pluralistischer und demokratischer Strukturen alle möglichen Bedenken überwiegt. Man muß es eben solange versuchen, bis es einmal gelingt, sagen sich die Vertreter der demokratischen Denkart.

Die andere gegenüber den Einmannherrschaften kritische Neuentwicklung ist die politische Mode des Fundamentalismus. Als Doktrin ist dieser Ansatz, den man als eine Ideologisierung des Islam verstehen kann, schon alt.[8] Die Muslimbrüder bestehen in Ägypten seit 1928 und sind auch schon vor dem Zweiten Weltkrieg nach Syrien und Palästina gelangt. Nasser und andere Nationalisten haben sie mehr oder minder gewaltsam niedergehalten. Mit den Kommunisten und anderen damals modischen Linksgruppen lagen sie häufig im Streit, besonders in den Universitäten, wo sie Jahre hindurch zwei rivalisierende Hauptströmungen bildeten.

Doch es war die Krise der aus dem Ausland importierten Ideologien und Denkschemen, die nach der Niederlage von 1967 eintrat, welche ihnen zu neuem Auftrieb verhalf. Der Islam, in dessen Namen die Islamisten auftraten, wurde natürlich als etwas Eigenes, das Eigenste, das man besaß, empfunden; und es war nur verständlich, darin Zuflucht zu nehmen, nachdem die fremden Ideologien, vom Liberalismus über den Nationalismus bis hin zum Sozialismus und Marxismus, nicht die erhofften Früchte getragen hatten. Der eher subtile Unterschied zwischen dem Islam als Religion, so wie er zur Zeit der

---

8 Einen guten Überblick über die bitteren Auseinandersetzungen der Muslimbrüder mit Asad gibt: Les frères musulmans 1928–1982, présenté par Olivier Carré et Gérard Michaud, Collection Archives, Paris 1983. Vgl. auch Seale, Asad of Syria, S. 320 ff.

islamischen Hochkultur gewesen war, und dem Islamismus als Ideologie blieb den meisten Anhängern der neuen Lehre verborgen. Eine Religion befaßt sich mit dem Verhältnis zwischen Menschen und Gott – sogar wenn sie eine Gesetzesreligion ist, die für die Menschen, einzeln und kollektiv, die Befolgung bestimmter als gottgegeben geltender Vorschriften fordert. Eine Ideologie ist ein Gedankengebäude, von dessen Anwendung seine Anhänger sich Lebenshilfen erhoffen, z. B. individuellen oder kollektiven, d. h. politischen Erfolg, Macht, Größe. Weil dieser Unterschied weitgehend verborgen blieb, konnten die Anhänger der neuen Lehre auch nicht erkennen, daß sie durch die Umwandlung ihrer islamischen Religion in die islamistische Ideologie ebenfalls einem – nur islamisch verbrämten – europäischen Grundmodell folgten. Ideologien, im Gegensatz zu Religionen, die universeller Natur sind, gehören eben auch zu den ausgesprochen europäischen Geistesprodukten, respektive Verirrungen.

Das Versagen des »Starken Mannes« und seiner Ideologie

Wie dem auch sei, die islamistische Ideologie fand wachsende Zustimmung, weil andere Doktrinen versagt hatten und weil auch die Hoffnung auf den »Starken Mann« und seine angebliche Fähigkeit, eine Lösung zu finden, immer mehr abnahm, wenn sie nicht schon ganz dahingeschwunden war. Die neue Ideologie, die im heimischen, islamischen Gewand auftrat, füllte eine Leere, die ihrerseits um sich griff, je mehr vor Augen trat, daß weder die importierten Doktrinen noch die reine Machtpolitik der Einmannherrscher Erfolg versprachen. In seiner einfachsten Form verheißt der Islamismus: »Der Islam ist die Lösung.« Wobei natürlich die Islamistenführung selbst festlegt, welchen Islam sie meine. Meistens definiert sie ihn mit dem Hinweis auf die Schari'a, weil dieses Gottesgesetz, ausgearbeitet von den Schriftgelehrten des 6. bis 9. Jahrhunderts nach Chr., sich besser als Grundlage für eine Ideologie eignet denn ausgesprochen prophetische (daher vieldeutige) Texte, wie sie im Koran die eigentlichen Kernstellen bilden. Man habe nur die Schari'a genau zu befolgen, lautet die neue Erlösungsideologie, dann werde Gott das Seinige tun und die Muslime wieder zum »besten der Völker« (Koran 3/111) erheben.

Der Umstand, daß im Iran, gänzlich unerwartet, der Islamismus, gestützt auf die charismatische Figur Khomeinys und dank der zahlreichen politischen Fehler, die der Schah begangen hatte, die Macht übernehmen konnte, hat natürlich den Sympathisanten und Gesinnungsgenossen der neuen Ideologie gewaltigen Auftrieb verliehen.[9] Doch schon vor der islamischen Revolution war im arabischen Raum ein stetiges Anwachsen der islamistischen Denkweise zu beobachten. Es hatte kurz nach der Niederlage von 1967 und dem darauf folgenden Tod Abdel Nassers (1970) begonnen. In den ersten Jahren seines Wachstums erhielt der Islamismus sogar die mehr oder weniger diskrete Hilfe der staatlichen Stellen, zum Beispiel der ägyptischen und der tunesischen Geheimpolizei, weil damals die extremen Linkskreise, besonders unter den Studenten, als gefährlicher angesehen wurden und ihre Rivalen, die Islamisten, als ihr Gegengewicht dienen sollten.

Rückschläge in Syrien und im Irak

Präsident Asad war zu Beginn seiner Herrschaft in einen zähen und blutigen Untergrundkrieg mit den Islamisten verwickelt, der erst 1982 mit der gewaltsamen Niederschlagung des bewaffneten Aufstandes von Hama seinen Abschluß fand. Im Irak wurde die schiitische Da'wa-Bewegung in den frühen siebziger Jahren als Gegengewicht gegen den im irakischen Süden um sich greifenden Kommunismus gegründet.[10] Dieser hatte unter den irakischen Schiiten deshalb Anklang gefunden, weil der

---

9 Die Fehler des Schahs dokumentiert: Robert Graham, Die Illusion der Macht, Frankfurt a. M., Berlin 1979.
10 Vgl. Yann Richard, L'Islam chi'ite, Croyances et idéologies, Paris 1991, S. 148ff.

Arabische Nationalismus eine Sache der Sunniten war, die von der irakischen Schiitengemeinschaft als bedrohlich empfunden wurde. Hätten nämlich die arabischen Nationalisten ihr Ziel eines großen panarabischen Staates erreicht, so wären die irakischen und libanesischen Schiiten in einer gewaltigen Masse von Sunniten regelrecht ertränkt worden.

Die Da'wa wurde dann freilich von Saddam Hussein blutig ausgerottet. Dies war insofern nicht schwierig, da sie wegen der engen Verbindungen religiöser und kultureller Art, wie sie zwischen Iran und dem irakischen Schiismus traditionell bestanden, leicht als »iranische Verräterorganisation« zu denunzieren war.

Andere Einmannherrscher haben sich mit der neuen Ideologie zuerst angefreundet, weil sie ihnen als ein nützliches Instrument gegen die Linksextremisten erschien. So dachten etwa Sadat und Numeiri, der selbst zu einem höchst oberflächlichen Islamisten wurde, um seine Herrschaft zu verlängern; sogar Bourguiba aus taktischen Gründen, bevor er zu einem erbitterten Gegner der Islamisten wurde. Seine Absetzung durch Ben Ali hat er höchstwahrscheinlich dem Umstand zu verdanken, daß er deren tunesische Oberhäupter um jeden Preis zum Tode verurteilen wollte.[11] Auch Sadat ging gegen die Islamisten vor, kurz bevor sie ihn ermorden sollten.

Gut für die Opposition, schwierig für die Regierung

Der Islamismus ist eine sehr bequeme Ideologie für jede Oppositionspartei, weil sie sich damit begnügen kann, die Regierung als »unislamisch« zu denunzieren und selbst zu verheißen, Gott werde für die Muslime sorgen, wenn sie nur unter Anleitung der Islamisten die Schari'a erfüllten. Ein eigentliches Oppositionsprogramm wird dadurch unnötig. Doch die Schwächen der Islamisten treten zutage, wenn sie einmal gezwungen sind, die Macht zu übernehmen. Dann müssen sie ihre Verheißun-

---

11 Le Monde, 11. November 1987, p. 3.

gen wahr machen oder passiv darauf warten, daß Gott es für sie tue. Beides führt selten zum Erfolg, weil die Probleme der heutigen Zeit und Welt, in der sie nun einmal leben, bewältigt werden müssen.

Es ist leichter für Islamisten, ein reiches Erdölland zu übernehmen, zum Beispiel Iran, und sich dort an der Macht zu halten, weil sie über die Erdölrente verfügen und sie verwenden können, um ihre Herrschaft zu untermauern. Schwieriger ist es für jene, die in einem ausgesprochen armen Land zur Macht gelangen, z. B. Sudan, wo der heutige Militärmachthaber, General Omar al-Baschir, ihnen nahestehen soll. Denn ein solches Land ist darauf angewiesen, mit den wenigen Mitteln auszukommen, die durch die Arbeitskraft der Bevölkerung erwirtschaftet werden können. Doch sogar in einem Erdölland sind die herrschenden Islamisten gehalten, eine gewisse Mäßigung an den Tag zu legen, sofern sie längerfristig an der Macht bleiben wollen und die dringendsten Wünsche ihrer Bevölkerung nach einem einigermaßen menschenwürdigen Leben erfüllen möchten. Dies zeigt der heutige Iran. Ein islamistisches Regime, das an der Macht bleiben will, muß Wege finden, die es erlauben, sich in die nicht-islamistische Außenwelt einzufügen und mit ihr zusammenzuarbeiten.

Islamistenführer auch Einmannherrscher

Der Islamismus brachte seinerseits neue charismatische Figuren hervor, die wiederum Einmannregime anstrebten; Khomeiny ist der deutlichste Fall. In Algerien stehen zwei Lenkerfiguren der islamistischen Politik vor: der ehemalige Philosophielehrer Abbasi Madani und der Gottesgelehrte Ali Belhaj. Doch neben ihrer Bewegung FIS (Front Islamique du Salut) haben sich neue islamistische Parteien mit ihren eigenen Führerfiguren entwickelt.

Einige der hervorragenden Islamistenchefs haben ihr Leben verloren; Nasser ließ Sayyid Qutb 1966 hinrichten (Hassan al-Banna, der Gründer der Muslim-Bruderschaft, war schon 1948 ermordet worden, wahrscheinlich auf Anstiften König

Farouks); der wichtigste Führer der irakischen Schiiten islamistischer Tendenz, Muhammed Baqr as-Sadr, wurde von Saddam Hussein 1980 zum Märtyrer gemacht; der in Libanon wirkende Musa as-Sadr verschwand 1978 in Libyen und wurde wahrscheinlich von den Geheimdiensten Ghaddafis ermordet. Sie alle wären wohl potentielle Führerfiguren gewesen.

Ob das gleiche auch für die noch lebenden tunesischen Islamistenchefs Ghannouchi und Mourou gilt, kann nur die Zukunft erweisen. Beide behaupten, sie wollten innerhalb eines demokratischen Systems mit anderen politischen Kräften zusammenwirken. Doch der Staat hat ihnen bisher keine Gelegenheit dazu gewährt. Die Grenzen ihrer Kooperationsbereitschaft sind offenbar erreicht, wenn ein politischer Widersacher ihre islamistischen Überzeugungen kritisiert, wie ihr Zusammenstoß mit Erziehungsminister Muhammad Charfi im Oktober 1989 und in den folgenden Monaten zeigte. Gegenwärtig ist der tunesische Präsident und frühere Geheimdienstchef, Ben Ali, im Begriff, die tunesischen Islamisten unter Umsturzanklage zu stellen und sie als politische Kraft auszuschalten.

Eine Übersicht über die arabischen Ideologien und ihre Wirkungen ergibt, daß die Ideologien in Verbindung mit Einzelmachthabern fast immer militärischer Herkunft an die Macht gelangt sind. In der Regel sind es dann auch diese Einzelmachthaber, welche die Ideologien entweder ausschalten oder so sehr in den Dienst ihrer persönlichen Machterhaltung stellen, daß sie ihre Glaubwürdigkeit als politische Ideengebäude weitgehend verlieren. Die Machthaber haben ihrerseits zunehmend zu altbewährten Methoden der persönlichen Machterhaltung gegriffen, die wenig mit Ideologie zu tun haben: Hinzuziehung des Familienclans als Machtstütze; Bildung von Elitetruppen als Palastgarden; Machtverteidigung durch verschiedene, einander kontrollierende Geheimdienste und ähnliches mehr.

Adel S. Elias

Macht und Ohnmacht.
Der Westen im Bewußtsein arabischer Öffentlichkeit

Als Napoleon Bonaparte bei seinem Ägypten-Feldzug im Jahre 1798 hoch zu Roß in die für die damalige moslemische Welt heilige Al-Azhar Moschee, die seit Jahrhunderten als geistiges und religiöses Herz der islamisch-arabischen Welt galt, einzog, war dies für die Araber mehr als nur eine militärische Niederlage: Es war die schockartige Konfrontation mit okzidentaler Denkweise und Kultur, die den Arabern schlagartig ihre vermeintliche geistige und kulturelle Unzulänglichkeit vor Augen führte. Diese Erkenntnis war schmerzvoll und führte sehr schnell zu einer typischen Abwehrreaktion: Die Unfähigkeit, auf die politische Herausforderung durch eine europäische Kolonialmacht angemessen zu reagieren, ließ die Araber Zuflucht im Islam suchen, mit der Hoffnung, dort den heilenden Balsam für ihre wunde Seele zu finden.

Viele europäische Orientalisten haben Tragweite und Wirkung dieses Ereignisses bis heute sträflichst unterschätzt. Da kam ein kleiner korsischer Kanonier, avancierte zum General und ließ sich zum Kaiser einer kontinentalen Großmacht krönen, die sich erst wenige Jahre zuvor im Zuge einer bis dahin einzigartigen Volksrevolution ihres absolutistischen Herrschers, eines Königs von Gottes Gnaden, entledigte und sich daran machte, in Europa die Ideale der Aufklärung, wie Freiheit, Gleichheit und Brüderlichkeit, zu verwirklichen. Die politische und soziale Entwicklung in Europa, die ihren Höhepunkt in dieser kulturell-revolutionären »Explosion« fand und die seit dem 16. Jahrhundert den engen christlichen Dogmatismus gezwungen hatte, sich neuen, fortschrittlichen Ideen zu öffnen, verlief dabei völlig konträr zur gleichzeitig stattfindenden politischen und sozialen Entwicklung im Orient.

Während in Europa die Säkularisation um sich griff, die Trennung von Staat und Kirche blutig und gewaltsam vollzogen wurde und vor dem Beil der Guillotine ein von Gott gekröntes Haupt nicht mehr wert war als das eines gewöhnlich Sterblichen, herrschte im Orient weiterhin ein streng theokratischer islamischer Dogmatismus, der seit dem 15. Jahrhundert n. Chr. sich vehement und erfolgreich jeder Öffnung widersetzen konnte. Wurde 1792 mit der Guillotinierung Ludwigs XVI. gleichsam auch die Kirche enthauptet, so geschah knapp 200 Jahre später im Orient genau das Gegenteil: Imam Khomeini, islamischer Geistlicher, übernahm 1979 die Macht in Teheran und befahl, den Schah, in seinen Augen ein »Pharao«, d. h. ein Tyrann und Despot, der mit Gott gebrochen und damit seinen Machtanspruch und seine Legitimation verloren hat, zu verhaften, vor Gericht zu stellen und seiner dafür gerechten Strafe, dem Tod, zuzuführen.

Diese diametral verlaufenden Entwicklungen sind von fundamentaler Bedeutung für das Verständnis der komplexen und komplizierten Beziehung zwischen Okzident und Orient.

Am Ende des Ersten Weltkrieges, im Januar 1918, verkündete der amerikanische Präsident Wilson seinen 14-Punkte-Plan zur Neuordnung des politischen Weltgefüges. Der 12. Punkt dieses Planes widmete sich dabei in besonderem Maße der Nahost-Region und sah für sie, nach dem Zusammenbruch des Osmanischen Reiches, des »kranken Mann am Bosporus«, die nationale Selbständigkeit und Freiheit vor. Den Arabern wurde nach der jahrhundertelangen theokratischen Unterjochung durch die Türken die heißersehnte arabische Einheit und Souveränität versprochen. Dieses Vorhaben des amerikanischen Präsidenten rief unendlich große Freude bei den Arabern hervor und weckte die berechtigte Hoffnung auf eine unabhängigere, freiere und bessere Zukunft. Als dann auch noch die von Wilson entsandte »King Crane Commission« kurz darauf in Syrien und Palästina die Bevölkerung vor Ort befragte, wie sie sich die politische Realgestaltung in ihrer Region vorstelle, waren für die Araber die letzten Zweifel an der Aufrichtigkeit und Ernsthaftigkeit des amerikanischen Ansinnens aus dem Wege geräumt. Leider aber erkannten die Araber und der amerikanische Präsident Wilson zu spät, daß die beiden Kontinentalgroßmächte England und Frankreich längst ihre eigenen Pläne bezüglich der Zukunft der Nahost-Region hatten, die sie in einem Geheimabkommen, dem berühmten Sykes-Picot-Agreement von 1916, zu Papier gebracht hatten. Nach erzkolonialistischer Manier wurde die gesamte Nahost-Region in eine englische und eine französische Interessensphäre aufgeteilt. Der zionistischen Bewegung, die sich damals noch in der Entstehungsphase befand, gelang es dabei, für ihr Ziel, einen jüdischen Staat in Palästina zu errichten, einen einflußreichen Mentor zu finden: den englischen Außenminister Lord Arthur Balfour, der sich in seiner Balfour-Deklaration von 1917 vehement für die Errichtung einer »Heimstätte für das jüdische Volk in Palästina« einsetzte.

Noch vor der Veröffentlichung seiner Deklaration reiste Balfour in die Vereinigten Staaten, um seinen Plänen in Amerika Nachdruck zu verleihen. Der englische Außenminister wollte den amerikanischen Präsidenten zu einer offiziellen Unterstützung seiner Pläne überreden. Um mehr Druck auf den amerikanischen Präsidenten ausüben zu können, konferierte Balfour mit dem engsten Berater Wilsons, dem der zionistischen Bewegung angehörenden Richter Brandeis, und dem Rabbiner Weiß. Wilson weigerte sich jedoch, eine öffentliche Aussage zugunsten eines jüdischen Staates zu machen, mit der Begründung, daß das noch bestehende Osmanische Reich, dem Palästina territorial angehörte, sich nicht im Kriegszustand mit den Vereinigten Staaten befände. Er wies jedoch im Oktober 1917 seine Mitarbeiter an, die beabsichtigte Balfour-Deklaration stillschweigend anzuerkennen. Und so zeigte der Westen den Arabern zum wiederholten Mal, welch verläßlicher Partner er war. Die Dreistigkeit seines Verhaltens war wohl kaum noch zu übertreffen: Selbstherrlich und wieder einmal in erzkolonialistischer Manier verfügte eine europäische Großmacht, nämlich England, über ein Land und sein Volk, das ihm nicht einmal unterstand, geschweige denn »gehörte«, gab Erklärungen ab, zu denen es gar nicht berechtigt war, und gab ein Territorium, über das zu verfügen ihm gar nicht zustand, an die Juden. Man stelle sich einmal den umgekehrten Fall vor! Vielleicht fällt es vielen Menschen dann leichter zu verstehen, warum für viele Araber und vor allem für die Palästinenser Israel »ein Dorn im Auge« ist.

Der Versuch der Engländer und Franzosen, den Verrat des Westens an den Arabern durch die Schaffung sogenannter »Mandatsgebiete« zu vertuschen, schien anfangs erfolgreich, doch schon bald war den Arabern klar, daß damit lediglich der 14-Punkte-Plan Wilsons so elegant wie möglich außer Kraft gesetzt werden sollte. Die weiterhin stattfindenden Befragungen durch die »King Crane Commission« spiegelten dann auch sehr bald die Verärgerung der Araber wider: Sie hatten es satt, immer wieder vertröstet zu werden und mit immer neuen Versprechungen hingehalten zu werden, wo doch die Entscheidungen über ihre und die Zukunft ihres Landes unter Mißachtung ihrer eigenen Wünsche schon längst in London oder Paris getroffen worden waren. Kein anderes Ergebnis wie das der »King Crane Commission« zeigt so deutlich die Diskrepanz zwischen der rücksichtslosen Realpolitik der westlichen Kolonialmächte und den berechtigten Forderungen der Araber nach Einheit der arabischen Nation, Freiheit und Unabhängigkeit.

Das Fazit der »King Crane Commission« war eine schallende Ohrfeige für die Politik der westlichen Kolonialmächte: Rücksichtslos und brutal hatten sich diese über die nationalen Rechte der Araber hinweggesetzt und unter dem Mantel von Gerechtigkeit und Freiheit eine gnadenlose Interessenpolitik betrieben. Hätte es der Westen wirklich jemals ernsthaft erwogen, den Belangen der Araber und vor allem der Palästinenser den ihnen gebührenden Platz einzuräumen, dann hätte er sehr schnell begreifen müssen, daß diese sich niemals mit der Errichtung eines jüdischen Staates in Palästina abfinden würden.

Daß der Westen trotzdem die Errichtung eines jüdischen Staates auf palästinensischem Gebiet gegen den vehementen Widerstand der Araber durchgesetzt hat, zeugt von der maßlosen Arroganz und Rücksichtslosigkeit des Abendlandes. Damals wurde eine Rechnung eröffnet, für die der Westen heute immer noch zahlt. Die Araber können es den Europäern und

Amerikanern bis heute nicht verzeihen, daß ein sogenanntes »biblisches« Recht der Juden einem realen, nationalen Recht der Araber vorgezogen wurde. In der gesamten Geschichte der Menschheit gibt es keinen Staat, dessen Existenz und dessen Grenzen biblisch-religiös begründet werden – außer Israel. Das Anführen einer solchen biblischen Legitimation als »auserwähltes Volk Gottes« geschieht natürlich nicht ohne gewisse Absichten: Die Legitimation durch Gott erlaubt jedwedes Handeln und verbietet gleichzeitig jegliche Infragestellung dieses Handelns durch Andersgläubige.

Machtpolitisch gesehen ist die Schaffung des Staates Israel jedoch nicht die Verwirklichung eines biblischen Willens des Gottes der Juden, Jahwe, sondern kühl berechnetes politisches Kalkül des Westens: Ohne die Balfour-Deklaration von 1917 und ohne die Existenz des »schwarzen Goldes« Erdöl in dieser Region wäre der Staat Israel dort nicht entstanden, sondern, wie im Basler Programm der Zionisten vorgeschlagen, in Uganda oder Madagaskar. Nur hätte er dort dem Westen reichlich wenig genützt.

Die Palästinenser wissen sehr wohl, daß das Gebiet, das die Israelis als ihr »verheißenes Land« betrachten, eigentlich ihnen, den Palästinensern, gehört. Sie sind die wirklich legitimen Eigentümer. Dieses Wissen sitzt tief in ihrem nationalen Bewußtsein und in ihrer Seele. Keine Macht dieser Welt wird ihnen dies nehmen können. Ihr leidenschaftliches Beharren auf die Zurückerlangung Palästinas beruht nicht auf einem Versprechen eines Gottes, wie bei den Israelis, nicht auf dem Beschluß einer Großmacht oder einem Beschluß der UNO (Resolution Nr. 181 von 1947), sondern auf dem palästinensischen Bewußtsein, daß das Land nicht allein den Juden heilig ist, sondern gleiche religiöse Bedeutung für Christen, Moslems und Juden hat.

Der arabisch-israelische Konflikt ähnelt keinem anderen Konflikt zwischen Nationen oder Völkern. Die palästinensische Frage ist mit keiner anderen Konfliktfrage auf dieser Welt vergleichbar. Hier geht es nicht um Bestimmung von Grenzen oder Gebietsansprüche. Sie ist auch kein Konflikt zwischen einer regierenden Partei in Israel und seinen arabischen Nachbarn. Die Palästina-Frage ist in erster Linie die Schicksalsfrage eines Sechs-Millionen-Volkes, das aus seiner Heimat vertrieben, dessen Gesellschaft und Kultur zerstört wurde, um auf diesen Ruinen einen neuen, jüdisch-theokratischen Gottesstaat zu errichten.

Die Entstehung eines zionistisch-expansionistischen Staates in Palästina ist für die Palästinenser eine Tragödie unvorstellbarer Dimension. Der palästinensische Dichter Mahmud Darwisch beschreibt seine Situation so: »Ich bin palästinensischer Flüchtling in meiner eigenen Heimat Palästina.«

Die schmerzliche Aussichtslosigkeit des arabisch-israelischen Konflikts liegt in der Annahme der Israelis, ihre Existenz nur durch die Negierung des palästinensischen Volkes sichern zu können. Die Palästinenser dagegen sind – zu Recht – nicht bereit, ihre nationale Identität und Heimat aufzugeben.

Die Juden, die in ihrer Geschichte wie kaum eine andere Gemeinschaft gelitten haben, sind durch ihre Leidensgeschichte zur Ursache des Leides anderer Völker im Nahen Osten geworden. Dieses Leid der Juden ist im Bewußtsein des Westens – sei es aus schlechtem Gewissen oder aus einem anderen Grunde – tief verankert. Er übersieht und vergißt aber darüber all das Leid der anderen. Die Vernichtungsmaschinerie der Nationalsozialisten in Deutschland, die Judenpogrome in Osteuropa und der Antisemitismus sind das Kulturerbe des Abendlandes. Das Schuldbewußtsein für dieses Erbe hat dazu geführt, daß der Westen versuchte, seine Schuld durch das Ausstellen einer »carte blanche«, eines »Persilscheins für alles« gegenüber Israel abzutragen. Dies konnte nur zu Lasten der Araber geschehen.

Das christliche Abendland, das auf seinen Fahnen stolz so hehre Ideale wie Menschenrechte, Selbstbestimmungsrechte, Freiheit, Gerechtigkeit, Verdammung von Gewalt als Mittel der Politik etc. führte, war sehr schnell bereit, all seine Ideale über Bord zu werfen, als es darum ging, das Verhalten des Staates Israel den Arabern und insbesondere den Palästinensern gegenüber anzuprangern bzw. den Auswüchsen dieses politischen Terrors entgegenzuwirken. Die Paradoxie der Geschichte ist dabei kaum zu übertreffen: Aus den Verfolgten wurden Verfolger, und das christliche Abendland war froh, für seine Verbrechen nicht zur Rechenschaft gezogen worden zu sein. Die einfache Rechnung, die der Westen dabei aufstellte, ist bis jetzt aufgegangen: In den westlichen Medien – und das fast ausnahmslos – wurde der Kampf des David gegen den Goliath, der drei Millionen »Guten« (die Israelis) gegen die 150 Millionen »Bösen« (die Araber) aufs genüßlichste breitgetreten. Egal, was in dieser Region geschah, der Schuldige stand bereits von vornherein fest: die Araber. Die amerikanische Presse hat dabei keine Mühen gescheut, den wüsten Charakter der Araber gegenüber den Israelis eindrucksvoll darzustellen. Die Israelis sind Helden, fleißig, clever, aufrichtig, mutig, die Araber dagegen Lügenbolde, dumm, Zauderer, Idioten, uneinig und streitsüchtig. Wer sich die Mühe macht, die Presse im deutschsprachigen Raum zu verfolgen, wird sehr leicht feststellen können, daß das hier geprägte Bild von den Arabern dem der Amerikaner in bezug auf Rassismus, Arroganz, Ignoranz und Unwissenheit in nichts nachsteht. Es vergeht kaum ein Tag, an dem nicht irgendeinem israelischen Politiker ganze Seiten in deutschen Zeitungen oder Zeitschriften zur Verfügung gestellt werden, um seine Hetztiraden gegen die Araber publizistisch äußerst effizient über die Leser zu ergießen. In der Regel bleibt dabei kein Platz, der Gegenseite wenigstens die Möglichkeit einer Stellungnahme zu den meist einseitigen Verhetzungen einzuräumen. In der Medienlandschaft des Westens sind die Araber eine »quantité négligeable«, eine »vernachlässigbare Masse«. Selten läßt man es zu, daß sie sich Gehör verschaffen können; man redet über sie, aber nicht mit ihnen. Diese verantwortungslos einseitige Darstellung der Geschehnisse in der Nahost-Region im Spiegel der westlichen Presse hat logischerweise dazu geführt, daß der Leser kritiklos, ja sogar verständnisvoll jegliche Unrechtstat des Staates Israel hinnimmt: Schießt die israelische Luftwaffe eine libysche Verkehrsmaschine über dem Sinai ab,* so war das natürlich nötig, um den Luftraum des Staates Israel vor »Feinden« zu schützen

---

* Geschehen am 21. Februar 1973. Es gab 104 Tote.

und die »Sicherheit« der israelischen Bevölkerung zu gewährleisten. Schießt dagegen ein palästinensischer Widerständler eine relativ harmlose Katjuscha-Rakete aus dem Südlibanon nach Nordisrael, so wird der in keiner Verhältnismäßigkeit dazu stehende Einmarsch der israelischen Armee in den Südlibanon, deren Vordringen bis nach Beirut und deren systematische, erbarmungslose Bombardierung und Zerstörung der libanesischen Hauptstadt als völlig selbstverständliche und normale Reaktion dargestellt. In der westlichen Presse wird die Annexion arabischer Gebiete durch Israel bis heute als notwendige »Maßnahme zur Sicherung der Existenz des Staates Israel« dargestellt. Das christliche Abendland hat seinen neuen »Juden« gefunden: die Araber. Ein Heer von Historikern und Journalisten aus dem Westen schreckt dabei nicht einmal davor zurück, geschichtliche Ereignisse im nachhinein zugunsten der Israelis zu fälschen. Der Westen identifiziert sich dabei so sehr mit Israel, daß der Eindruck entsteht, er hätte es sich zur Aufgabe gemacht, dieses »Stück Europa«, dieses »Bollwerk der Zivilisation« vor den »Horden der dreckigen, stinkenden, faulen und unterentwickelten Orientalen« zu retten. Israel hat es dabei vorzüglich verstanden, sich als einzige »demokratische Oase« inmitten des »despotischen Orients« zu verkaufen. Auch die primitiven Gleichungen wie »Israel = alle Juden der Welt« oder »Zionismus = Judentum« wurden, ohne über ihre historische Wahrheit auch nur im geringsten nachzudenken, willig und widerstandslos von den gelehrigen »Schülern« aus dem Westen geschluckt. Damit gelang es den Zionisten, eine wirkungsvolle Waffe in ihre Hände zu bekommen: Der Begriff des »Antisemiten« wurde zum gelben Stern im moralischen Denken potentieller Kritiker, die damit schnell und effizient mundtot gemacht wurden.

Die subtile Unterwanderung kritischen Denkens beschränkt sich dabei nicht nur auf den politischen Bereich, sondern hat sich sehr schnell auch in der Literatur festgesetzt. Der Roman »Exodus« von Leon Uris, der in fast alle Sprachen der Welt übersetzt wurde, ist ein Paradebeispiel dafür, wie historische Tatsachen so lange verdreht wurden, bis sie in das zionistische

Geschichtsverständnis gepaßt haben. Salman Rushdie wurde für seine »Satanischen Verse«, die im Grunde genommen nicht mehr als eine primitive und billige Lächerlichmachung des islamischen Glaubens sind, von dem so intellektuell gebildeten und aufgeklärten Abendland mit Attributen wie »kritisch«, »fortschrittlich« etc. bedacht. Namhafte Politiker und Literaten wie Hans Magnus Enzensberger gingen sogar soweit, sich schützend vor Rushdie und sein reißerisch beleidigendes Pamphlet zu stellen, ohne im geringsten Rücksicht auf die Gefühle der moslemischen Gläubigen zu nehmen. Wie das christliche Abendland wohl reagiert hätte, wenn sich einer der »fanatischen« Muselmanen daran gemacht hätte, sich über die Thora, die Rabbiner mit ihren niedlichen Hütchen oder die langgelockten Bibelstudenten lustig zu machen? Manchmal scheint es fast, als ob der Westen nur auf ein neues, mit Hetztiraden gegen die Araber bis oben hin gefülltes »Geschreibe« warte. Die Reaktion auf den »Primitivschund« »Nicht ohne meine Tochter« von Betty Mahmoody ist der beste Beweis dafür, daß mit dummer, reißerischer, vorurteilsbeladener Polemik gegen Araber oder Moslems immer noch am besten Geld gemacht werden kann. Es erübrigt sich in diesem Zusammenhang die Tatsache zu kommentieren, daß dieses Buch dann auch noch in Israel verfilmt wurde.

Bei all der argumentativ armseligen Polemik, all den Halbwahrheiten und Unwahrheiten, die tagtäglich über die Araber verbreitet werden, stellt sich diesen natürlich die Frage, ob dies aus bloßer Unwissenheit oder mit einer gewissen Absicht geschieht. Wenn man das Bild, das der Westen von den Arabern hat, analysiert, findet man sehr schnell die Antwort, und der Westen sollte nicht länger so töricht sein zu glauben, die Araber wären zu dumm, ihn und seine Hinterhältigkeit zu durchschauen: Das Bild, das in den Köpfen der Amerikaner und Europäer bei der Erwähnung »Araber« herumgeistert, hat sich seit mehr als einem Jahrhundert immer noch nicht – wider besseres Wissen – geändert. Die einen denken sofort an die dicken, fetten Öl-Multis, die sich irgendwelche, natürlich blonde junge Mädchen auf ihre Hotelzimmersuiten kommen lassen und die Blumentröge in der Hotelhalle mit 1000-Dollar-

Scheinen drapieren. Sehr beliebt ist auch das Bild des säbelrasselnden, turbantragenden Pluderhosen-Muselmanen, dessen Haß und Brutalität zwischen den Zahnlücken seiner Goldzähne aus seinem zu einer fanatischen Fratze verzogenen Gesicht herausspringen. Oder wie wäre es mit den bezaubernden, aber reichlich dummen und verschlagenen Scheherazades, die nichts anderes zu tun haben, als den ganzen Tag hinter einem Schleier aus teuersten Seidenstoffen ihre Reize durch die Gegend zu schaukeln? Zu bieten wäre da allerdings auch noch der stinkende Kameltreiber, der die Touristen mit einem schmierigen Lächeln über die Ohren zu hauen versucht, oder der Nichtsnutz und Tagedieb, der den ganzen Tag in einem der vielen Kaffeehäuser herumhängt und sich mit dem gelegentlichen Bestehlen ausländischer Touristen über Wasser hält.

Den Arabern ist dabei eines völlig klar: Wo auch immer es Berührungen zwischen der arabischen und der westlichen Welt gibt, gibt es auch Divergenzen und Diskrepanzen. Nur scheint die Bereitschaft des Westens, sich mit der arabischen Welt, ihrer Kultur, ihrer Tradition und Geschichte sensibel, angemessen, behutsam und vor allem vorurteilsfrei auseinanderzusetzen, weitaus geringer zu sein als die der Araber, sich mit dem Westen zu beschäftigen. Was weiß der Westen denn wirklich über die Araber? Wer sind sie? Woher kommen sie? Welcher ihrer großen Gelehrten oder Dichter ist denn ein Begriff für einen Europäer oder gar Amerikaner?

Sehr wohl bekannt dagegen sind dem Westen Männer wie der »Terrorist« Jassir Arafat, der »Scharfmacher« Gaddafi und der »Fleischer von Bagdad«, Saddam Hussein, die so recht in die vorurteilsbehafteten Klischees des Westens passen. An letzterem scheint auch die westliche Presse in letzter Zeit reichlich Gefallen gefunden zu haben: Da gab es endlich jemanden, der genau so war, wie man sich einen typischen Araber vorstellt. Saddam Hussein, der ungebildete Nomade aus dem kleinen Dorf Takrit, der sich durch Putsch und Morden an die Staatsspitze des Irak gekämpft hatte, überfällt mit seiner Armee das kleine, wehrlose arabische Bruder- und Nachbarland Kuwait. Tatsächlich zeugt die Invasion Kuwaits durch den Irak von einem einfach strukturierten Nomadencharakter. Dabei haben die Araber bis heute nicht ihre Lehre aus der Geschichte gezogen: Bis heute haben Militäraktionen sogenannter Ein-Mann-Staaten, in denen es keinen Platz für Demokratie gibt, noch immer früher oder später zu empfindlichen Niederlagen geführt. Anstatt die Bevölkerung am Staatsleben partizipieren zu lassen, sind die Herrscher solcher Monokratien auf ein schlagkräftiges System aus Geheimdiensten, Armee und Unterdrückungsapparaten angewiesen. Daher ist die irakische Invasion in Kuwait auch nur die logische Konsequenz der Herrschaft eines einzelnen Mannes, der vollkommen den Bezug zu seinem Volk und der Realität verloren hat und ohne jegliche demokratische Wurzel und Legitimation handelt.

Trotz des Rufs der Araber nach nationaler Einheit und ihres Bewußtseins eines gemeinsamen Schicksals haben sie es bis heute nicht verstanden, eine schlagkräftige und intakte Gemeinschaft zu bilden. Der Narzißmus ihrer eigenen Herrscher steht ihnen dabei wohl im Weg. Selbst die 1945 gegründete Arabische Liga ist kaum mehr als ein Verein gutsituierter Herren, die sich von Zeit zu Zeit in zwangloser Atmosphäre zum Essen treffen, aber ansonsten kaum miteinander reden. Der moderne Begriff des »Staates« und seiner Institutionen hat sich den Arabern immer noch nicht richtig verinnerlicht. Für sie ist die Macht im Staate immer noch ganz einfach durch Familienbande, durch Putsch oder durch religiöse Legitimation zu erlangen. Zwar hat ein großer Teil der Araber dem Nomadentum den Rücken gekehrt und sich in den Städten niedergelassen, aber im tiefsten Inneren ist ihre Denkweise noch dort verhaftet, und sie wissen immer noch nicht, wie sie ihre sozialen, wirtschaftlichen und politischen Probleme lösen sollen. Auch heute noch leben sie ihre Beziehungen mit anderen Staaten nach den altbewährten Gesetzen der Beduinen. Und so war der Überfall Saddam Husseins auf Kuwait auch nichts anderes als eine typische »Beduinenfehde«, trotz der in Paris gekauften maßgeschneiderten Anzüge von Cardin und der Krawatten von Lanvin, in die sich der »Stammesfürst« zu hüllen pflegt. Als Washington eine halbe Million Mann gegen den Tyrannen Saddam Hussein an den Golf in die Schlacht schickte, tat es dies unter dem Denkmantel der Verteidigung von Demokratie und Menschenrechten. Die amerikanische Regierung behauptete, ihr einziges Anliegen dabei sei die Wiedereinsetzung der legitimen Regierung Kuwaits und die Wiederherstellung von Freiheit, Sicherheit und Rechtsstaatlichkeit. Viele Araber begrüßten die hehren Ziele der US-Administration und hofften, daß sie sich für die Belange der Palästinenser mit gleichem Nachdruck einsetzen würde. Eine »neue Weltordnung« wurde verkündet, die die Belange aller Interessengruppen berücksichtigen sollte, und als erster Schritt dazu sollte eine Nahost-Friedenskonferenz einberufen werden. Die anfänglich große Hoffnung der Araber auf den Erfolg einer solchen Friedenskonferenz ist mittlerweile einer gesunden Skepsis gewichen. Zu oft in ihrer eigenen Geschichte mußten die Araber lernen, daß großen Worten nicht immer große Taten folgten. Nicht zuletzt die unterschiedliche Bewertung dessen, was Saddam Hussein getan hatte, und dessen, was die Israelis seit mehr als 40 Jahren in Palästina tun, hat den Westen in den Augen der Araber viel von seiner Glaubwürdigkeit gekostet.

Vor dem Hintergrund all dieser Ereignisse ist es mehr als fraglich, ob es jemals zu einer wirklichen Symbiose zwischen Orient und Okzident kommen kann. Das christliche Abendland steckt voller Vorurteile gegen den Islam, der Orient ist durch die Demütigungen und den Verrat, die er immer wieder durch den Westen erfahren mußte, mißtrauisch geworden, und trotz der wachsenden politischen und wirtschaftlichen Verflechtungen des Westens mit dem Osten und trotz der ständigen Einschwörung auf den europäisch-arabischen Dialog befindet sich die Beziehung zwischen Europäern und Arabern noch sehr weit weg von einer echten, gleichberechtigten Partnerschaft. Die Europäer haben zwar vor nicht allzu langer Zeit diesen Kolonien die Unabhängigkeit zurückgegeben, aber aus ihrem politischen Verhalten ist die alte Kolonialmanier immer noch nicht verschwunden. Ein wirklicher gegenseitiger kultureller, politischer und wirtschaftlicher Austausch findet bis heute noch nicht statt. Was in dieser Region aber wirklich nottut, sind Verständnis, Ehrlichkeit und wahrhaftiges Entgegenkommen und nicht wie seit Jahrhunderten koloniale Unterdrückung und politische Bevormundung. Solange dies nicht erreicht ist, wird es nie zu einer fruchtbaren Symbiose zwischen West und Ost, zwischen Okzident und Orient kommen können.

UDO STEINBACH

Flucht in die Geschichte?
Zur Genesis und Wirkung
islamistischer Strömungen

Haben die beiden Geschehnisse etwas miteinander zu tun? Die
Rede ist hier vom sang- und klanglosen Untergang der Armee
Saddam Husains Anfang 1991 und der Beinahe-Machtüber-
nahme der islamistischen Kräfte in Algerien auf dem Weg demokratischer Wahlen Ende 1991/Anfang 1992.

Vielleicht nicht unmittelbar bzw. nicht zwangsläufig; und
doch gibt es geistige und politische Querverbindungen. In
einem nachdenklichen Essay in der Wochenzeitung »Das Parlament« (Nr. 37–38, Bonn, 6./13. 9. 1991) schreibt der tunesische Intellektuelle Fawzi Mellah: »Wenn Kriege manchmal
Revolutionen hervorbringen, dann weil sie Illusionen zerstören. Auch unter den Trümmern des letzten Golfkrieges kann
ein aufmerksamer Beobachter die Reste einer Illusion entdek-
ken, jener technophilen, etatistischen Illusion nämlich, die den
Arabern seit hundert Jahren die westliche Moderne als Zeichen für Macht (und die Macht als Symbol für Erneuerung)
vorgaukelte. Über die anvisierten Kasernen und Flughäfen
hinaus hatten also die ersten Bomben, die auf Bagdad fielen,
diese extrovertierte Vorstellung von Moderne getroffen.« Und
an anderer Stelle stellt er fest, daß man im sechswöchigen Bom-
benkrieg »dem Kampf zwischen dem Westen und einem Bild
vom Westen« beigewohnt habe.

Hat die Zerstörung des Paradigmas einer verwestlichten
Entwicklung und Modernisierung, das ja auch in zahlreichen
anderen islamischen Staaten zu beobachten ist – so in Algerien
unter der 30jährigen Einparteienherrschaft des »Front de Libération Nationale« und insbesondere ihres Exponenten Houari
Boumedienne –, jenen den Weg freigemacht, die das ganz andere »islamistische« Paradigma von Entwicklung und Moderni-

sierung zu verkünden und zu praktizieren suchen? Vordergründig will es zu diesen Gegensätzen der Paradigmata nicht so recht passen, daß während der ganzen Krise die arabischen Islamisten nahezu geschlossen hinter Saddam Husain standen. Der Widerspruch löst sich auf, wenn man sieht, daß die Islamisten jene Verletztheit und Verletzlichkeit teilten, die breite Teile der arabischen Öffentlichkeit – gerade in Nordafrika – auf die Straße trieben, um gegen den alliierten Aufmarsch und den Krieg gegen Saddam Husain zu demonstrieren. Vermochte dieser doch zu suggerieren, daß sich dahinter einmal mehr jene koloniale und imperiale Attitüde verberge, die die arabische Welt und mit ihr – darüber hinaus – die islamische Welt seit zwei Jahrhunderten politisch zu dominieren und abhängig zu halten, wirtschaftlich auszubeuten und geistig zu pervertieren sucht. Da spielte es keine Rolle, ob der Aufruf zum Heiligen Krieg vor dem Hintergrund der Person Saddams, der islamischen Geschichte und des islamischen Rechts überhaupt eine Berechtigung haben würde. Die Lage der Dinge erforderte es, an der Seite Saddams zu stehen, der sich zum Widerstandskämpfer zu glorifizieren vermochte.

Die Niederlage Saddam Husains und der Aufstieg des Islamismus in Algerien rufen das Jahr 1967 in Erinnerung – eines der Schicksalsjahre der arabischen Welt. Nicht nur wegen des Ausmaßes der Niederlage, das den Arabern im Sechs-Tage-Krieg unabweisbar deutlich machte, daß Israel da war, um zu bleiben. Sondern weil sich auch damals schon das Paradigma, nach dem sich weite Teile der arabischen Welt seit Ende des Ersten Weltkrieges entwickelt hatten, als unwirksam und unbrauchbar erwiesen hatte. All die »Ismen«, die man dem Westen abgeschaut hatte, um durch sie den Weg aus Unterentwicklung und Abhängigkeit zu gehen und den Gleichstand mit »dem Westen« wieder zu erreichen, Nationalismus und Säkularismus, Liberalismus, Sozialismus und auch Kommunismus, für die über das vergangene Jahrzehnt die machtvolle und charismatische Gestalt Gamal Abd an-Nasers gestanden hatte, erwiesen sich als Scheinstrategien, mit denen man das Ziel verfehlt hatte. Israel manifestierte jene Überlegenheit und Dominanz des Westens, die die Araber schon seit anderthalb Jahrhunderten herausgefordert hatte. Israel *war* der Westen – entwickelt, dominant, arrogant; die Staat gewordene Manifestation jener westlichen »Ismen«, deren Umsetzung im 20. Jahrhundert die Araber (und die islamische Welt insgesamt) auf die hinteren Plätze der Weltpolitik verwiesen hatte. Die Niederlage vom Juni 1967 hatte es nur einmal mehr dramatisch deutlich gemacht: In der arabischen Welt ging dieser Samen nicht auf; was herauskam, waren nur Scheinblüten.

Für viele Araber und Muslime war dies ein Schock; für andere war es nur eine brutale Bestätigung dessen, was sie schon immer gewußt hatten: daß der Weg der »Ismen« für die islamische Welt ein Holzweg sein würde. Ihre Analyse führte zu einem anderen Ergebnis. Der beklagenswerte Zustand der islamischen Gemeinde und ihr Zurückbleiben hinter dem Westen, unübersehbar seit dem Beginn des 19. Jahrhunderts, war nicht das Resultat einer dem Westen innewohnenden unwiderstehlichen Dynamik, zu der es keine Alternative gab. Vielmehr hatten die Muslime, zum Teil verführt durch den scheinbaren Glanz der Fassade der westlichen Zivilisation, zum Teil beseelt von dem Bemühen, den Islam gegenüber dem Westen zu rechtfertigen, sich von den Grundlagen der Religion entfernt. Der Koran und das Vorbild des Propheten Mohammed aber waren die unaufgebbare Richtschnur und der verbindliche Rahmen nicht nur der persönlichen Gläubigkeit, sondern auch der gesellschaftlichen und politischen Ordnung, innerhalb derer allein der Muslim sein Leben als Gläubiger würde leben können. Die Rückkehr zum göttlichen Gesetz würde der Königsweg zur Wiedererstehung alter Grandeur werden. Derartige Reflexionen sind der Ausgangspunkt einer islamischen Ideologie, eines Programms, das auf der Grundlage einer rückwärtsgewandten Utopie die Überwindung der anhaltenden Entwicklungskrise des Islams erstrebt.

Der Zusammenbruch von 1967 also machte den Weg frei, diese Dimension eines »islamischen Entwicklungsweges« auszuloten. Würde in ihr die innere Spannung, in der so viele Muslime über die vergangenen anderthalb Jahrhunderte gelebt hatten, aufgelöst werden können? Die Spannung, die zwischen der Überzeugung von der Vollkommenheit der islamischen Gesellschaft auf der einen und der unerfreulichen Wirklichkeit auf der anderen Seite lag? Erst jetzt wurde eine breite Öffentlichkeit – namentlich im Westen – gewahr, daß hier eine politische Kraft herangewachsen war, die über ein gleichsam ideologisches Konzept und über Strategien des politischen Kampfes verfügte, die sie in die Lage versetzten, das entstandene Vakuum zu füllen.

Tatsächlich hatten »islamistische« Kräfte durch die Jahrzehnte eher ein Schattendasein geführt. In der Rivalität mit den Jüngern der »Ismen« hatten sie weit zurücktreten müssen. Ihr Wirken hatte sich auf politische Agitation von begrenzter Wirksamkeit beschränkt; gelegentlich waren sie auch vor Terror nicht zurückgeschreckt. Als sie sich – in Ägypten – daranmachten, den »Freien Offizieren«, die 1952 die Macht übernommen hatten, diese streitig zu machen, wurden sie in den fünfziger und sechziger Jahren brutal unterdrückt. Und als – an anderer Stelle – Ruhollah Khomeini in den frühen sechziger Jahren begann, mit islamischen Parolen die Massen in Teheran und Qum aufzuwiegeln, wurde er vom Schah kurzerhand des Landes verwiesen. Nachwehen dieser Konfrontation zwischen an der Macht befindlichen Herrschaftseliten, die noch immer in der Verwestlichung das entwicklungspolitische Paradigma für die islamische Welt sehen, und islamistischen Kräften finden sich bis in die Gegenwart. Das Massaker von Hama in Syrien (Februar 1982), die Verfolgung des schiitischen Klerus im Irak (1979/80) und die verdeckte Machtübernahme durch das Militär in Algerien (angesichts einer wahrscheinlichen Machtübernahme durch den islamistischen »Front du Salut Islamique« [FIS] in den Wahlen vom 26. 12. 1991/16. 1. 1992) sind nur einige Manifestationen eines weithin anhaltenden Spannungszustandes.

Der Ägypter Hasan al-Banna gilt als der erste namhafte Ideologe der islamischen Ideologie, des »Fundamentalismus«, in diesem Jahrhundert. Seine »Lehre« (im Laufe der Jahrzehnte von zahlreichen Adepten und Schülern weiterentwickelt) enthält im Kern ihre zentralen Elemente. Dabei ist nicht zu übersehen, wie dürftig eigentlich die geistige Grundsubstanz ist. Kernstück der Lehre ist die Auffassung, daß der Islam eine

»Ordnung« (nizam) ohne ihresgleichen sei, da Gott selbst sie enthüllt habe; mithin müsse sie alle Aspekte des menschlichen Lebens organisieren. Der wahre Gehalt des Islams könne nur durch Gottes Verkündigung selbst (den Koran) und die Worte des Propheten erschlossen werden; der Theologie (kalam) bringen die Muslimbrüder deshalb Mißtrauen entgegen. Ihr politisches Hauptanliegen liegt in der Befreiung der islamischen Welt vom Westen und seinem Einfluß. Dies bedeutet, nach außen den Befreiungskampf konsequent fortzuführen und nach innen die Gesellschaft zu »islamisieren«. Wenn sie diese Bestrebungen auch auf alle Aspekte des Lebens und der Gesellschaft richten, so konzentrieren sie sich doch auf die Abschaffung aller Elemente westlichen Rechts und auf die Schaffung eines Rechtssystems, das sich auf die Schari'a (islamisches Recht) gründet. Die angestrebte Wirtschafts- und Gesellschaftsordnung solle auf einem »islamischen Sozialismus« beruhen, der aus koranischen Vorschriften wie der Almosensteuer (zakat) und dem Verbot von Wucherzinsen (riba) entwickelt wird.

Der authentische islamische Staat, der in einer Reihe vorbereitender Schritte zu errichten ist, soll am Ende die Gesamtheit aller Muslime umfassen und von einem Kalifen regiert werden. Ein gewisses demokratisches Element wird dabei in der Einrichtung eines beratenden Gremiums (shura) anerkannt, wenn auch Parteien nicht zugelassen sind. Ziel der Errichtung dieses islamischen Staates wäre nach innen die Befolgung des islamischen Gesetzes; nach außen würde er die islamische Propaganda und Mission unterstützen und einen Kampf (falls nötig auch mit Waffen) für die Gerechtigkeit und das gemeinsame Erbe der Menschheit führen.

Hasan al-Banna hat den Islam zu einer Ideologie geschmiedet. Dies war so neuartig, daß es dafür im Arabischen, der Sprache des Islams schlechthin also, nicht einmal einen Namen gab: ein um so bemerkenswerterer Tatbestand, als die Muslime selbst für Richtungen, Strömungen und Perioden der Geschichte des Islams und der islamischen Theologie so präzise – und teilweise so bildhafte – Begriffe geprägt haben. Die Begründer der islamischen Ideologie – und ihre Adepten – sahen auch keine Notwendigkeit, nach einem eigenen Namen zu suchen. Für sie war, was sie meinten, klar: eben einfach und im – wie sie meinten – vollen Wortsinne »der Islam« (al-islam); der ursprüngliche Islam, weil er auf dem Ursprung selbst beruhte, ihn neu entdeckte, ihn selbst wiederherstellte. »Der Islam« war »die Lösung« (al-islam huwa 'l-hall). Für sie hatte »der Islam« zwei Dimensionen: Religion und Staat (al-islam din wa daula). Damit war auch das Ziel klar, nämlich die Schaffung einer »islamischen Ordnung« (al-nizam al-islami).

Mangels eines eigenen Begriffs hat der Westen die Bewegung schließlich mit eigener Begrifflichkeit getauft. Als die Bewegung in den siebziger Jahren an zahlreichen Stellen der islamischen Welt politisch immer deutlicher hervortrat, eine Entwicklung, die man fälschlich als »Re-Islamisierung« einschätzte, verstand man sie als »Fundamentalismus«. Damit zog man die zweifelhafte Parallele zu einer theologischen Richtung im Protestantismus, deren zentraler Wesenszug es ist, am Wortverständnis der Bibel festzuhalten. Man verstand also »Re-Islamisierung« als religiöse Bewegung. Mit der Begrifflichkeit der »Re-Islamisierung« und des »Fundamentalismus« dokumentierte man im Westen, wie wenig man eigentlich von ihr verstand, weil sie keine Parallele in der christlichen Welt aufwies. In ihr ging und geht es nicht um die Wiederbelebung der religiösen Dimension. Die islamische Welt hat den Glauben nicht verloren. Folglich bedurfte und bedarf sie auch keiner Re-Islamisierung. Die Prozesse in der islamischen Welt sollten einen anderen Charakter haben: Hier ging und geht es um die Erringung der Macht und um ihre Ausübung auf der Grundlage des islamischen Gesetzes. Im Bemühen um eine adäquate Namensgebung greift man heute – im Westen – richtiger auf den Begriff des »Integrismus« oder – noch geeigneter – des »Islamismus« zurück. Damit freilich tut sich die arabische Sprache nur unwesentlich leichter: Die Begriffe etwa »al-usuliyya« (von usul: »Grundlage, Prinzipien«) oder »al-islamiyya« bleiben künstliche Prägungen.

Der Islamismus ist also eine späte Sonderentwicklung der islamischen Religion. Er ist nicht »der Islam«, wie die Islamisten immer wieder behaupten. Abzugrenzen ist er insbesondere vom traditionalistischen Islam, dem die Masse der Muslime im weiten Raum zwischen dem Atlantik und Indonesien, Schwarzafrika und Zentralasien anhängt. Also von jenem Islam, wie er seit jeher von seinen Bekennern gelebt worden ist. Gelebt und interpretiert von Theologen, Rechtsgelehrten, von Philosophen und Wissenschaftlern, von Künstlern und Dichtern. Recht und Kultur, soziale Strukturen und überhaupt der ganze Ausblick auf die Welt sind zutiefst von ihm geprägt.

Abzugrenzen ist der Islamismus auch vom Volksislam, der in der Regel auch Elemente der islamischen Mystik beinhaltet. Als Antipode geradezu ist er schließlich dem islamischen Modernismus gegenüberzustellen, der Tradition und Moderne, die islamische Religion und eine westlich geprägte Wertordnung, zu einer Synthese zu bringen sucht. Ayatollah Ruhollah Khomeini, Protagonist der schiitischen Variante des Islamismus, hat die Anhänger dieser Richtung als Adepten eines »amerikanischen Islams« geradezu zu exkommunizieren gesucht.

Wenig vermögen die Islamisten zu einer Renaissance der wissenschaftlichen Befassung mit dem Koran oder einer islamischen Spiritualität im Lichte der Probleme der Zeit beizutragen. Die meisten erweisen sich in ihren Predigten, Interviews und Veröffentlichungen als talentierte Redner, nicht selten auch als polemische Demagogen. Aber kaum irgendwo erkennt man ein Bemühen der Islamisten um grundlegende Exegese. Ideologische Mobilisierung, nicht kanonische Strenge ist ihre Sache. (So ist es – auf westlicher Seite – nicht erstaunlich, daß sich die Politologen mindestens ebenso stark für die Bewegung interessieren wie die klassischen Orientalisten).

Wenn auch eine neuere Erscheinung, hat doch der Islamismus als religiöse Ideologie seine Vorgeschichte. Die Namen des Theologen Ibn Taimiyya (st. 1328) und seines Schülers Ibn Qaiyim al-Dschauziyya (st. 1350) werden immer wieder genannt, wenn es um die geistigen Väter des Islamismus geht. Die Lehre Ibn Taimiyyas stellt schon jenen zentralen Punkt heraus, auf den es auch seinen späteren Adepten ankommt, die Einheit von Staat und Religion (auch wenn er – anders als diese – nicht einen einheitlichen Staat mit einer entsprechenden zentralen Führung fordert).

Diejenigen, die sich in neuerer Zeit auf die Lehren Ibn Taimiyyas bezogen und einen erzkonservativen Islam zu einem gesellschaftlichen und politischen Bindeglied machten, waren die Wahhabiten, d. h. die Anhänger des Mohammed Ibn Abd al-Wahhab (1703/4–1792), die sich, politisch geführt von der Familie Saud, in der zweiten Hälfte des 18. Jahrhunderts auf der Arabischen Halbinsel durchsetzten (und bis heute die bestimmende politische Kraft dort sind). Über die Frage, ob es sich bei den Wahhabiten denn um Islamisten handele, wird mit offenem Ergebnis gestritten. Worum ging es ihnen? Um die Herstellung eines strikt islamischen Lebens, beruhend auf den Grundlagen des islamischen Glaubens mit dem Ziel der Vervollkommnung des Muslims und seiner Gesellschaft? Oder um die Ideologisierung und Instrumentalisierung des Islams zur Erringung und Erhaltung von Macht? Steht also das religiös-individuelle bzw. gesellschaftliche oder das politische Ziel im Vordergrund? Die Antwort (obwohl nicht ganz eindeutig) fällt wohl eher zugunsten ersterer Frage aus. Ibn Abd al-Wahhab jedenfalls war mehr ein religiöser Erneuerer als ein politischer Agitator. Zwischen dem Theologen des 18. Jahrhunderts und den Ideologen des Islamismus, in den meisten Fällen nicht der theologischen Zunft entspringend, liegen anderthalb Jahrhunderte, in denen sich die Krise der islamischen Welt vor dem Hintergrund eines immer machtvoller werdenden Europa erst noch zuspitzen mußte.

Dies war etwa in Indien der Fall, wo die Gefährdung des Islams besonders spürbar wurde. Zersetzungserscheinungen im Inneren, Bedrohung von außen durch die hinduistische Umwelt und der wachsende Einfluß Englands hatten den indischen Islam in einen Zustand der Schwäche gebracht. Schah Wali Allah al-Dihlawi (1703–1762) war sich dieses Zustands bewußt und zog ähnliche Konsequenzen wie Ibn Abd al-Wahhab. Andere, im Umfeld von Sayyid Ahmad Barelwi (1786–1831), waren radikaler: Sie forderten nicht nur die Rückkehr zur Reinheit des Islams, sondern erklärten, daß der »Heilige Krieg« (jihad) unter den gegebenen Bedingungen zur Pflicht geworden war. Im Westen der islamischen Welt, in Nordafrika, war es Mohammed Ibn Ali al-Sanusi (1787–1859), der nach seiner

Rückkehr aus Mekka begann, einen religiös-politischen Orden aufzubauen, der allmählich Züge eines eigenen Staatswesens annahm.

Diese traditionalistische, ja ultratraditionalistische – manche nennen sie auch »fundamentalistische« Variante und rücken die indischen Erneuerer so schon in die Nähe des Islamismus des 20. Jahrhunderts – der islamischen Antwort auf die Herausforderung durch den Westen ist als Ganzes gesehen eher eine Randerscheinung gewesen.

Die Mehrheit der muslimischen Denker (und reformistischen Politiker) setzten eher auf einen Ausgleich zwischen Tradition und Erneuerung. Dies war – wie angedeutet – mit dem Ende des Ersten Weltkriegs vorbei. In der Frage nach der Zukunft der islamischen Welt trat eine Polarisierung ein. Den Vertretern der »Ismen« traten Denker und Agitatoren einer islamischen Ideologie gegenüber. Im Übergang von den theologisch-intellektuellen Bemühungen des 19. Jahrhunderts zur kämpferischen Indoktrinierung der Islamisten steht die Gestalt des Theologen Raschid Rida (1865–1935). Stark beeinflußt von der konservativen Strömung seit Ibn Abd al-Wahhab und dem saudi-arabischen Regime eng verbunden, trat er in die Debatte um das Kalifat (das Atatürk 1924 abgeschafft hatte) nachdrücklich für dessen Wiedereinführung ein. Neben der Verteidigung der Muslime sollte dessen Hauptaufgabe darin bestehen, durch »ijtihad«, d. h. die Weiterentwicklung des islamischen Rechts auf der Grundlage der Rechtsquellen, die Gesetzgebung auszuüben. Vertreter der Muslime sollten zusammenkommen, um einen neuen Kalifen zu wählen.

Auch die Forderungen und Thesen Ridas konnten nicht verdecken, daß die Vision der Wiederherstellung der Einheit der islamischen Gemeinde kaum zu verwirklichen sein würde. Die neuen politischen Kräfte, denen mit dem Ende des Osmanischen Reiches der Weg freigemacht worden war und die für die Unabhängigkeit kämpften, stützten sich auf den Nationalismus und die politischen Leitvorstellungen des Liberalismus. Andererseits begann die tiefe europäische Durchdringung heftige Reaktionen hervorzurufen. Im Gegensatz zu kleinen Gruppen aus den Ober- und Mittelschichten, die aus den Entwicklungen

Nutzen gezogen hatten, hatte sich für die unteren Schichten die wirtschaftliche und soziale Lage zugespitzt. Die Einführung der Lohnarbeit, die Proletarisierung von Teilen der Bauernschaft, die Auflösung der Dorfgemeinschaft und der Großfamilie, die Landflucht in Verbindung mit einer Verwestlichung, die nahezu alle Teile der Gesellschaft durchdrang, bewirkten bei vielen Muslimen, daß sie sich entwurzelt, als Fremde in ihrer Heimat fühlten. Sie sehnten sich in die Geborgenheit einer Gemeinschaft zurück, in der das private und öffentliche Leben wieder auf den Vorschriften des Islams, die jedem von Jugend an vertraut waren, aber nun in ständigem Konflikt mit einer verwestlichten Lebensweise standen und als rückständig belächelt wurden, beruhen würde. So war ein Nährboden geschaffen, aus dem seit dem Ende der zwanziger Jahre islamistische Bewegungen in verschiedenen Teilen der islamischen Welt erwachsen sind.

Seit den zwanziger Jahren haben zahlreiche Geister an der Systematisierung des islamistischen Ansatzes gearbeitet. Dies gilt weniger für die inhaltlichen Aspekte, etwa die Natur einer »islamischen Gesellschaft« und eines »islamischen Staates«, als für die strategischen Aspekte der Machtübernahme. Für den Inder (Pakistaner) Abu 'l-A'la al-Maududi (1903–1980), der 1941 die »Islamische Gesellschaft« (Jama'at-e Islami) gründete, steht der Muslim unter der Verpflichtung der Revolution und des Kampfes um den islamischen Staat. »Muslim«, so sagt er, bezeichnet die durch den Islam gegründete Partei der Weltrevolution. Jeder, der an ihre Botschaft glaubt und sie annimmt, ist Mitglied der »Islamischen Gemeinschaft« und der »Partei Gottes« (Hizb Allah, Koran 5:56, 58:22). Für den Ägypter Sayyid Qutb (1966 hingerichtet) bedeutet, angeregt durch Maududi, Modernität geradezu die Negierung der Herrschaft Gottes. Ein neues Zeitalter der Jahiliyya, d. h. eine Epoche der Unwissenheit, ziehe herauf, so wie sie etwa der Ausbreitung des Islams auf der Arabischen Halbinsel vorausgegangen sei. Es sei höchste Zeit für den Islam, nunmehr zur Offensive überzugehen. Nach Qutb befinden sich die wahren Muslime im Kriegszustand gegen die »Abtrünnigen«, die es durch den »Heiligen Krieg« zu bekämpfen gelte. Die wahren

Muslime, die »Vorhut«, wie Qutb sie nennt, müssen sich von der Gesellschaft der »Ungläubigen« separieren und eine Art »Gegengesellschaft« bilden.

Ayatollah Ruhollah Khomeini schließlich, übrigens der einzige Theologe unter den Genannten, ist es vergönnt gewesen, im Gefolge der Revolution in Iran eine »Islamische Republik« zu gründen und so die islamistische Ideologie in die Bewährung zu führen. Die religiöse Dimension des neuen, nachrevolutionären Staatswesens ist vielfach dokumentiert: etwa mit der Übertragung der Macht »in der Abwesenheit des Herrn der Zeit«, d. h. des in der Verborgenheit weilenden Imam Mahdi – so Art. fünf der Verfassung –, auf »den religiösen Führer, der gerecht, gottesfürchtig, mit Bewußtsein für die Probleme der Zeit, Mut und Führungsqualitäten« ausgestattet ist, oder der Ausrichtung »sämtlicher Gesetze und sonstigen Rechtsnormen« (Art. vier) am Islam und der Einführung einer »islamischen Moral« (z. B. Kleidungsvorschriften für Frauen). Die Durchsetzung der »islamischen Ordnung« hat auch die Außenpolitik Irans bestimmt. So stellt die Verfassung fest, daß sich die Islamische Republik die Unterstützung der »Unterdrückten« (mustaz'afan) angelegen lassen sein wird. Tatsächlich hat der Krieg gegen den (kleinen) Satan »Saddam Husain« und den (großen) Satan »Vereinigte Staaten« Züge jenes »Heiligen Krieges« gegen die »Abtrünnigen«, von dem schon Sayyid Qutb, mit dessen Lehren Khomeini vertraut war, gesprochen hat.

Das erste islamistische Experiment dürfte freilich kaum nach dem Geschmack seiner Protagonisten ausgefallen sein. Dies nicht nur deshalb, weil Teheran nach acht Jahren Krieg einen Waffenstillstand zu schließen gezwungen war, der Ayatollah Khomeini schwerer ankam, »als den Giftbecher zu trinken« (Rede vom 20. Juli 1988). Vielmehr ist unübersehbar, daß es nirgendwo einen Entwurf einer »islamischen Wirtschaft« gab, der eine realistische Alternative zu westlichen Konzepten (etwa Kapitalismus oder soziale Marktwirtschaft) abgeben würde. Zwar war das Konzept einer »islamischen Wirtschaft« über die vergangenen Jahrzehnte vielfach theoretisch erörtert worden; eine umfangreiche Literatur zu diesem Thema war entstanden. Der Duktus der Argumente ist in etwa: Gott sei letztendlicher und eigentlicher Besitzer aller Dinge, und der Mensch als sein Stellvertreter auf Erden sei berechtigt, um des Lebensunterhalts willen aus Gottes Güte Nutzen zu ziehen. Der Erwerb von Eigentum sei zwar grundsätzlich erlaubt, doch – hier kommt eine starke sozialethische Komponente ins Spiel – es müsse rechtens erworben und zum Wohle der Gemeinschaft verwendet werden. Über die Almosensteuer (zakat) sei das Vermögen mit anderen zu teilen.

Diese Grundsätze sind vielfältiger Interpretation offen. In Teheran stehen die Befürworter einer maßvoll kapitalistischen Praxis radikalen »Sozialisten« gegenüber, die mit islamisch eingefärbtem marxistischen Vokabular fordern, durch rigorose Umverteilung und Stärkung des Staates eine am Ende klassenlose Gesellschaft entstehen zu lassen. Die politische Auseinandersetzung zwischen den beiden Flügeln hat verhindert, daß sich die Wirtschaft Irans von dem Zusammenbruch durch die Revolution und der Belastung durch den irakisch-iranischen Krieg wieder erholen konnte.

Undeutlich sind auch die politischen Konturen einer »islamischen Ordnung«. Das beginnt bei der Strategie zu ihrer Errichtung. Ganz gewiß wäre es ein zu enges Verständnis, vor dem Hintergrund Irans etwa und der libanesischen Hizbollah, den Islamismus mit Gewaltbereitschaft und Gewaltausübung gleichzusetzen. Vielmehr gibt es unterschiedliche Varianten, die Ziele des Islamismus, d. h. die Islamisierung von Staat und Gesellschaft, zu erreichen. So etwa diejenige individueller Verwirklichung: Der einzelne lebt ein streng gottgefälliges, auf den Grundlagen des islamischen Gesetzes beruhendes Leben. Die Wirkung seines Vorbildes soll auf seine Umgebung ausstrahlen und diese zur Nachahmung bringen. Eine andere Variante stellt humanitäre Aktivitäten in den Mittelpunkt: Eine Gruppe von Gleichgesinnten nimmt sich sozialer Probleme in ihrem Umfeld an; ihre Tätigkeit erstreckt sich auf die Einrichtung medizinischer Stationen, die Betreibung von Waisenhäusern oder Bildungseinrichtungen. Das Leben wird auf der Grundlage islamischer Vorschriften organisiert; auch damit ist die Erwartung verbunden, daß das Vorbild einen Wandel in der Gesellschaft in Gang setzt.

Eine dritte Variante liegt im »Gang durch die Institutionen«, um Staat und Gesellschaft im islamistischen Sinne umzugestalten. Schrittweise wird versucht, der »islamischen Ordnung« näherzukommen. Eine solche Strategie kann unterschiedliche Komponenten haben: Islamische Parteien werden gebildet, die sich dem Wähler stellen; so geschehen in Algerien (1990 und 1991). Wie in den Wahlen in Jordanien (Herbst 1989) können aber auch unabhängige Kandidaten, die religiösen Gruppierungen nahestehen, aufgestellt und gewählt werden. In Ägypten sind andererseits »Muslimbrüder« (denen untersagt ist, eine eigene Partei zu bilden) Listenverbindungen mit anderen, nicht-religiösen Parteien eingegangen. Einmal ins Parlament gewählt, ist man bemüht, die Gesetzgebungsarbeit desselben zu bestimmen und so Einfluß auf die Umgestaltung zu nehmen. In der Türkei schließlich, in der die einzige religiöse Partei seit den späten sechziger Jahren so schwach war, daß sie nur eine marginale Rolle zu spielen vermochte, versuchen religiöse Kräfte in Minsterien und andere staatliche Organisationen vorzudringen, um von da aus in ihrem Sinne zu wirken. Die Absolventen der Predigerschulen, denen ein Universitätsstudium offensteht, bevorzugen nach dessen Abschluß unter anderem das Erziehungsministerium und die Staatliche Planungsorganisation als Ansatzpunkte islamischer Umgestaltung.

Ein »jihad« (d. h. Heiliger Krieg) also mit friedlichen Mitteln – so könnte man derartige Strategien verstehen. »Heiliger Krieg« als »Bemühung auf dem Pfade Gottes«, welche durchaus nicht die Anwendung von Gewalt bedeuten muß. Der »Heilige Krieg« im Sinne tatsächlicher Gewaltanwendung, welche terroristische Aktivitäten mit einschließt, wird nur von einer Minderheit unter den Islamisten befürwortet.

Was aber ist die »islamische Ordnung«, die den Islamisten vorschwebt? Immer wird auf das Gemeinwesen angespielt, das der Prophet Mohammed in Medina errichtete und dem er ein Jahrzehnt lang vorstand. Dies aber läßt sich kaum wiederholen – schon deshalb nicht, weil es die Gestalt des Propheten selbst nicht mehr gibt, die etwa über die Autorität verfügte, Streitigkeiten zu regeln. Einer Staatlichkeit im Sinne staatlicher Autorität und eines Mechanismus der Regelung von gesellschaftlichen und politischen Konflikten bedurfte es damals nicht. Schon die anschließende Ära der vier »rechtgeleiteten Kalifen«, gleichfalls geschichtliches Vorzeigestück islamistischer Staatsvision, weist zahlreiche innere Konflikte und Spannungen auf. Drei der »Rechtgeleiteten« wurden ermordet bzw. starben in der Schlacht.

Die Islamische Republik Iran ist *eine* Variante. Ihre Verfassung prägt ein politisches System, das – ausgehend vom Prinzip der »Herrschaft des anerkannten Gottesgelehrten« (vilayat-e faqih) – die politische Umsetzung islamischer gesellschaftlicher, wirtschaftlicher, rechtlicher und moralischer Prinzipien zu manifestieren scheint. Nur ist die Durchsetzung der religiösen Utopie mit viel Gewalt von Muslimen gegen Muslime verbunden gewesen. Und ihre Aufrechterhaltung ist es bis heute auch.

Welche Ordnung hätten die algerischen Islamisten errichtet, wenn ihnen am 16. Januar 1992 bei freien Wahlen die Mehrheit zugefallen wäre? Unüberhörbar waren die Stimmen führender Männer des »Front Islamique du Salut« (FIS), daß Islam und Demokratie unvereinbar seien und der Koran zur »Verfassung« gemacht werden müsse. Eine islamische Diktatur also wie in Teheran. Auch Ayatollah Khomeini hatte auf dem Höhepunkt der Revolution in Iran vom französischen Neuphele-Chateau aus auf besorgte Fragen sibyllinisch geantwortet, daß die »Islamische Republik«, die er in seiner Schrift über die »Islamische Regierung« gefordert hatte, nicht eine Republik westlichen Musters sei.

Tatsächlich liegt die Demokratie, wie sie sich im Rahmen der europäischen geistigen und politischen Geschichte herausgebildet hat, außerhalb der geistigen und politischen Welt islamistischer Muslime. Die Schwierigkeiten beginnen bei der »Souveränität des Volkes«, einem prinzipiellen Postulat für das Funktionieren demokratischer Prozesse. Nach islamistischem Verständnis ist nur Gott selbst souverän. Ähnlich steht es bei den Menschenrechten: Unveräußerliche und ewige Rechte, die dem Menschen allein aufgrund seines Menschseins außerhalb des Raumes der Religion, ja sogar gegen religiöse Autoritäten zukommen, kann es nicht geben. Sie stünden ja außerhalb des Einen Gottes, wodurch der Tatbestand einer Art von Vielgötterei gegeben wäre. Dem Menschen zukommende Rechte können so allenfalls von Gott verliehen werden.

In dem Gemeinwesen der Islamisten kann es nur eine Partei, die »Partei Gottes« geben. Zwangsläufig wissen sich die Islamisten im Besitz der allein richtigen Staatsauffassung, soll ihr Staat doch auf dem Koran und dem religiösen Gesetz beruhen, die zu kennen und richtig auszulegen sie für sich monopolisieren. Das Recht (und das Rechte) ist allein durch das entscheidende Zeugnis der Schari'a zu ermitteln, nicht aber durch die Mehrheit der Handelnden und der Stimmen. Die »Partei Gottes« ist die Avantgarde der Gläubigen, der »Bürger« des islamischen Staates; seine Errichtung ist das Programm ihres Kampfes.

Folgerichtig haben Aktivisten des algerischen »Front Islamique du Salut« die Demokratie mit Atheismus gleichgesetzt. Sie haben der Verfassung den Kampf angesagt und die Einsetzung des Korans als islamisches Grundgesetz gefordert. Das Parlament wäre dann nicht länger gesetzgebendes Organ eines souveränen Volkes, sondern eine Stätte der Beratung (shura) aus den Reihen der Gläubigen für eine Regierung, die sich ohnehin auf der Seite des Rechts und des richtigen Handelns wähnt. Pluralismus, die Essenz der parlamentarischen Demokratie, kann nicht Sache der Islamisten sein. Es ist nicht nur dieser Zug in der Ideologie des Islamismus, der diesem Züge des Marxismus-Leninismus verleiht. Die historisch-politisch-wirtschaftlichen Wirkkräfte in der Gesellschaft und ihre philosophische Einordnung sind verschieden. An Rigorosität, Rigidität und Totalitätsanspruch stehen sie einander jedoch kaum nach.

Die rasche Ausbreitung der islamistischen Bewegung seit der Legalisierung des »Front Islamique du Salut« (FIS) weist Züge auf, die ihrerseits bemerkenswert sind. So sind ihre Führer nicht mehr unbedingt Geistliche – geht es doch auch weniger um religiöse Dispute als politische Propaganda im Lichte der Religion. Lehrer, Ingenieure und Naturwissenschaftler

machen der herkömmlichen Geistlichkeit das Privileg streitig, allein das Wort Gottes zu verstehen und auf die Wirklichkeit anzuwenden. Ihre Gedanken werden durch eigene
Netzwerke – häufig über Recorderkassetten – dem Gläubigen nahegebracht. Parteigänger unter einer Geistlichkeit, die
mit der vom Staat unterhaltenen etablierten Geistlichkeit
konkurrieren, machen Moscheen und Kult, die von ihnen
gleichsam umfunktioniert werden, zu Foren islamistischer
politischer Propaganda. Solche Moscheen bieten nicht selten
auch soziale Dienstleistungen an, die das Leben der Ärmsten
und Unterprivilegierten erleichtern, an die sich die religiöse
Propaganda wesentlich richtet. Auch Wähler werden so gewonnen.

Führer und Führungskader entstammen nicht selten selbst
den unteren Schichten. In vielen Fällen sind sie vom Land in
die Stadt gewandert. Sie haben die Bildungseinrichtungen, die
von den postkolonialen Eliten geschaffen wurden, durchlaufen; bisweilen auch im Ausland studiert. So vollziehen sie
einen Aufstieg in eine Sackgasse; denn die an der Macht befindlichen Cliquen sind untereinander verfilzt und achten arg-
wöhnisch auf ihre Privilegien. So ist für viele unter diesen
neuen Eliten die Hingabe an die islamistische Ideologie ein
Ausstieg aus einer Gesellschaft, die ihnen nichts mehr zu bieten hat und von Grund auf erneuert werden muß.

Was Wunder, daß der Aufruf durch kämpferische Töne bestimmt ist. Gegen die korrupten Führer, gegen das System,
vor allen Dingen gegen den Säkularismus, der nicht selten als
Schachzug einer »zionistisch-sozialistischen Verschwörung«
denunziert wird – und überhaupt gegen alles, was an politischen, gesellschaftlichen und wertemäßigen Ordnungsvorstellungen mit dem Westen in Verbindung gebracht werden kann.
»Der Islam ist die Lösung« (al-islam huwa 'l-hall). Und viele
Menschen gerade unter denen, die angesichts der raschen Be-
völkerungsvermehrung und Verstädterung an den Rand der
Gesellschaft gedrängt worden sind, sind nur allzu bereit, den
Versprechungen Glauben zu schenken, ja sich im Kampf für
die neue Ordnung zu opfern.

Die »islamische Ordnung« hat also nur vage Konturen. Sie ist aber nicht lediglich eine revolutionäre Variante zur inneren Verfaßtheit bestehender islamischer Staaten und Gesellschaften; sie stellt auch die Legitimität der internationalen Ordnung in Frage. Nicht der territoriale Nationalstaat, wie er sich – namentlich seit dem Ende des Osmanischen Reiches, des letzten islamischen Vielvölkerstaates – herausgebildet hat, ist der geographische und politische Raum der Entfaltung der islamistischen Vision. Diese verwirklicht sich vielmehr in der Dimension der islamischen Gemeinde, der *umma*. Am Ende stellt sich die bestehende internationale Ordnung, die Zergliederung der *umma* in eine Vielfalt von Einzelstaaten mit überwiegend muslimischer Bevölkerung oder muslimischen Minderheiten als eine Verschwörung gegen den Islam im Zeichen der alten Parole dar: divide et impera. Die islamistische Vision ersetzt die Vielfalt durch die Wiederherstellung der Einheit der Gemeinde. In diesem Sinne versteht sich die islamistische Bewegung auch als eine islamische Internationale. Für viele wäre die Wiedererrichtung des 1924 abgeschafften Kalifats die ersehnte Manifestation der Rückkehr zu islamischer Grandeur. Anders freilich als im Falle der kommunistischen Internationale bleibt die Frage unbeantwortet, wo ihre Zentrale liegt. Am Ende steht, ausgesprochen oder nicht, die Vision von der Umkehrung der Machtrelation zwischen der islamischen *umma* und der nicht-islamischen Welt – in ihr »richtiges« Verhältnis.

Dies ist die Vision zahlreicher Islamisten: die islamische Welt zu einen und ihre Grandeur wiedererscheinen zu lassen. Macht als Zeichen der Erneuerung. Tatsächlich wäre es zu einfach, die islamistische Bewegung als »Flucht in die Geschichte« abzutun. Islamistische Führer sind sehr bewußt, wenn es darum geht, die Modernität zu nutzen, sofern diese sie ihrem Ziel der Erringung, Darstellung und Projektion von Macht näherbringt. Für Wissenschaft und Technologie – von der Kommunikation bis zum Kampfflugzeug – gilt: je moderner, um so besser. Voraussetzung ihrer Akzeptanz freilich ist, daß durch ihre Beschaffung und Anwendung nicht zugleich westliche Werte und Normen mitgeliefert werden. Die Rückwendung zu den

Ursprüngen des Glaubens im 7. Jahrhundert soll nicht eine Flucht sein. Vielmehr dient sie der politischen Aufrüstung. So gerüstet will der islamistische Muslim den Weg in jene aetas aurea bahnen, die ihm die Erlösung aus dem Spannungsverhältnis zu einer westlich geprägten Moderne verheißt, die zu akzeptieren er sich über die letzten zwei Jahrhunderte so schwer getan hat.

REINHARD SCHULZE

Islam und Herrschaft.
Zur politischen Instrumentalisierung
einer Religion

Einleitung

Ist der Islam eine politische Religion? Ist die These von der
Einheit von Religion und Staat im Islam selbst begründet? Ist
dann islamische Politik durchweg als Rückbezug auf religiöse
Fundamente, als »Fundamentalismus« zu verstehen? Die Bejahung dieser drei Fragen fällt westlichen Beobachtern offenbar
leicht: Auf viele wirken Bilder von militanten Muslimen, die in
großen Demonstrationen der Staatsmacht trotzen und dabei islamische Parolen rufen, erschreckend und furchteinflößend.
Das religiöse Moment erweckt die Angst vor der Irrationalität,
welche die aufgeklärte Ordnung der Welt in Frage zu stellen
scheint. Wie sehr Religion Angst hervorzurufen vermag, zeigt
sich gerade in der aufgebrachten Reaktion des Westens auf die
islamischen Bewegungen. Angst und Schrecken verbreitet das
Religiöse erstaunlicherweise gerade in den Gesellschaften, die
für sich den Schrecken der Religion als gesellschaftliche Macht
überwunden zu haben glauben. Der Islam ist in der westlichen
Öffentlichkeit zum Synonym des religiösen Schreckens geworden: Postuliere doch der Islam normativ die Einheit von Religion und Staat und damit die Herrschaft der Religion über den
Staat!

Verstehen und Kritik mindern den Schrecken. Als ein deut-
scher Bundesminister Ende der achtziger Jahre in einer Danzi-
ger Werft vor polnischen Arbeitern zu Tränen gerührt und wie
ein Erleuchteter strahlend ausrief: »Marx ist tot, Jesus lebt!«,
konnte sein Ausruf im Kontext verstanden werden. Man glaubt
zu begreifen, daß der Minister damit nicht die Herrschaft Jesu
nach dem Untergang der Herrschaft von Karl Marx proklamie-

ren wollte. Der Anruf des Christentums durch den Minister wurde vielleicht schmunzelnd registriert: Schrecken verbreitete er nicht mehr.

Selbst die Forderung polnischer katholischer Bischöfe nach einem politischen Mitspracherecht ließ die Kommentatoren ungerührt. Sie wissen, daß dies nur der kulturelle Ausdruck einer spezifischen polnischen Situation war, dem man keine weitere Bedeutung beizumessen braucht. Und noch ein Beispiel: Der Krieg zwischen Serbien und Kroatien im Sommer 1991 wurde von beiden Seiten mit christlicher Symbolik geführt. Doch kaum jemand sprach deshalb von einem christlichen Religionskrieg. Schon gar nicht sah man darin einen Beleg dafür, daß das Christentum nach Herrschaft strebe oder daß im Christentum Religion und Staat nicht zu trennen seien. Aufgeklärte Europäer wissen es besser: Nicht die normative Dogmatik der Religion ist entscheidend für die Frage, ob Religion politische Herrschaft anstrebe, sondern die Geschichte. Und in der okzidentalen Geschichte war über Jahrhunderte hinweg entschieden worden, daß die Herrschaft der christlichen Kirchen keinen absoluten Zwang in der Gesellschaft mehr ausübt und daß die Kirche mehr und weniger endgültig die Souveränität des Volkes und seines Staates anerkannt hat. Die westlichen Gesellschaften waren nun in völlig unterschiedlichem Maße von der Kirche unabhängig. Das bedeutet aber nicht, daß die Kirchen alle ihren Herrschaftsanspruch aufgegeben hätten.

Wie anders aber werden andere Religionen, zum Beispiel der Islam, verstanden! Nicht die islamische Geschichte wird als Grundlage für eine kritische Auseinandersetzung mit der islamischen Zivilisation genommen, sondern ein normatives, nominalistisches Verständnis des Islam. Der Islam wird zur positivistisch beschreibbaren Tatsache, die Kritiker des Islam werden zu Theologen: Erklären sie doch den Sachverhalt »des Islam« genau mit den dogmatischen Konzepten, die manche, aber keineswegs alle islamischen Theologen für sich reklamieren. Der Islam wird als zeitlose, immerwährende und immer gültige Religion betrachtet, die sich in knappen Sätzen als die Summe dogmatischer Tatsachen definieren lasse. Diese

Postulate, meist in vulgarisierter Form noch entstellt, konstruieren das Bild einer Religion, welcher der Schrecken anhafte, den man selbst in der eigenen Religion überwunden meint. Liegt da nicht der Verdacht nahe, daß als Sachverhalt in den Islam die eigene westliche Furcht vor Religion hineinprojiziert wird?[1] Warum fehlt dem Westen die notwendige Souveränität im Umgang mit der islamischen Zivilisation, die es erlauben würde, im Islam ein wertgleiches kulturelles System zu sehen, das in ähnliche Auseinandersetzungen um die Vorherrschaft der Religion verstrickt war und ist wie der christliche Okzident?

Ich möchte im folgenden der Frage nachgehen, wie in der islamischen Zivilisation das Spannungsverhältnis zwischen Religion und Staat oder allgemeiner zwischen Glauben und Welt behandelt und gelöst wurde und welche spezifischen Ausdrucksformen dieser Konflikt im Islam[2] gefunden hat. Dabei gehe ich grundsätzlich davon aus, daß der Islam nicht als zeitloses Sachgebilde zu verstehen ist, das eine bestimmte Beschaffenheit hat und dem eine einzige Wahrheit anhaftet; auf die Frage: »Was sagt der Islam zu einer bestimmten Frage« oder »Wie ist es um einen bestimmten Sachverhalt im Islam bestellt«

---

1 Vgl. hierzu meine Überlegungen: Weil sie ganz anders sind, in: Die Zeit v. 1.3.1991, Politischer Islam und westliche Mißverständnisse, in: Blätter des izBw 172 (1991), S. 19–21 und: Alte und neue Feindbilder. Das Bild der Araber und des Islams im Westen, in: Georg Stein (Hrsg.), Nachgedanken zum Golfkrieg, Heidelberg 1991.

2 Wenn ich vom Islam spreche, so meine ich grundsätzlich immer die islamische Zivilisation und nicht notwendig die islamische Religion. Die Literatur zu diesem Thema ist sehr umfangreich. Ich möchte hier nur einige wenige Titel nennen, die teilweise völlig unterschiedliche Positionen vertreten: Tilman Nagel, Gab es in der islamischen Geschichte Ansätze zu einer Säkularisierung?, in: Hans R. Roemer/Albrecht Noth, Studien zur Geschichte und Kultur des Vorderen Orients. Festschrift für Bertold Spuler zum 70. Geburtstag, Leiden 1981, S. 275–288; Alexander Schölch, Säkularistische Traditionen im Vorderen Orient, in: Jahrbuch 1985/6 des Wissenschaftskollegs zu Berlin, Berlin 1987, S. 191–201; Bassam Tibi, Islam and Secularization. Religion and the Functional Differentiation of the Social System, in: Archiv für Rechts- und Sozialphilosophie 66 (1980) 2, S. 207–221.

kann meines Erachtens nur der Gläubige »richtig« antworten. Denn für ihn allein ist der Islam »richtig« und damit Tatsache und Subjekt von Wahrheit zugleich. Vielmehr möchte ich als Ungläubiger versuchen, den Islam ausschließlich aus seiner Geschichtlichkeit heraus zu verstehen.

In einem zweiten Teil möchte ich am Beispiel Saudi-Arabiens die Aktualität dieses Konfliktes nachzeichnen. Der erste Teil wird daher historisch ausgerichtet sein. Vielleicht wird deutlich, daß die Geschichte der islamischen Variante des Konfliktes zwischen Glauben und Welt der der europäisch-christlichen Variante sehr ähnlich war, nur weit weniger spektakulär und blutrünstig verlief.

Religion und Herrschaft in der islamischen Geschichte

1. Islam als Tatsache: Zur Kritik eines definitorischen Konzepts

Die Wirkungskraft des Wortes Islam zeigt sich gerade dann, wenn von seinem Verhältnis zur Herrschaft gesprochen wird. Aus der islamischen Dogmatik wird eine grundlegende Identität von Religion und weltlicher Herrschaft abgeleitet, die zwingend eine Einheit von Religion und Staat fordere. Dies sei das Besondere, ja das Einmalige am Islam. Jeder politische Verweis auf den Islam, jedes Anknüpfen an islamische Tradition oder Symbolik werden mit diesem Axiom in Verbindung gebracht. Das Postulat von der islamischen Einheit von Religion und Staat, das selbst erst in der zweiten Hälfte des 19. Jahrhunderts sowohl in den islamischen wie in den europäischen Ländern aufgebracht worden ist, wirkt deshalb als Axiom, weil es in Wirklichkeit nicht aus der islamischen Geschichte begründet werden kann. Im Gegensatz zu islamischen Dogmen wie die Anerkennung des absoluten Einen Gottes, der endgültigen göttlichen Offenbarung im Koran oder des Endes der Prophetie mit Muḥammad findet sich nirgends ein Dogma, das die Einheit von Religion und Staat festschreibt. Selbst die dogmatischen Lehrbücher der frühislamischen Zeit geben über eine solche politische Identität des Islam keine Auskunft.[3]

Eine Einheit von Religion und Staat »im Islam« konnte natürlich erst dann postuliert werden, als von anderer Seite die Trennung von Religion und Staat hervorgehoben wurde. Daß es »im Islam« eine solche Trennung nicht gäbe, wurde so in dem Augenblick erkannt, als in Europa wie im Orient die politische Befreiung staatlicher Herrschaft von religiösen Institutionen zur alltäglichen Tatsache geworden war. Überraschenderweise aber wurden nicht die realen politischen Verhältnisse in der islamischen Gesellschaft zur Grundlage der Interpretation des Verhältnisses von Religion und Staat gemacht, sondern die islamische Dogmatik selbst, die als zeitlose Größe angesehen wurde. Bezogen auf die politische Realität wären solche Interpretationen auch wenig sinnvoll gewesen, denn de facto gab es im 19. Jahrhundert in den islamischen Gesellschaften keine institutionelle Einheit von Religion und Staat.

---

3 Vgl. Tilman Nagel, Staat und Glaubensgemeinschaft im Islam. Geschichte der politischen Ordnungsvorstellungen im Islam, Bd. I–II, Zürich 1981. Es würde sich lohnen, dem Ursprung der Definition »Islam ist Staat und Religion« in der orientalistischen Literatur nachzuspüren. Als Beispiel für eine orientalistische Rückprojektion des erwarteten Sachverhalts in den Islam sei die Veröffentlichung von Hans-Georg Ebert, Die Interdependenz von Staat, Verfassung und Islam im Nahen und Mittleren Osten in der Gegenwart, Frankfurt a. M. 1991, genannt. Ebert schreibt, daß der Moraltheologe al-Ġazzâlî (gestorben 1111) eine Prophetentradition überliefert habe, die lautet: »Religion (*dîn*) und Staat (*daula*) sind Zwillinge.« (Ibid., S. 28) Er verweist als Beleg auf eine Arbeit zur zeitgenössischen islamischen Staatslehre. Eine Überprüfung dieses Zitats aber ergibt folgendes: Bei der zitierten Aussage handelt es sich nicht um eine Prophetentradition, sondern um eine beliebte Floskel al-Ġazzâlîs, die sich verschiedentlich in seinem Werk findet. Al-Ġazzâlî benutzt außerdem nicht das Wort für Staat, sondern zwei unterschiedliche Begriffe für Herrschaft (*sultân* und *hukm*) (z. B. in seinem Buch *mîzân al-ᶜamal*, Kairo 1342/1923/4, S. 86). »Staat« und »Herrschaft« sind zwei völlig unterschiedliche Dinge: Daß der Moralist al-Ġazzâlî eine Identität von Religion und Herrschaft fordert, verwundert nicht. Er wäre ja kein Moralist, wenn er das nicht täte. In einem Nachsatz stellte er dies klar: »Die Religion bildet die Grundlage (*uss*), und die Herrschaft bewacht [sie]; was keine Grundlage hat, ist korrupt.«

Tatsächlich werden zwei völlig unterschiedliche Bereiche miteinander in Beziehung gesetzt: Auf der einen Seite wird aus der komplexen islamischen Dogmatik ein Axiom herausgefiltert, das die Einheit von Religion und Staat festlege. Auf der anderen Seite werden historische Entwicklungen in islamischen Gesellschaften nicht in sich begriffen und verstanden, sondern in ein inneres Verhältnis zur islamischen Dogmatik gestellt, die als Richtschnur der Erfüllung von Geschichte angesehen wird. Geschichte in islamischen Ländern scheint also nur dann »wahr« und »authentisch« zu sein, wenn sie diesem (konstruierten) islamischen Axiom folgt.

Eine solche idealistische Geschichtsbetrachtung erlaubt dann auch ein rein normatives Konzept vom Islam. Es wird davon ausgegangen, daß der Islam einen normierten und normierenden Weltgeist vertritt, der zeitlos zu jeder Epoche der islamischen Geschichte in Beziehung tritt und diese bewahrheitet oder kritisiert. Die letztendliche Erfüllung finde der Islam in der Verwirklichung der Einheit von Religion und Staat, mithin in der paradoxen Verwirklichung der Religion auf Erden. Es lasse sich feststellen, wie es um einen Sachverhalt »im Islam« bestellt ist oder wie überhaupt etwas »im Islam ist«: Das Dogma regiert unser Verständnis islamischer Kulturen.

Ganz im Gegensatz zu der Beurteilung der westlichen Zivilisation beharren westliche Beobachter darauf, daß in den islamischen Gesellschaften die Welt von der Religion beherrscht werde. Verbirgt sich hier nicht ein westlicher Unwille, andere Gesellschaften mit den eigenen Maßstäben zu beurteilen? Wieso trennen westliche Beobachter nicht zwischen Religion und Staat, wenn sie von islamischen Gesellschaften sprechen? Und wieso dogmatisieren sie selbst die Wirklichkeit in islamischen Gesellschaften durch Verweise darauf, wie etwas »im Islam« bestellt sei?

Der Islam wird als soziale Tatsache normiert. Für den westlichen Beobachter erscheint »der Islam«, als stünde er außerhalb des Individuums, als wäre er absolut zwingend und als ließe er sich objektiv beschreiben. Nur so sind Aussagen möglich wie: »Im Islam sind Religion und Staat nicht getrennt« oder »Im Islam haben Frauen keine Rechte« oder »Der Islam verlangt vom Menschen absolute Schicksalsergebenheit«. In einem schauderhaften Artikel im »Spiegel« anläßlich des zweiten Golfkrieges findet sich folgende Aussage, in der alle gängigen Vorurteile über den Islam zusammengefaßt sind:[4]

> »Die totale Unterwerfung des Menschen unter Mohammads allgewaltigen Gott führt dazu, daß dem Islam auch heute noch die vielfältigen Begriffspaare abendländischer Bipolarität, etwa Weltlich–Geistlich, Wissen–Glauben, Kultur–Religion, Staat–Kirche, Individuum–Gemeinschaft, nicht geläufig sind, ja als Irrlehre gelten. Kein Gebiet des Lebens – sei es Politik oder Recht, Wissenschaft oder Kunst – ist von der Religion ausgespart, jedes ist ihr unterworfen.«

Diese Feststellung ist aus der Sicht der islamischen Theologie falsch; aber sie ist populär und entspricht in den Grundtendenzen auch den Meinungen so mancher Fachgelehrter. Es ist erstaunlich, wie antiquiert die Wahrnehmung des Islam hier anmutet. Zum einen ist sie immer noch von einer idealistischen Weltauffassung geprägt, die es erlaubt, eine historische Erscheinung wie den Islam zum außermenschlichen Geist zu erklären, dem das Individuum unterworfen ist. Das Subjekt der islamischen Geschichte ist folglich nichts anderes als der Islam selbst. Zum anderen wirken positivistische Lehren etwa Emile Durkheims nach, die im Islam vor allem ein außermenschliches, objektives und zwingendes System zu erkennen glauben, dem die Muslime auf Gedeih und Verderb unterworfen seien.[5]

Im Mittelpunkt der Wahrnehmung steht das islamische Recht (*šarīᶜa*), das durch seine Ge- und Verbote die Objektivierung der Religion erlaube und eine Axiomatik gesellschaft-

---

4 Wasserstoffbombe des Islam, in: Der Spiegel 8/1991, hier S. 144.
5 Emile Durkheim beschrieb mit dem Begriff *fait social* zunächst das Recht im allgemeinen, siehe Emile Durkheim, Les règles de la méthode sociologique, Paris ¹³1956 (1895). Eine für den Kontext wichtige Erörterung des Begriffs »Tatsache« findet sich in Willard Van Orman Quine, Wort und Gegenstand [Word and Object, dt.], Stuttgart 1980, S. 424 ff.

lichen Handelns begründe. Die Beurteilung eines Sachverhalts »im Islam« verweise durchweg auf das islamische Recht. Letztendlich wird die islamische Religion so auf das islamische Recht reduziert.

Übertrügen westliche Kommentatoren diese Interpretationsmethoden auf die Analyse ihrer eigenen Welt, würden sie sicherlich als Anachronisten angesehen. Denn solche Interpretationsmuster deuten auf die Wissenschaftskultur des 19. Jahrhunderts hin, als idealistische und positivistische Welterklärungsmodelle miteinander um die Gunst der akademischen Öffentlichkeit wetteiferten. Und für viele Forscher zur islamischen Welt erschien es gar als großartiger Fortschritt, nun neuere soziologische Lehren etwa Max Webers auf den islamischen Orient zu übertragen und zu prüfen, ob die islamische Welt nicht mit Weberschen Idealtypen besser zu beschreiben sei.[6]

In der völlig veralteten Wahrnehmung des islamischen Orients verbirgt sich ein Herrschaftsproblem. So sehr die westliche Öffentlichkeit daran gewöhnt ist, Glauben und Welt, Religion und Staat konzeptionell zu trennen, so wenig kann sie diese Trennung auf andere, nichtwestliche Kulturen übertragen. Damit entsteht die paradoxe Situation, daß in der westlichen Öffentlichkeit zwar ein säkularisiertes Verständnis der Beziehungen zwischen Religion und Gesellschaft existiert; in bezug auf den islamischen Orient hingegen gibt es ein solches Verständnis nicht. Hier wird das Verständnis noch immer von religiösen Mustern geprägt. Die Instrumentalisierung der islamischen Religion durch westliche Beobachter hat einen deutlich politischen Charakter. Denn mit einer derartigen Konstruktion der islamischen Gesellschaften als etwas voll-

---

6 Für einige Zeit erfreute sich vor allem das Webersche Konzept des Patrimonalismus großer Beliebtheit. Diskutiert für Ägypten ist dieses Konzept in Peter Pawelka, Herrschaft und Entwicklung im Nahen Osten: Ägypten, Heidelberg 1985, bes. S. 24 f.; außerdem Peter Hardy, Islamischer Patrimonalismus: die Moghul-Herrschaft, in: Wolfgang Schluchter (Hrsg.), Max Webers Sicht des Islams, Frankfurt a. M. 1987, S. 190–216.

kommen anderes wird die Überordnung der »aufgeklärten« Welt des Westens über den Orient festgeschrieben. Das Trennende bleibt das Religiöse. Am Orient scheint der Westen seine eigene Aufklärung, seine eigene Unabhängigkeit von der Herrschaft der Religion erneut nachvollziehen, ja beweisen zu wollen, sicherlich auch deshalb, weil im Westen selbst Zweifel am Sieg der Welt über die Religion, der Vernunft über die Irrationalität aufgekommen sind.

2. Islam als Religion

Wie jede Religion wird auch der Islam von der Spannung zwischen Dogmatik und Geschichte bestimmt. Die Dogmatik, die auf der kulturellen Anerkennung der endgültigen Gottesbotschaft durch die Prophetie Muḥammads gründete, wird von islamischen Gelehrten als zeitlos verstanden, als ein System kategorialer und axiomatischer Grundsätze, das unabhängig von der Menschengeschichte seine Gültigkeit bewahrt. Geschichte sei nichts als die Erfüllung des göttlichen Willens, diese Welt enden und die Menschen in das Jenseits eintreten zu lassen. Der Zeitbedingtheit der Geschichte steht die Ewigzeitlichkeit Gottes und seiner Offenbarung gegenüber.

In den ersten Offenbarungen an den Propheten Muḥammad (etwa 610 bis 620) war von dieser Spannung noch wenig zu verspüren. Die Offenbarungen kündeten vom nahen Ende der Zeiten. Sie waren von Beginn an geprägt von der Drohung mit der Herrschaft des Einen Gottes: Dieser herrsche über den Anfang und das Ende der Welt, er herrsche über das Wissen und die Welterklärung, und er herrsche über das jenseitige Leben. Dem Menschen die allmächtige Herrschaft des Einen Gottes zu erklären und ihn aufzufordern, diese »vertraglich« anzuerkennen (Islâm), war wichtigstes Gebot der Prophetie.

Die islamische Offenbarung stellte Herrschaft in einen einzigen Kontext, nämlich in den Kontext Gottes. Dabei wurde Herrschaft durchaus rational begriffen: Die Exekutivgewalt der göttlichen Herrschaft oblag einerseits dem Gesandten Gottes selbst, andererseits aber auch jedem einzelnen Gläubigen, der durch die Anerkennung des ewigen Wortes Gottes, des Koran, die vertragliche Bindung als Muslim (oder als Muslima) eingegangen ist. Durch die Befolgung der göttlichen Ge- und Verbote übte jeder Gläubige Herrschaft aus, denn hiermit handelte er »gemeinschaftlich«, schuf eine »Interessenskonstellation« und eignete sich Autorität gegenüber den Nichtgläubigen an.[7]

Islam bedeutet also auch Herrschaft und unterscheidet sich hierin nicht von anderen Kulturen und Zivilisationen, deren sozialer Konsens herrschaftlich vermittelt worden ist. Daß kulturelle Herrschaft in der Offenbarungszeit als Religion formuliert wurde, kann nicht überraschen: Zivilisationen des 7. Jahrhunderts kannten keine andere erfolgreiche Form der Institutionalisierung von Herrschaft als über Glaubenssysteme.

Die Konstituierung von Herrschaft durch die islamische Offenbarung war aber keinesfalls gleichbedeutend mit der Errichtung eines neugeordneten Diesseits. Zwar haftete auch dem Islam die Projektion eines eigenen, perfektionierten Gesellschaftsbegriffs in ein Jenseits, ein Reich Gottes an,[8] doch hatte die Frage der Stellung des Individuums (beziehungsweise des Stammeskollektivs) eindeutig Vorrang vor der Ausformulierung eines spezifischen Herrschaftssystems. Das Herrschaftssystem blieb trotz oder gerade wegen der islamischen Offenbarung unangetastet. In der frühen mekkanischen Offenbarung war Muḥammad noch aufgetreten, um Individuen zum Vertrag mit Gott zu gewinnen: Der Islam, also der Vertrag, bezog sich nicht auf den Propheten selbst oder auf eine neue Gemeinschaft der Gläubigen, sondern auf Gott. In der islamischen Historiographie der Frühzeit überwog daher

---

7 Ich benutze hier bewußt diese Weberschen Kategorien, ohne aber damit behaupten zu wollen, daß die Webersche Typologie ein Erklärungsmodell für islamische Gesellschaften darstellt. Siehe Max Weber, Wirtschaft und Gesellschaft. Grundriß der verstehenden Soziologie, Tübingen [5]1985, S. 542 ff.

8 Hier nach Niklas Luhmann, Funktion der Religion, Frankfurt a. M. 1982, S. 149.

auch der einzeln erkennbare und benennbare Muslim, nicht das Kollektiv oder gar die Gesellschaft.

In der religiösen Terminologie wurde die Anerkennung des Vertrags »Islâm« als *dîn* bezeichnet, mit einem Begriff also, den wir heute durchweg als »Religion« wiedergeben.[9] *Dîn* war nach koranischem Verständnis keineswegs unbedingt ein islamisches Privileg: Auch die nichtmuslimischen Mekkaner verfügten über einen solchen *dîn*, der den Bezug des Individuums zum Außerweltlichen bestimmte. Nur war diese kulturell verallgemeinerte Anerkennung des Außerweltlichen nicht vertraglich geregelt.[10] Ansätze hierzu hatte es, so die muslimischen Theologen, in den früheren Offenbarungsreligionen gegeben, eben in jenen Religionen, die über ein Buch (*kitâb*) verfügten (Juden, Zoroastrier, Christen u. a.).

Die schriftlich niedergelegte Offenbarung war mithin der Kernpunkt der vertraglich geregelten Gottesherrschaft. Die Auswirkungen auf das Diesseits (*dunyâ*) waren zunächst gering: Ging es doch zunächst nur darum, das Leben nach dem Tode der Herrschaft Gottes zu unterwerfen. Der Vertrag aber forderte die Einhaltung der göttlichen Gebote auch im Diesseits, um im Gegenzug im Jenseits die versprochenen Freuden

---

9 Gottes Herrschaft war anfangs immer gleichbedeutend mit »Gottes Gericht«; Religion war in der frühen islamischen Offenbarung ebenfalls identisch mit dem Jüngsten Gericht (*dîn*), vgl. Sure 107, Vers 1. Als »Kultus« kennzeichnete *dîn* auch die kultische Identität eines Stammes. Die berühmte koranische Aussage (Sure 109, Vers 6) »Ihr habt eure Religion, und ich die meine« (gerichtet an die nichtmuslimischen Mekkaner) ist charakteristisch für den Übergang des Begriffs *dîn* von »Kultus« zu »Religion«. In der Sure 110, Vers 2 heißt es schon »und (wenn) du siehst, daß die Menschen in Scharen der Religion Gottes (*fî dîni llâhi*) beitreten«; heißt es hier noch »Kultus in bezug auf Gott« oder schon »Gottes Religion«? Koranisch bedeutet *dîn* also zunächst »Gericht (Gottes)«, dann »Kultus, Sitte« und schließlich »Religion« im allgemeinen.

10 Zumindest nicht mit einem Offenbarungstext wie dem Koran. Rituelle Handlungen wie die Pilgerfahrt zur Ka°ba nach Mekka hatten in vorislamischer Zeit sicherlich auch schon einen vertraglichen Charakter. Über vertragliche Regelungen verfügten natürlich auch die jüdischen Stämme zum Beispiel in Medina.

des Paradieses genießen zu können und nicht die Qualen der Hölle erleiden zu müssen. Ein gottgefälliges Leben des Menschen im Diesseits war die Voraussetzung für eine menschengefällige Herrschaft Gottes im Jenseits.[11]

3. Islam als Geschichte einer Zivilisation

Mit dem Tode Muḥammads endete – so ein wichtiger islamischer Glaubensgrundsatz – jede Prophetie. Diese wurde als Dogmatik weitergeführt, von den islamischen Gelehrten als »Erben der Propheten« ausformuliert und in verschiedenen Wissensbereichen schriftlich fixiert und verbreitet. Dabei nahm die islamische Dogmatik immer auch Zeiterscheinungen auf, die das Spannungsgefüge zwischen realer Welt und ideeller Transzendenz milderten, aber nie abschaffen konnten.

Das Verhältnis zwischen Diesseits und Jenseits war in der islamischen Tradition keineswegs harmonisch. Im Gegenteil: Gerade mit der allmählichen Ausdehnung des Geltungsbereichs des gottgefälligen Tuns auf andere gesellschaftliche Bereiche als den der individuellen Frömmigkeit verschärfte sich der Konflikt zwischen dem Herrschaftsanspruch des Menschen und dem Gottes. *Dîn* und *dunyâ*, Jenseits und Diesseits konkurrierten um die Herrschaft. Es war dem Propheten Muḥammad selbst vorbehalten gewesen, in dem Medinensischen Exil, also nach der Auswanderung (*hiǧra*) nach dem alten Yaṯrib, das fortan Medina heißen sollte (622), den Konflikt durch eine Betonung der Interessens- und Konsensgemeinschaft aller Muslime zu entschärfen. Jetzt, in der Neuen Zeit (mit 622 beginnt die islamische Zeitrechnung), wurden auch die gesell-

---

11 Hierzu die vorzügliche Arbeit von Albrecht Noth, Früher Islam, in: Ulrich Haarmann (Hrsg.), Geschichte der arabischen Welt, München 1987, S. 11–100. Außerdem für das erste abbasidische Jahrhundert (750–850) Tilman Nagel, Rechtleitung und Kalifat, Bonn 1975. Einen Überblick und eine ausführliche Bibliographie bietet Gerhard Endreß, Der Islam. Eine Einführung in seine Geschichte, München [2]1991.

schaftlichen Bereiche geregelt, die konfliktträchtig waren: Familien- und Erbrecht, Beuterecht und kultische Bereiche. Das Recht erkannte die Tatsache an, daß durch den individuellen Vertrag zwischen Gott und Mensch keineswegs die Herrschaftsfrage geregelt wurde. Die »traditionelle Herrschaft« (Max Weber) der arabischen Stammesgesellschaft war trotz aller Bestrebungen stabil und bestimmte die Innenwelt *dunyâ* weit mehr, als es der *dîn* vermochte.

Herrschaft bedeutete immer auch die politische Hoheit über die Beute, die eine natürliche Lebensgrundlage der Stammesgesellschaften darstellte. Die Aneignung des Beuterechts durch eine neue, islamische Autorität war der erste Höhepunkt des Versuchs, die Spannung zwischen Religion und Stamm, zwischen rationaler und traditioneller Herrschaft auszugleichen. Bezeichnenderweise wurden die Instrumentarien beider Bereiche etwa zeitgleich textlich, zwischen 640 und 655 kodifiziert: Auf der einen Seite wurde der Koran unter dem dritten Kalifen ᶜUṯmân (reg. 644–656) zu einer »offiziellen Ausgabe« zusammengestellt; auf der anderen Seite war schon vom zweiten Kalifen ᶜUmar (reg. 634–644) ein *dîwân* erstellt worden, in dem eine lange Liste von bei der Beuteverteilung privilegierten Personen und Gruppen verzeichnet worden war. Das duale Herrschaftssystem in der jungen islamischen Gemeinschaft wurde durch die Existenz dieser zwei Textautoritäten festgeschrieben. Der Ausgleich gelang zunächst vor allem dadurch, daß beide Autoritäten verschriftet worden waren und hierdurch auch in den entlegeneren Teilen des islamischen Reichs Verwendung finden konnten. Gemeinschaftlichkeit, Interessenskonstellation und Autoritätsfindung wurden nun wesentlich erleichtert; aber auch der Dissens wurde gefördert.[12] Beide Textinstanzen nämlich waren gruppenbildend und drückten spezifische soziale Interessen aus.

---

12 Wie sehr der Islam eine »Wir-Gruppe« begründete, zeigt die in der arabischen Historiographie durchgängige Teilung der Welt in eine islamische »Innenwelt« und eine nichtislamische »Außenwelt«, die mit den Rechtstermini »Haus des Islam« (*dâr al-Islâm*), »Haus der friedensvertraglichen Regelung« (*dâr aṣ-ṣulḥ*) und »Haus des Krieges« (*dâr al-ḥarb*) belegt wurde.

Der »traditionellen Herrschaft« zuzuordnen ist das Konzept des *nasab*, der Stammesabkunft. Er bestimmte die soziale Hierarchie innerhalb der großen Stammeskonföderationen wie der Stämme selbst. Rein islamisch dagegen war das Konzept der *sâbiqa*, der »Prophetennähe«: Ihr zufolge gebührte Autorität in der islamischen Konföderation nur denjenigen, die einmal in der unmittelbaren »Nähe« zu Muḥammad gestanden hatten und somit zu den ersten Muslimen zählten oder später sehr »nahe« der Religion folgten, also besonders gute Muslime waren. Die politischen Auseinandersetzungen um die Nachfolge Muḥammads waren in allererster Linie von diesen zwei konkurrierenden Herrschaftskonzeptionen geprägt. Die Vielfalt der politischen Parteiungen im ersten islamischen Jahrhundert (etwa 632 bis 750) gründete so auf einer dem Islam innewohnenden Spaltung in zwei verschiedene herrschaftliche Ordnungsprinzipien. Wie schon Außenwelt und Innenwelt – beziehungsweise Koran und Diwan – charakterisierte auch die Trennung zwischen Prophetennähe und Stammesnobilität die Entfaltung politischer Herrschaft im Islam.

4. Interventionen des Dogmas in der Welt: Bestimmt die Religion das Diesseits?

Der Islam begründete so Frömmigkeit und Religiosität aus strikt rationalen Argumenten, die von muslimischen Theologen immer wieder herausgestellt wurden und die frühislamische Dogmatik bestimmten.[13] Die Intervention der Vernunft in die religiöse Dogmatik war keineswegs tabu: Die Religion war nicht »unwiderlegbar«. Selbst die Hauptargumente der islami-

---

13 Siehe hierzu jetzt ausführlich Josef van Ess, Theologie und Gesellschaft im 2. und 3. Jahrhundert Hidschra. Eine Geschichte des religiösen Denkens im frühen Islam, Bd. I, Berlin, New York 1991. Hier nicht angesprochen ist die mystische Begründung von Religiosität, die in der islamischen Kultur mannigfaltige Formen annehmen konnte. Einführend Annemarie Schimmel, Mystische Dimension des Islam, Aalen 1979, Neuauflage, Köln 1986.

schen Offenbarung konnten negiert werden. So verfochten manche Theologen des 9. und 10. nachchristlichen Jahrhunderts die These, daß die Vernunft selbst zu den gleichen Ergebnissen gelangen kann wie die göttliche Offenbarung. Die hier postulierte Gleichsetzung von radikaler Vernunft und textlicher Offenbarung konnte, bis zum Ende durchdacht, sogar zur Abschaffung der Herrschaft Gottes über den Menschen führen. Gerade in der Ausformulierung des islamischen Rechts (šarīʿa) spielte die Gegensätzlichkeit von Vernunft und Textüberlieferung beziehungsweise überlieferter Offenbarung eine entscheidende Rolle.[14]

Als Religion erfüllte der Islam somit die Bedingungen, die an eine politische Trennung von Glauben und Welt geknüpft waren. Einen Investiturstreit aber, der gemeinhin als Beginn eines langanhaltenden Kampfes des christlichen Staates gegen die christliche Kirche verstanden wird, hat es in der islamischen Geschichte sicherlich nicht gegeben. Die herrschaftliche, nicht die kulturelle Trennung von Religion und Staat in der islamischen Tradition verlangte nicht nach solch radikalen Lösungen und blutigen Fehden. Die vielfältige islamische Dogmatik bot genügend Möglichkeiten, die im Islam angelegte herrschaftliche Trennung weiterzuentwickeln. Islamische Humanisten des Mittelalters (10.–13. Jahrhundert)[15] verfochten die Tren-

---

14 Vgl. Joseph Schacht, The Origins of Muhammadan Jurisprudence, Oxford 1950, S. 98 ff. (die Grundthesen von Schacht werden in der jüngeren Forschung zunehmend in Frage gestellt). Auch N. J. Coulson, A History of Islamic Law, Edinburgh 1964, S. 78; George Makdisi, The Rise of Humanism in Classical Islam and the Christian West, Edinburgh 1990, S. 2 ff.

15 Die Wiederentdeckung des islamischen Humanismus durch die islamwissenschaftliche Forschung steht noch in den Anfängen. Grundlegende Arbeiten hierzu stammen aus der Feder des Pariser Orientalisten Muhammad Arkoun und des amerikanischen Islamwissenschaftlers George Makdisi. Für den Bereich der Philosophie siehe den wichtigen Artikel von Gerhard Endreß, The Defense of Reason: The Plea for Philosophy in the Religious Community, in: Zeitschrift für Geschichte der arabisch-islamischen Wissenschaften 6 (1990), S. 1–49. Außerdem Muhammad Arkoun, L'humanisme arabe au IVᵉ/Xᵉ siècle. Miskawayh. Philosophe et historien, Paris ²1982.

nung von Religion und Philosophie, forderten die Befreiung der Literatur von rein religiös-islamischen Modellen, entdeckten in der rationalen Naturerklärung einen eigenständigen wissenschaftlichen Wert und versuchten einmal vorsichtig, einmal offensiv, die Vorherrschaft der Rechtsgelehrten und der Scholastiker zu brechen. Tatsächlich attackierten sie vor allem die islamischen scholastischen Positionen, die in der Welt nichts anderes zu sehen vermochten als einen Willen Gottes. Für sie war die Welt mehr als eine zur Wirklichkeit gewordene »innerweltliche Religion«. Die Opponenten hingegen mußten anerkennen, daß ihr scholastisches Modell der Welterklärung kaum jemals mit der Wirklichkeit in Einklang zu bringen war. Die islamischen Herrscher hatten meist alles andere im Sinn, als sich als Vollstrecker des göttlichen Willens, des *šarᶜ*, darzustellen, wie es zum Beispiel die Moraltheologen Aḥmad Ibn Ḥanbal (gest. 855) und Ibn Taimîya (gest. 1328) gefordert hatten. Zwar hatten sich auch islamische Herrscher fast immer einer islamischen Symbolik bedient und um sich eine Schar von Rechtstheologen versammelt; einen islamischen Staat im Sinne der Scholastiker aber hat es tatsächlich genauso wenig gegeben wie den Idealstaat der Philosophen.

Es blieb so dabei, daß Glauben und Welt, Religion und Recht[16] polare kulturelle Bereiche des Islam darstellten, auch wenn einzelne Rechtsgelehrte oder Theologen immer wieder das Primat ihrer spezifischen Kultur herauszustellen versuchten. Dieser ideengeschichtliche Tatbestand führte aber kaum jemals zur historischen Aufhebung der Trennung. Selbst solche Dynastien, die sich – wie die ismaᶜilitischen Fatimiden oder die

---

16 Ein Muslim ist entsprechend ein »doppeltes Subjekt«, Subjekt der Religion und Subjekt des Rechts. Beide Subjektformen sind nicht identisch. Als Subjekt der Religion unterliegt der einzelne lediglich der Herrschaft Gottes, die am Tage des Jüngsten Gerichts entscheidet. Als Subjekt des Rechts aber ist der Muslim der staatlichen Hoheit unterstellt. Staatliche Hoheit und Gott sind niemals identisch. Hierzu ausführlich Baber Johansen, Staat, Recht und Religion im sunnitischen Islam – Können Muslime einen religionsneutralen Staat akzeptieren? in: Essener Gespräche zum Thema Staat und Kirche 20, Aschendorff 1986, S. 12–54, hier S. 16.

Selğuqen – explizit zu einer spezifischen religiösen Tradition bekannten, wurden von der Herrschaftsrealität eingeholt; ihre religiöse Legitimation wurde, um wieder mit Max Weber zu sprechen, »veralltäglicht«.[17] Die spezifische religiöse Tradition wurde erneut in die Hände von »Wissensverwaltern« gelegt und damit dem dynastischen Staat entfremdet, der sich seinerseits wieder über das Erbrecht (überwiegend im Sinne der Primogenitur) an der Macht hielt.[18] Die »Veralltäglichung« des Religiösen glich den politischen Herrschaftsanspruch des Glaubensbereichs aus, so daß die alte islamische Balance zwischen Glauben und Welt wiederhergestellt war.

Die große, scholastische Wende zu religiösen Weltinterpretationen, die sowohl die christlichen wie die islamischen Kulturen seit der Mitte des 11. Jahrhunderts berührte, führte zwar zu einer politischen Instrumentalisierung des Religiösen (etwa in der Reconquista in Spanien, in den Kreuzzügen oder in den parallelen Aktivitäten der islamischen »Grenzkämpfer« (Singular *ğâzî* oder *murâbit*); der dynastische Staat machte den Glauben aber so nur zu einer »Staatsreligion«, er wurde hierdurch nicht zum »Religionsstaat«. Die Staatlichkeit blieb auf diese Weise der Religion durchweg übergeordnet.[19]

---

17 Weber, Wirtschaft und Gesellschaft, S. 283 f., bes. S. 142 ff. und 661 ff.

18 So ist es kein Zufall, daß gerade die beiden genannten Dynastien den scholastischen Lehrbetrieb im 10.–12. Jahrhundert intensiv förderten: Die Fatimiden gründeten in ihrer neuen Hauptstadt Kairo eine »Weisheitsakademie« und die Universität al-Azhar, die Selğuqen die berühmte Nizâmîya-Hochschule in Bagdad.

19 Auch semantisch läßt sich diese Überordnung nachvollziehen. In der arabischen mittelalterlichen Terminologie hatte es nie einen »Islamstaat« (modern-arabisch *daulat al-Islâm*) gegeben, wohl aber eine »islamische Dynastie« (*daula islâmîya*).

5. Konfessionen und die wenig spektakuläre islamische Aufklärung

Als zu Beginn der Neuzeit 1516/7 osmanische Truppen die letzte Bastion der mittelalterlichen Herrschaft in Ägypten, das Mamlukenreich, eroberten, ließ sich – so die Legende – der osmanische Sultan Selim I. vom letzten abbasidischen Schattenkalifen[20] die Kalifatswürde übertragen – in einem Zelt auf dem Schlachtfeld von Marǧ Dâbiq in Nordsyrien (24. August 1516). Damit war das letzte, religiös begründete Herrschaftssymbol endgültig politisch entwertet und der osmanischen Staatsraison untergeordnet worden. Das Osmanische Reich demonstrierte nun, wie die herrschaftliche Trennung zwischen Glauben und Welt zugunsten der Staatsmacht ausgenutzt werden konnte. Bis zum Ende des 18. Jahrhunderts spielte die Kalifatsidentität des osmanischen Sultan politisch keine Rolle; die Welt des Herrschers war der Glaubenswelt der islamischen Rechtsgelehrten und Theologen eindeutig übergeordnet.

Politik im neuzeitlichen Staat schuf auch in den nahöstlichen Gesellschaften völlig neue Bedingungen für die Beziehungen zwischen Glauben und Welt. Die vier großen muslimischen Imperien der Neuzeit (das Osmanische Reich, das persisch-safawidische Reich, das indische Moghul-Reich und das uzbekische Reich) verfügten alle über ein Herrschaftskonzept, demzufolge Religion einen Ordnungsfaktor darstellte. Die Sultane aber waren nicht deshalb Sultane, weil sie religiös legitimiert waren, sondern weil sie sich selbst inthronisiert hatten, weil sie »Herren zu eigenem, nicht von der Anerkennung der Beherrschten abhängigem, Recht« waren.[21] Dieses eigene Herrschaftsrecht

---

20 Nach der Eroberung von Bagdad durch die Mongolen unter Hülegü 1258 konnte die abbasidische Familie ihren Kalifatstitel – jedoch ohne jegliche Privilegien – in Kairo formal weiterführen.

21 Weber, Wirtschaft und Gesellschaft, S. 144. Ganz anders hatte es noch der maghrebinische Historiker Ibn Ḥaldûn (1336–1406) gesehen: »Ein Herrscher kann Macht nur mit Hilfe seines eigenen Volkes gewinnen«, siehe

löste sich auch aus dem Kontext des islamischen Rechts, das im Osmanischen Reich bald den Charakter eines Zivilrechts annehmen sollte. Herrschaftsrecht wurde gesondert abgeleitet und ausgesprochen; in Form des osmanischen *qânûn* wurde es schon bald eigenständig gehandhabt.[22] Das Zivilrecht, die *šarî͑a*, hingegen wurde als Garant für die glückliche Entwicklung und den Reichtum der Gesellschaft angesehen.

Schiitische und sunnitische Glaubenstraditionen wurden im 16. und 17. Jahrhundert immer mehr staatspolitischen Interessen der neuen Imperien unterworfen. Die Imperien, allen voran das safawidische Reich, konnten erst durch die kulturelle Integration ihrer Reichsgesellschaften zu der Macht gelangen, die sie fast 200 Jahre innehaben sollten.[23] Die kulturelle Integration gelang vorab durch die Zuordnung des Religiösen zur Welt: Die Religion sollte nicht mehr die (mythische) Bindung des Herrschers an das Jenseits begründen, mittels derer die Herrschaft den Gläubigen verständlich gemacht worden war. Statt dessen diente die Religion nun »dem Herrscher zu eigenen Recht«, ohne jeden spirituellen Bezug zum Jenseits.[24] Daß die islamische Religion nun vier verschiedenen Imperien diente, verlangte eine klare Ausdifferenzierung der religiösen Dogmatik entsprechend der neuen Imperien-Grenzen: Das Osmanische und das uzbekische Reich wurden zum Hort des sunnitischen Islam, der safawidische Iran verkündete die 12er-Schia zur Staatsreligion, und das indische Moghul-Reich trachtete nach einer kulturellen Integration durch die Proklamierung einer islamisch-hinduistischen Toleranz. Die imperialen Staaten schufen so politisch-religiöse Konfessionen, die die islamische Geschichte zuvor nicht gekannt hatte.

---

hierzu jetzt Albert Hourani, A History of the Arab People, Cambridge/ Mass. 1990, S. 210.

22 Das osmanische Herrschaftsrecht (*qânûn*) hatte ursprünglich auch die Funktion, das ältere Stammesrecht an die Anforderungen des islamischen Rechts anzupassen.

23 Für Iran vgl. die Gesamtdarstellung von Hans-Robert Roemer, Persien auf dem Weg in die Neuzeit, Beirut, Wiesbaden 1990.

24 Hierzu nochmals Luhmann, Funktion der Religion, S. 149f.

Aber die imperiale Politik mußte auch Macht abtreten. Denn durch die Aufgabe der mythischen Begründung der Herrschaft zugunsten gesellschaftlicher Integration durch das Religiöse verloren die Herrscher ihre alte spirituelle Legitimationsgrundlage. Die damit einhergehende endgültige Verweltlichung des Politischen förderte zwar die kulturelle Integration der Imperien; sie beschleunigte aber im Gegenzug auch die Loslösung der mystisch-religiösen Kultur aus dem weltlichen Bereich und setzte das Religiöse als Raum für vom Staat getrennte politische Entwicklungen frei. Die dysfunktionale Entwicklung des Religiösen in der frühen Neuzeit kann wie folgt zusammengefaßt werden:

a) Islamische dogmatische Richtungen wurden zu Konfessionen transformiert;
b) die neuen islamischen Konfessionen waren in erster Linie Mittel der kulturellen Integration der neuen Imperien;
c) Herrschaftspolitik wurde religiös symbolisiert, ohne aber eine spezifische transzendentale oder spirituelle Macht zu verkörpern;
d) das islamische Recht verlor Hoheitsgewalt; die Imperien schufen sich ein eigenes Staatsrecht im Rahmen tradierter religiöser Symbolik;
e) bestimmte Bereiche des islamischen Rechts gewannen Oppositionsgewalt: Große Teile der städtischen Bevölkerung im Osmanischen Reich oder in Persien bezogen aus dem islamischen Recht die Möglichkeit, eine Gegenmacht gegen den Herrscher aufzubauen.

Unter den neuen Imperien war das klassische islamische Gleichgewicht zwischen Religion und Staat, zwischen Glauben und Welt nachhaltig gestört. Innerweltlichkeit hatte nun durchweg jeden außenweltlichen Bezug ersetzt. Religiöse Neuformulierungen des Islam als *dîn*, also als Glaube, waren gleichfalls von dem Zweck bestimmt, die gesellschaftliche Ordnung neu zu bestimmen. In einer großen reformatorischen Bewegung im 16. und 17. Jahrhundert[25] wurde heftig um die Wertig-

---

25 Ich spreche hier bewußt von einer reformatorischen Bewegung und nicht

keit des Religiösen gerungen. Vier Tendenzen bildeten sich heraus, die maßgeblich für die neuzeitliche islamische Kultur wurden:

a) eine absolutistische Orientierung des Islam als Mittel einer konfessionellen Begründung von Herrschaft: Islamische Symbolik und islamische Herrschaftslegitimation dominierten;

b) eine säkularistische Orientierung des Islam als rationale Gesellschaftsordnung ohne expliziten Einbezug des Religiösen. Das islamische Recht wurde zu einer weltlichen sozialen Tatsache;

c) eine mystische Orientierung des Islam als spiritueller Raum, der innerweltlich ausgerichtet war (durch die großen mystischen Ordensorganisationen), aber gleichzeitig die religiöse Heilserwartung des einzelnen Gläubigen erfüllte;

d) eine pietistische [26] Orientierung des Islam als ethische gesellschaftliche Norm, die das gesellschaftliche Handeln im Diesseits als Erfüllung des religiösen Heils selbst beschrieb und moraltheologisch dogmatisierte.

Die Auseinandersetzungen zwischen den vier islamischen Kulturen wurden durchweg politisch geführt, d. h., es ging den jeweiligen Vertretern in allererster Linie um die Erringung politischer Macht. Die Konkurrenz um die politische Herrschaft machte nun auch vor einer Kritik der Legitimität des

---

von einer Reformation; das arabische Wort für diese Bewegung *islâh* legt eine solche Übersetzung zwar nahe; die epochengeschichtliche Bedeutung des christlichen Begriffs »Reformation« aber würde eine zu strikte Entsprechung suggerieren.

26 Hier soll der Begriff Pietismus allgemein gebraucht werden. Es ist keineswegs unumstritten, diesen Terminus aus der protestantischen Sektenbewegung auf den islamischen Kontext zu übertragen. Eine ähnliche Übertragung hatte ja schon mit dem Begriff »Fundamentalismus« stattgefunden und ist inzwischen allgemein verworfen worden. Die vier von Wollgast genannten Charakteristika des Pietismus aber treffen im groben auch auf Bewegungen wie die osmanischen Qadizadeli oder die arabische Wahhâbîya (s. u.) zu. Vgl. Siegfried Wollgast, Philosophie in Deutschland zwischen Reformation und Aufklärung 1550–1650, Berlin 1988, S. 899 ff.

Staates nicht halt. Mit der Entstehung und Durchsetzung ziviler Gesellschaften in den islamischen Ländern im 18. Jahrhundert erlangten besonders die säkularistischen und die pietistischen Tendenzen entscheidende Bedeutung; es zeigt sich, daß auch in den islamischen Gesellschaften ein umfassender Prozeß einsetzte, der im Okzident als Aufklärung bezeichnet wurde. Ob tatsächlich die islamische Welt eine Aufklärung im 18. Jahrhundert erlebt oder sie lediglich »verpaßt« hat, wird die wissenschaftliche Forschung aber noch zu zeigen haben.[27]

6. Islam als politischer Begriff

In der zweiten Hälfte des 19. Jahrhunderts wurde unter islamischen Intellektuellen und Gelehrten die Formel »Islam ist Staat und Religion« populär. Im Kontext idealistischer Weltanschauungen der Zeit kann diese Formel so übersetzt werden: »Der Islam beschreibt ein politisches System, das eine Einheit zwischen herrschaftlichem Staat (*daula*) und Volk (*dîn*) definiert.« Die Zuordnung Religion zu Volk ergab sich aus der rein innerweltlichen Interpretation des Religiösen, die von Politikern wie dem berühmten Ğamâl ad-Dîn al-Afgânî (gestorben 1897) vertreten wurde. Jetzt war die Frage der Volkssouveränität (*hâkimîya*) aufgeworfen: Aus einem islamischen Kontext

---

27 Der historische Prozeß der islamischen Aufklärung im 18. Jahrhundert sollte nicht so verstanden werden, daß sich eine der genannten Orientierungen allein durchgesetzt habe; vielmehr kann vermutet werden, daß der islamische aufklärerische Prozeß – selbst wieder die Voraussetzung für die große Rezeption okzidentaler Werte und Kulturen im Orient – aus dem sozialen und politischen Zusammenwirken aller vier Orientierungen resultierte. Die Anerkennung eines islamischen Aufklärungsprozesses würde zu einer grundsätzlichen Neubewertung der neuzeitlichen islamischen Kultur führen. Hierzu zunächst Reinhard Schulze, Das islamische 18. Jahrhundert. Versuch einer historiographischen Kritik, in: Die Welt des Islams 30 (1990), S. 140–159. Zum Zusammenhang im okzidentalen Kontext siehe z. B. Panajotis Kondylis, Die Aufklärung im Rahmen des neuzeitlichen Rationalismus, Stuttgart 1986, S. 538 ff.

heraus sollte beantwortet werden, wie der Souverän in der muslimischen Gesellschaft beschaffen sei. Während nationalistische Politiker die Volkssouveränität aus den damals gängigen idealistischen Anschauungen ableiteten und Religion als eine von mehreren kulturellen Grundlagen interpretierten, sahen islamische Intellektuelle allein im Islam einen machtvollen ideologischen Ausdruck ihres Anspruchs auf Souveränität. Diese wurde auch gegen die »Herrschaft der Fremden« erhoben, also gegen die Kolonialverwaltungen, die mehr oder weniger fest in europäischer Hand waren.

Islamische Politik wird durchgängig ideologisch formuliert. Der religiöse Gehalt des Islam wird zugunsten einer Gesellschaftsanschauung zurückgedrängt, in der das Religiöse nur noch die Funktion der Bewahrheitung der gesellschaftlichen Utopie erfüllt. Die Utopie wird als Restauration des ideellen islamischen Urzustandes gedacht, mit dem die Geschichte geendet hat. Wiederzufinden sei die Utopie in der göttlichen Offenbarung und in den Traditionen über den Propheten Muḥammad. Dem einzelnen Muslim wird hierdurch der direkte Zugriff auf eine als absolut verstandene Geschichte gewährt, der es ihm ermöglicht, sich selbst als handelndes Subjekt, als Vollstrecker des historischen Willens Gottes zu begreifen.[28]

Noch ein anderer Punkt charakterisiert die zeitgenössischen ideologischen Interpretationen islamischer Politik: Programmatisch wird die Aufhebung der Trennung von Glauben und Welt gefordert: Da der Glauben ethisch bestimmend und die

---

28 Islamische Politik wurde in nahöstlichen Gesellschaften in drei Phasen ausformuliert:
1. Etwa 1870–1890: In dieser frühen Phase war der religiöse Gehalt des Islam von untergeordneter Bedeutung. Der Islam sollte die Souveränität der muslimischen Intellektuellen garantieren und diese als »Volksvertreter« legitimieren.
2. Etwa 1930–1955: In der zweiten Phase bildeten sich die islamischen politischen Parteien und Bewegungen, unter anderem die ägyptische Muslimbruderschaft, heraus.
3. Etwa 1970–1990: Die vielfältigen islamischen Parteien konnten sich als Sprachrohr der zivilen Gesellschaften durchsetzen und bedrohten die reale politische Herrschaft.

Welt rechtlich ordnend sei, erlösche die Differenzierung von ethisch bestimmtem Handeln und rechtlich normierten Urteilen. Die Moral wird zwangsläufig zum Gesetz. Damit aber verfügt ein jeder über die Möglichkeit, Recht zu sprechen, da sein Handeln moralisch gerechtfertigt scheint. Hier meint der Muslim befreit zu sein von einer zweifachen Herrschaft: einerseits von der Herrschaft der Theologen, die sich der islamischen Wissensverwaltung verschrieben hatten, und andererseits von der politischen Herrschaft, deren Recht als Unterdrückung, als Unrecht erfahren wurde. Das Handeln des Gläubigen wird selbst zur Herrschaft.

Der politische Islam der Gegenwart ist von verschiedenen Ursprünglichkeitsideologien geprägt. Sie sollen das Authentische der islamischen Gesellschaften rekonstruieren, das in der Moderne verlorengegangen scheint. Die politische Konkurrenz um den »wahren Islam« spiegelt sich so in den Wahrnehmungen des frühen Islam, der je nach politischem Standort idealtypisch interpretiert wird. In den Islam wird somit ein Gesellschaftsbild des 20. Jahrhunderts projiziert: Der Islam *wird* zur Einheit von Staat und Religion. Die islamische Linke – immer eine Minderheitenposition innerhalb der islamischen Parteienlandschaft – versuchte, den Anspruch auf die Moderne aus der »Fortschrittlichkeit« des Islam zu begründen. Rechte und rechtsradikale Gruppierungen – sie bildeten in den achtziger Jahren die Mehrheit – dagegen formulierten ein islamisches Herrschafts- und Autoritätsideal, das einem Führer alle exekutive und legislative Gewalt zubilligt. Verkleidet wird dies wieder in der betonten Ausformulierung des Programms »Islam ist Staat und Religion«: Der Staat sei die Exekutive der Religion, die als Legislative angesehen wird. Beide Instanzen sollen in einer Person zusammengeführt werden, in dem »Führer«. Wer Führer ist, entscheidet letztlich die Zahl der Anhänger.

Die Aufhebung der bürgerlichen Gewaltenteilung ist das politische Programm der islamischen Rechten: In der Aneignung von absoluter Herrschaft sahen islamische Politiker eine Möglichkeit, ihrer eigenen sozialen und kulturellen Verelendung entgegenzuwirken. Die euphorische Bestimmung von Gut und Böse, Richtig und Falsch erlaubte es islamischen rechtsradikalen Sturmtrupps, unmittelbar auf den Straßen »Recht und Ordnung« herzustellen und damit direkte Herrschaft gegenüber der Gesellschaft auszuüben. Eine politische Delegierung von Gewalt wird nicht anerkannt; damit wird gleichzeitig das Machtmonopol des Staates angegriffen. Gerade in den gesellschaftlichen Bereichen, wo der Staat Autorität verloren oder nie über große Autorität verfügt hat und in denen die Ethik traditioneller Ordnungsvorstellungen nicht mehr existiert, konnten rechtsradikale islamische Gruppen Anhänger mobilisieren und Herrschaft ausüben.

Moderate islamische Parteien (zu denen inzwischen auch die Muslimbrüder gehören) akzeptieren die meisten Grundsätze bürgerlicher Ordnung: Sie interpretieren den Islam als ein zeitloses Wertesystem, dessen Ethik die Politik zu beherrschen habe. Auch sie sprechen deshalb von der Einheit von Religion und Staat, meinen aber die Unterwerfung des Staats unter islamische ethische Prinzipien. Diese Prinzipien sollen eine verfassungsmäßige Ordnung begründen, in der auch die – durch eine universelle islamische Ethik bestimmte – Gewaltenteilung anerkannt wird. Das islamische Recht wird als die Vervollkommnung dieser Ethik angesehen.

Dem bürgerlichen Lager stehen jene islamischen Parteiungen gegenüber, die eine gesellschaftliche Verantwortung der islamischen Ethik betonen. Herrschaft solle im Dienst des Volkes stehen: Das Volk wird als oberster Souverän gesehen, als Ausdruck des göttlichen Willens, eine gerechte Ordnung im Diesseits zu schaffen. Manche Theoretiker der islamischen Linken wie etwa der 1977 verstorbene iranische Politiker ᶜAlî Šarîᶜatî identifizierten schließlich sogar Gott mit Gesellschaft: Der göttliche Wille finde in der Geschichte seine Vollendung. Da die Geschichte sich in der Entwicklung der menschlichen Gesellschaft manifestiere, führe sie zwangsläufig zu ihrer Vervollkommnung in Gott. Die absolute Souveränität Gottes (*hâkimîyat Allâh*) werde in der Gesellschaft verwirklicht.

Islamische Politik ist letztlich nur durch ein gemeinsames Merkmal bestimmt: Sie sucht nach einem politischen Ausdruck in der islamischen Kultur. Die Vielfalt der islamischen Kultur erlaubt eine Vielfalt politischer Interpretationen von Herrschaft und Religion. Durch die gängige Ursprungsbegründung politischer Positionen in der islamischen Frühzeit erscheint der Islam selbst als eine schillernde Größe.

Islam an der Macht –
Beobachtungen zur politischen Kultur
in Saudi-Arabien

Saudi-Arabien versteht sich – so sehen es jedenfalls die Vertreter der saudischen Staatskultur – als Erbe der pietistischen Bewegung der Wahhabiten, die im 18. Jahrhundert von dem naǧdischen Gelehrten Muḥammad Ibn ᶜAbdalwahhâb begründet worden war. Die wahhabitische Bewegung [29] gehört also zu einer der vier im ersten Teil genannten neuzeitlichen islamischen Orientierungen, die alle den »innerweltlichen Bezug« des Islam betonten. Als pietistische Tendenz teilte sie die scharfe Kritik an säkularistischen, mystischen und absolutistischen Orientierungen, die sich als prominente islamische Kulturen auch auf der arabischen Halbinsel durchzusetzen begannen. Hier, weit von Konstantinopel entfernt, konnte der islamische Pietismus einen ersten großen Erfolg verbuchen, als es Ibn ᶜAbdalwahhâb um 1744/5 gelang, mit einem lokalen Machthaber, Muḥammad Ibn Saᶜûd, ein politisches Bündnis zu schließen und der wahhabitischen Lehre Hoheitsgewalt zuzuordnen. [30] Damit bewies der Pietismus auch im islamischen

---

29 In Analogie zu Wollgast, Philosophie, S. 899 ff. hier die vier wichtigsten Merkmale der Wahhâbîya als pietistische Gemeinschaft: a) Protest gegen die Verderbtheit der Sitten, also ein Protest gegen die Kluft zwischen Glaube und Welt; b) individuelle Aneignung der Botschaft Gottes durch den Offenbarungstext bei Ausschaltung jeglicher sakraler Beziehungen zwischen Mensch und Gott; c) die Neubekehrung zum Glauben, durch die sich die Gnade Gottes manifestiert; d) die Aufgabe der Gelehrten ist der Aufruf zur Bekehrung und zur Neugestaltung der Sitten (auf der Grundlage der Tradition des Propheten Muḥammad). Der Pietismus wird inzwischen als fester Bestandteil des Aufklärungsprozesses angesehen.
30 Trotz der umfangreichen Literatur über Saudi-Arabien fehlen aber bis

Kontext seinen separatistischen Charakter: Es ging nicht um die moralische Erneuerung des Bestehenden, sondern um die Schaffung des Neuen durch Loslösung von der traditionellen islamischen Kultur und der alten herrschaftlichen Verfassung.

Der neue saudische Staat gründete auf folgenden Prinzipien:

a) auf der Aufhebung der systemischen Trennung zwischen jenseitsorientierter Ethik und diesseitigem Recht;

b) auf der Zuordnung des Rechts zum Staat als ein politisches Recht;

c) auf der Aufhebung jeglicher Beziehungen zwischen Diesseits und Jenseits durch die Zerschlagung mystischer Kulte;

d) auf der Rationalisierung der staatlichen Herrschaft durch die Aufhebung jeglicher metaphysischer Legitimation;

e) auf einer innerweltlichen asketischen Normierung des alltäglichen Lebens;

f) auf der Ablehnung jeglicher äußeren Herrschaft.

Die wahhabitischen Gelehrten verstanden die Errichtung des saudischen Staates als den Beginn einer neuen Ära; das Modell gesellschaftlicher Ordnung war der idealtypisch wahrgenommene islamische Urzustand, wie er aus dem Koran und der »gereinigten« Prophetentradition rekonstruiert werden konnte. Die Aufgabe der Gelehrten bestand darin, diese Rekonstruktion durchzuführen und zu kontrollieren. Sie bezog sich aber nicht auf ein universelles Gesellschaftsmodell, sondern auf einige wichtige Aspekte des öffentlichen Lebens. Der Glaube sollte die Welt dadurch beherrschen, daß er öffentlich praktiziert wurde. Durch die Öffentlichkeit sollte auch die in-

---

heute immer noch genauere Untersuchungen zur Frühgeschichte der Wahhâbîya selbst. Die Kenntnis der wahhabitischen Dogmatik beruht auf vielleicht vier bis fünf Studien, die zwischen 1920 und 1960 verfaßt worden sind. Diese aber greifen durchweg die saudischen Gründungslegenden und Selbstdarstellungen als Quellengrundlage auf, so daß im Grunde kaum zuverlässige Angaben zur Wahhâbîya vorliegen. Um so erstaunlicher ist es, wie selbstsicher manche Autoren mit der Wahhâbîya umgehen und in ein theoretisches System pressen.

dividuelle Frömmigkeit vergesellschaftet und ein Bekenntnis über die Neubekehrung des »falschen Muslim« zum »wahren Muslim« abgelegt werden.

Die Wahhabiten hatten zwar einen Staat mitbegründet, ihm aber keinen Namen gegeben. Als religiöse politische Gemeinschaft vertraten sie die Ansicht, daß das Land unter saudischer Herrschaft ein »neues Land« sei, in das die wahren Muslime auswandern sollten, um der Welt des Unglaubens zu entsagen. Damit wurde das zentrale Hochland der arabischen Halbinsel zum neuen »Land des Islam«, geschützt durch die Herrschaft der saudischen Fürsten und die moralische Kontrolle der islamischen Gelehrten.

Die Wahhâbîya konnte sich nicht als unabhängige religiöse Gemeinschaft durchsetzen. Sie blieb von der Herrschaft der saudischen Fürsten abhängig: Außerhalb des saudischen Machtbereichs gab es keine nennenswerte wahhabitische Gemeinde. Als der erste saudische Staat 1817/8 von ägyptischen Truppen im Auftrag des Osmanischen Reichs zerschlagen wurde, ging auch die wahhabitische Herrschaft zu Ende. Immerhin hielten Gelehrte aus Naǧd, dem zentralarabischen Hochland, an einer wahhabitischen religiösen Identität fest; doch allein gelang es ihnen nicht, »ihren Islam« als gemeinschaftsbildend durchzusetzen. Im Gegenzug nutzten die saudischen Fürsten die Wahhâbîya, um sich innerhalb der arabischen Stammeshierarchie durchzusetzen. Die Nutzung der wahhabitischen Theologie war hierfür durchaus rational: denn mit einer spezifischen Kultur, die im religiösen Raum einen Alleinvertretungsanspruch erhob, konnten sie ihr geringes soziales Prestige in der Stammesgesellschaft ausgleichen. Tatsächlich war ihr *nasab*, also ihre Stammesgenealogie, im Vergleich zu den anderen, mächtigen Stämmen von Naǧd »unbedeutend«. Die Zuordnung einer innerweltlichen Interpretation des Islam wirkte ausgleichend, so daß die »traditionelle« Herrschaft einem neuen Herrschaftstyp weichen mußte.

Trotz der Versuche, den *nasab* als Herrschaftsinstanz ganz abzuschaffen – eine der theologischen Hauptforderungen der frühen Wahhâbîya –, mußten auch die wahhabitischen Gelehrten das genealogische Herrschaftsprinzip anerkennen. Sie begründeten eine interne Gelehrtenhierarchie, an deren Spitze die Familie des Gründers, Ibn ᶜAbdalwahhâb, stand. Diese Familie, die Âl aš-Šaiḫ, integrierte so den *nasab* in ihre Herrschaftslegitimität und relativierte entsprechend die Position der Religion als Ordnung. Die pietistische Lösung des Konflikts zwischen Glaube und Welt bestand also nicht in der Errichtung eines »Gottesstaates«, sondern in der Harmonisierung des Konflikts durch eine gegenseitige Anerkennung (*baiᶜa*): Die saudischen Fürsten unterwarfen sich dem Pietismus, die Pietisten unterwarfen sich den Fürsten.

Die duale Herrschaftsstruktur auf der arabischen Halbinsel wurde seitdem im Prinzip nicht aufgegeben. Ganz selten versuchten saudische Fürsten, sich zu islamischen theologischen Fragen zu äußern. Die wahhabitischen Gelehrten ihrerseits strebten nur in Ausnahmefällen nach direkter, politischer Herrschaft. Nach der Neugründung des saudischen Fürstenstaates 1902 wurde auch die Wahhâbîya wieder als Hüterin der rechtlichen und moralischen Ordnung eingesetzt. Die alte Harmonie aber war bedroht:

- Die saudischen Fürsten versuchten, dem *nasab*-Prinzip durch eine planmäßige Urbanisierung der Lebenswelten der Stämme die Grundlage zu entreißen (1912–1931);
- die politische und militärische Expansion führte zur Besetzung solcher Regionen der arabischen Halbinsel, die bislang von der wahhabitischen Kultur unberührt geblieben waren (1912–1932): vor allem die westliche Küstenregion Ḥiğâz sowie das nordarabische Territorium der großen Stammeskonföderation (Ṣammar);
- die großen arabischen Stämme von Naǧd reagierten auf die Entrechtung des *nasab* mit militärischer Gewalt und nutzten als Legitimationsgrundlage die frühwahhabitische pietistische Dogmatik (1927–1931);
- die Ausrufung des saudi-arabischen Königreichs 1932 definierte den Staat erstmals eindeutig als Territorialstaat und führte damit zur Anerkennung anderer muslimischer Staaten als gleichberechtigte souveräne Mitglieder einer Staatengemeinschaft;
- die Erdölförderung ab 1939/45 brachte dem Staat ungeheure

Reichtümer, die eine Neubestimmung des Verhältnisses der Wahhâbîya zur Alltagskultur verlangte.

Die neue territoriale Verfassung des saudischen Staates ebnete der Wahhâbîya den Weg in die Institutionen. Zwischen 1932 und 1972 wurden fast alle staatlichen Institutionen der Judikative, der Exekutive und in Teilbereichen auch der Legislative wahhabitisch ausgerichtet. Der große Bedarf an Staatsdienern konnte nun kaum noch aus der Familie der Âl aš-Šaiḫ selbst befriedigt werden. So waren jetzt auch jene wahhabitischen Gelehrten befugt, wichtige Ämter zu besetzen, die nicht über den *nasab* der wahhabitischen Gründerfamilie verfügten.

Der saudische Staat stand nun in einem gebrochenen Verhältnis zur wahhabitischen Tradition, die ihrerseits neugefaßt werden mußte, um dem Staat die notwendige Legitimität zu garantieren. Damit war aber die pietistische Grundidentität der Wahhâbîya in Frage gestellt. Keine der vier pietistischen Merkmale konnten rein erhalten werden. Zwar versuchten die zeitgenössischen wahhabitischen Gelehrten, den pietistischen Kontext immer wieder zu betonen; doch tatsächlich blieb ihnen oft nichts, als in Predigten oder moralischen Veröffentlichungen zur Umkehr aufzurufen, zum Festhalten an der Tradition des Propheten zu bewegen oder abweichendes Verhalten offenzulegen. Je radikaler die wahhabitische Lehre vertreten wurde, desto machtloser wurde sie. Das mußte einer der Wortführer der klassischen Wahhâbîya, der Riyader Gelehrte ᶜAbdalᶜazîz Ibn Bâz (geb. 1912), zur Genüge erfahren. Ibn Bâz war der erste wahhabitische Gelehrte, der als Nichtmitglied der Âl aš-Šaiḫ zu höchsten Gelehrtenämtern aufgestiegen war. Er verkörperte noch das alte pietistische Ideal, das in den siebziger Jahren innerhalb der saudi-arabischen Studentenschaft als Mittel der politischen Opposition gegen den saudischen Staat weiterhin attraktiv war. Ibn Bâz hatte an der islamischen Universität in Medina, der Hochburg der alten Pietisten, die Studenten ausgebildet, die 1979 die Besetzung des mekkanischen Heiligtums angeführt hatten. In diesen Jahren hatte sich das saudische Fürstenhaus vorsichtig von den sozialen und politischen Bindungen an die Stämme aus Naǧd gelöst und mehr die einflußreichen Kaufmannsfamilien aus dem Ḥiǧâz hofiert.[31] Die Opposition der Wahhabiten aus Medina und aus Naǧd richtete sich sowohl gegen die saudischen Fürsten wie gegen die Bevorzugung der ursprünglich nichtwahhabitischen Eliten aus dem Ḥiǧâz. Die Ermordung König Faiṣals 1975, der die pro-ḥiǧâzische Politik betrieben hatte, war auch ein Ergebnis dieser Neuorientierung gewesen.

Die Besetzung des Heiligtums in Mekka machte aber erneut deutlich, daß der saudi-arabische Staat auf die integrative Funktion der Wahhâbîya angewiesen war. Das Land stand in einer ständigen Zerreißprobe zwischen dem kulturell machtvollen, separatistisch gesinnten Ḥiǧâz und Naǧd, das mit einem hohen sozialen Prestige behaftet war. Die kulturelle Spaltung war niemals überwunden worden. Noch galt es als unschicklich, in eine Familie aus der jeweils anderen Region einzuheiraten. Der Ḥiǧâz bestand auf seiner verhältnismäßig pluralistischen islamischen Kultur, in der pietistische Bewegungen keinen Platz hatten. Nach 1982 mehrten sich in Mekka und Jeddah die Stimmen, die die rigoristische Politik von Naǧd kritisierten und eine kulturelle Öffnung verlangten. Getragen wurde die Kritik auch von den Muslimbrüdern, die in Saudi-Arabien verboten, in Mekka aber inoffiziell aktiv sind. Für sie war der saudi-arabische Staat schon lange kein »Land des Islam« mehr, sondern das Privileg einer Fürstenfamilie, mithin ein Anachronismus.

Die saudische Herrschaft goß noch Öl auf das Feuer, als sie zu Beginn der achtziger Jahre Riyad zur neuen Hauptstadt eines Zentralstaates ausbauen und hierfür die Erdöleinnahmen verwenden wollte, womit sie die staatlichen Investitionen mehr und mehr auf Naǧd konzentrierte. Damit leitete sie einen politischen Rückzug auf den Kernbereich ihres alten Herrschaftsbereichs ein, förderte aber gleichzeitig separatistische Tendenzen in anderen Regionen des Landes. Um dem Separatismus zu begegnen, wurde die alte wahhabitische Lehre erneut be-

---

31 Hierzu ausführlich Reinhard Schulze, Islamischer Internationalismus im 20. Jahrhundert, Leiden 1990, zweiter Teil, passim.

schworen. Alte wahhabitische Kämpfer wie der genannte Ibn Bâz wurden wieder als Protagonisten der saudischen Staatskultur herausgestellt und gefördert. Von dem alten pietistischen Ideal war aber nichts mehr geblieben außer der moralischen Herrschaft der wahhabitischen Gelehrten, deren Hauptaufgabe nun war, die wahhabitischen Lehren mit der neuen saudischen Reichtumskultur zu versöhnen.

Die Wahhâbîya löste dieses Problem ganz in der Tradition ihrer innerweltlichen Askese: Der Reichtum, der Ölreichtum überhaupt sowie die Macht seien eine Gottesgnade, die es anzuerkennen und anzunehmen gelte. Doch dieses asketische Postulat fand schnell dort ein Ende, wo die Öffentlichkeit keinen Zutritt mehr hatte: in den Privathäusern. Hier breitete sich schnell ein hedonistisches Lebensgefühl aus, das den wahhabitischen Gelehrten ein Graus sein mußte. Die deutliche Öffentlichkeitsorientierung der Wahhâbîya erlaubte nur eine soziale Kontrolle außerhalb der Häuser. Deshalb hatten die Gelehrten in Naǧd alles daran gesetzt, die Räume der Privatheit so klein wie möglich zu halten. Ganz entgegen der traditionellen Gewohnheit mußten in manchen Städten die Einwohner ihre Häuser mit Fenstern zur Straße hin bauen oder ausstatten, um den wahhabitischen Sittenwächtern einen Einblick zu erlauben.

Je mehr sich im Privaten das hedonistische Lebensgefühl ausbreitete, desto weniger wirkte die asketische Moral der Wahhabiten in der Öffentlichkeit. Das Private wurde auch in Naǧd zur Opposition gegen die Öffentlichkeit.

Paradoxerweise geriet so die Religiosität der Wahhâbîya zum weltlichen Ritual. Diesen Vorwurf erhoben Intellektuelle und Gelehrte aus dem Ḥiǧâz, die nun ihrerseits versuchten, das Argument der Religion anzuführen, um die Herrschaft von Naǧd anzugreifen. Durch die Ritualisierung des Pietismus sei der individuelle Glaube (eben der *dîn*) verschüttet worden. Die naǧdischen wahhabitischen Gelehrten hätten sich eine Herrschaft angeeignet, die ihnen nach islamischer Tradition nicht zustünde. Die Religion sei zum Instrument der Herrschaftssicherung verkommen. Nur die Entmachtung der wahhabitischen Gelehrten könnte die islamische Identität der saudiarabischen Gesellschaft retten. Hierfür sei eine Trennung zwischen Religion und Staat zwingend erforderlich: Die Religion solle dem Privatbereich des Individuums überlassen sein, während sich der Staat allein an einer islamischen Ethik zu orientieren habe.

Die ḥiǧâzische Opposition griff damit auf das klassische islamische Spannungsgefüge zwischen Glaube und Welt zurück, um die Vormacht von Naǧd zu brechen. Sie instrumentalisierte den Islam in eben diesem Sinne. Die Instrumentalisierung des Islam bedeutet also nicht zwangsläufig, die politische Einheit von Religion und Staat zu fordern.[32]

Die Polarisierung der politischen Kultur in Saudi-Arabien wurde durch die Golf-Krise noch begünstigt. Bis zum Ende der achtziger Jahre hatten ḥiǧâzische Intellektuelle vor allem die kuwaitischen Medien als Forum ihrer antiwahhabitischen und antinaǧdischen Kritik benutzt. Kuwait bot ihnen hierfür ein geeignetes Pflaster. Die kuwaitischen Medien waren sehr selbstbewußt im Umgang mit zeitgenössischen islamischen politischen Strömungen. Alles deutete darauf hin, daß zwischen der ḥiǧâzischen Opposition und den kuwaitischen Intellektuellen eine gemeinsame Interessenlage entstanden war. Beide Seiten trachteten nach der Zurückdrängung des regionalpolitischen Einflusses des saudischen Staates. In der saudischen Presse war eine Systemkritik kaum möglich. Über den Umweg über Kuwait aber wurde sie sehr deutlich geübt.

Die Besetzung Kuwaits durch irakische Truppen am 2. August 1990 kam den saudischen Herrschern indirekt gelegen: Zum einen war damit Kuwait als Vermittler innersaudi-arabischer Opposition ausgeschaltet; zum anderen konnten sich die saudischen Herrscher als Speerspitze der potentiellen Kuwait-Befreier darstellen. Kuwait sollte zukünftig dem saudischen Herrscherhaus verpflichtet sein und damit nie wieder zur Bühne antisaudischer oder antiwahhabitischer Aktivitäten

---

32 Eine ähnliche Haltung hatte in den fünfziger Jahren die algerische Gelehrtengesellschaft eingenommen. Auch sie hatte die Trennung zwischen Staat und Religion gefordert, um die französische Religionspolitik in Algerien zu kritisieren.

werden. Ein Oppositionsbündnis zwischen Irak und dem Ḥiǧâz kam deshalb nicht in Frage, weil der diktatorisch regierte Irak den Intellektuellen in Mekka und Jeddah keine politische Alternative anbieten konnte.

Der Verlust ihrer Bastion Kuwait veranlaßte eine Gruppe von prominenten Intellektuellen aus dem Ḥiǧâz zur Flucht nach vorn. Die Demokratieeuphorie nach dem Untergang des Ostblocks nutzend, erarbeiteten sie im Februar 1991 eine ausführliche Stellungnahme zur Zukunft des saudischen Staates und überreichten diese König Fahd im Frühsommer 1991.[33] In diesem Dokument beschreiben sich die Autoren als »loyale Bürger«, die mit dem »Memorandum« einen Vorschlag für »Mittel zur Reform und zum Fortschritt« machen wollten. Kernpunkt der Forderungen der Unterzeichner ist die Errichtung eines »modernen islamischen Staates« auf der Grundlage von drei Prinzipien der »nationhood«: Das islamische Recht bilde die Judikative, die politischen Führer die Exekutive und die Volksvertreter die Legislative. Diese islamische Gewaltenteilung verlange die Abschaffung der Privilegien der wahhabitischen Gelehrten, deren moralisches Urteil nicht mehr als Instanz der Judikative, sondern nur noch als »Privatmeinung« angesehen werden dürfte. Zur Schaffung einer »offenen muslimischen Gesellschaft« müsse die kommunale Selbstverwaltung eingeführt, das islamische Rechtssystem reformiert, die Pressefreiheit garantiert, den Frauen ein gleichberechtigtes Leben in der Öffentlichkeit erlaubt werden und ein Verfassungsrat eingerichtet werden. Der Ton des Memorandums ist islamisch gehalten.

Aus Sicht der Autoren garantiere die islamische Kultur die bürgerlichen Freiheiten. Die ethischen islamischen Werte müßten in jedem Fall respektiert werden; doch jedes menschliche Verhalten und jedes menschliche Urteil sei hiervon zu unterscheiden.

---

33 Der Text liegt mir nur in einer achtseitigen maschinenschriftlichen englischen Übersetzung vor. Nach Judith Ceasar in: International Herold Tribune vom 6./7.7.1991 soll er in der ägyptischen Presse veröffentlicht worden sein.

Die Forderung nach Errichtung eines islamischen bürgerlichen Systems in Saudi-Arabien wurde unter anderem auch von Angehörigen oder Sympathisanten der Muslimbrüder (zum Beispiel von Aḥmad Muḥammad Ǧamâl) unterstützt. Die Gewaltenteilung und die kommunale Selbstverwaltung wurden in dem Dokument als islamische Prinzipien angesehen und folglich die Frage der Souveränität aufgeworfen.[34]

Die wahhabitischen Gelehrten reagierten heftig: in einer Flugschrift.[35] In knappen Worten schlossen sich die Unterzeichner, unter ihnen natürlich auch Ibn Bâz, im Prinzip der Forderung nach Einrichtung eines Konsultativrates an; von bürgerlichen Freiheiten oder gar der Einrichtung der Gewaltenteilung war natürlich nicht die Rede. Im Gegenteil: Sie forderten die Begründung allen politischen und gesellschaftlichen Handelns im islamischen Recht, das sie aber gemäß ihrer wahhabitischen Tradition nicht als Zivilrecht, sondern als politisches Recht verstanden. Freiheiten sollten nur zur Propagierung des »richtigen« Islam gewährt werden. Eine starke Armee solle den Staat schützen und vor Sezession schützen. Als Exekutive sollten auch die »islamischen Propagandagesellschaften« dienen, denen unumschränkte Freiheit zu gewähren sei. Alle Rechtsinstitutionen sollten vereinheitlicht und mit Exekutivgewalt ausgestattet werden.

Mit diesem Dokument haben die wahhabitischen Gelehrten ihren ursprünglichen pietistischen Anspruch endgültig fallengelassen. Getragen von der Rückorientierung der saudischen Herrscher auf ihren machtvollen Kernbereich versuchten die wahhabitischen Gelehrten, die politische Integration des Landes durch eine Forcierung ihrer Weltanschauung voranzutreiben. Implizit verlangten sie eine Unterordnung der saudischen Herrschaft und die Errichtung eines tatsächlich wahhabitischen

---

34 Eine ausführliche Diskussion des islamischen Liberalismus findet sich in Leonard Binder, Islamic Liberalism. A Critique of Development Ideologies, Chicago, London 1988.
35 Mir liegt eine arabische Fassung (maschinenschriftlich, eine Seite, Quartformat) und eine englische Übersetzung (fünf Seiten, maschinenschriftlich) vor.

Staates. Damit hatte sich die Kluft zwischen dem Ḥiǧâz und Naǧd entschieden verfestigt. Der Hegemoniekonflikt polarisierte die islamische politische Kultur in Saudi-Arabien. Die zivile Opposition sah in der Trennung von Religion und Staat die einzige Möglichkeit, das religiöse Moment vor dem Zugriff der Weltlichkeit zu bewahren. Die wahhabitischen Gelehrten ihrerseits konnten ihre soziale Position nur noch durch die Radikalisierung des weltlichen Charakters des Religiösen behaupten.

Der politische Konflikt in Saudi-Arabien unterstreicht eindrucksvoll, daß der Islam nicht *dîn wa-daula*, »Religion und Staat« *ist*; er kann es *werden*, nämlich dann, wenn Muslime es wollen. Er kann aber auch – wenn andere Muslime es wollen – die Trennung von Staat und Religion ausdrücken. Das Erkennen der Unbestimmtheit des historischen Spannungsgefüges innerhalb der islamischen Zivilisation sollte den nichtmuslimischen Beobachter abschrecken, parteilich den Islam zu definieren.

Michael Lüders

Islamistischer Kulturkampf.
Eine brisante Publikation aus Mekka

Monoton, eifernd, fast eine religiöse Litanei. Über zwei Stunden der sprachliche Rhythmus einer Predigt ohne Anfang und Ende. Eine Rede wie ein langer, ruhiger Fluß. Keine Zweifel, keine Fragen, nur selten eine gedankliche Zäsur. Die Moderne sei angetreten, den Islam zu zersetzen und den Muslim seines Glaubens zu berauben.

Es bemißt »Die Moderne auf der Waagschale des Islam« ein saudischer Autor, ᶜAwwad Ibn Muhammad al-Qarni, aber der Name tut im Grunde nichts zur Sache. Der Inhalt dieser fundamentalistischen Streitschrift ist übertragbar wie der Verfasser austauschbar. Die erste Auflage des Bestsellers erschien 1988 in Kairo, doch Furore machte das Buch vor allem als Tonkassette. Die Adressaten der Kritik, westlich orientierte arabische Intellektuelle, erhielten unaufgefordert eine Kopie – zur Mahnung, als Drohung; ein »Kassettenkrieg« aus der heiligen Stadt des Islam, aus Mekka, geführt aus dem improvisierten Studio eines »Hauses des Islam«, irgendeine Buchhandlung wohl. Die Tonqualität könnte schlechter nicht sein – als habe man geahnt, daß der Anspruch absoluter Wahrheit Ästhetik nicht wirklich verträgt.

Bad poetry

Bezeichnenderweise ist al-Qarnis Veröffentlichung eine »lobende Würdigung« des saudischen »Büros für wissenschaftliche Studien, der islamischen Meinungsfindung, Mission und Führung« vorangestellt, eine Art Zensurbehörde. Wohlgefallen fand der Text, da er versuche, »Licht ins Dunkel« zu bringen, »abzukehren von schlechten Worten und deren Veröffentlichung, wo sich doch die Dunkelheit solcher Worte nicht mit Leichtigkeit erschließt«. Anzustreben sei »die Ausmerzung der (modernistischen) Dichtung und ihrer verdorbenen Seele sowie ihre Brandmarkung«, denn der aufgeklärte Dichter, jener Poet schlechter Gesinnung, bediene sich widerrechtlich einer der schärfsten Waffen der Muslime, des reinen Wortes.

Das reine Wort aber sei nichts als das Medium offenbarter Schrift, eben des Korans, insofern sei der modernen Ideen aufgeschlossene Dichter eine der größten Gefahren für die Scharia, das juristisch kodifizierte Dogma islamischer Lebensführung. Im Namen der Erneuerung führe dieser Dichter seinen schändlichen Angriff »auf das Bestehende, auf die Tradition, auf das Gottgewollte, auf Moral, Sitte und Anstand«. Doch »gepriesen sei Gott, der diesen Modernisten die Entlarvung ihres verwerflichen Tuns vorherbestimmte«, nämlich durch die Feder »des hervorragenden Gelehrten ᶜAwwad« (Ibn Muhammad al-Qarni), ein aufrechter Muslim, der den geneigten Leser über »den rastlosen Feind« aufklärt, »der uns (Muslimen) auflauert und hinter unserem Rücken Vorbereitungen trifft, seine zersetzenden Gifte im Namen der Moderne auszustreuen«.

Soweit die Laudatio der saudischen Zensur. In der arabischen Welt sind Literaten traditionell Führer der öffentlichen Meinung, insofern ist folgerichtig, daß al-Qarni seine Kritik an der Moderne mit einem Angriff auf aufgeklärte Dichter, Schriftsteller, Intellektuelle allgemein verbindet. Er betont, daß der Koran für ihn die Richtschnur sei und Verfassungsrang habe, ganz und gar in Einklang mit der offiziellen saudischen Politik. Dies zu einer Zeit, »in der sich die Welt von der Religion abwendet, um sich der westlichen, der materialistischen Zivilisation zu unterwerfen«. Wo sich doch gerade Saudi-Arabien durch eine Besonderheit »in beiden Welten« (im Diesseits wie im Jenseits) auszeichne, »und diese Besonderheit ist in den Augen eines jeden Gläubigen die Ursache unseres Glücks und unserer Stärke im Diesseits sowie unserer Erlösung im Jenseits. Die Bewahrung und die Beibehaltung dieser Besonderheit gehört zu unseren obersten Pflichten und Überzeugungen, wovon wir niemals ablassen werden, solange wir nur immer wieder (das islamische Glaubensbekenntnis) aussprechen: Es gibt keine Gottheit neben Gott, und Mohammed ist sein Prophet. Diese Besonderheit (unseres Glaubensbekenntnisses) verlangt von uns, daß wir ein Denken, das unsere Religion kritisiert, nicht akzeptieren. Es vielmehr bekämpfen und danach streben, seinen Einfluß auf das Leben zu entfernen. Wir sollten dieses Denken zum Schweigen bringen, bevor sein Einfluß noch schlimmer wird und seine Heimsuchung gefährliche Ausmaße annimmt. Ferner sollten wir mit fundierten Argumenten den grundlegenden Irrtum dieses Denkens darlegen und sein Abweichen vom rechten Pfad aufzeigen. (Und zwar) solange, bis wir uns als vertrauenswürdige Anhänger unserer Religion, unserer Geschichte und unserer islamischen Gemeinschaft erwiesen haben.«

Im folgenden läßt al-Qarni freilich keinen Zweifel, wie er sich »fundierte Argumente« in der Auseinandersetzung mit aufgeklärtem Denken vorstellt: nicht als intellektuelle Bewährung, sondern als fundamentalistische Denunziation. Um den »verwerflichen Angriff der Moderne« auf den Koran und die Muslime zu belegen, untersucht der Autor zunächst die Anfänge der Moderne in Europa. Renaissance und Kirchenspaltung hätten die Gesellschaften im Namen der Vernunft und der exakten Wissenschaften der Religion beraubt und säkularisiert. Dergestalt der spirituellen Erleuchtung entledigt und moralisch haltlos geworden, suchten die europäischen Gesellschaften neue Theorien des Lebens und überzeugende Ideologien. Al-Qarni nennt als Beispiel Klassizismus und Romantizismus, die auf jeweils eigene Art und Weise versucht hätten, das Verhältnis von Mensch und Wirklichkeit neu zu fassen. Doch sie beide seien in ihren hochgesteckten Ansprüchen gescheitert, weil sie die Klarheit des Wortes Gottes aufgegeben hätten zugunsten »der künstlerischen Erkundung von Unbekanntem«.

Des weiteren präsentiert al-Qarni verruchte sprachliche Erneuerer wie Baudelaire und Edgar Allan Poe, Leute ohne Bezug zu »Wahrheit und Moral«, Trinker und drogensüchtig. Später Ketzer anderer Couleur, Kommunisten: Neruda, Aragon, Nazim Hikmet, Dostojewskij; Existentialisten: Camus,

Sartre und »seine verhurte Gefährtin« Simone de Beauvoir. Der Kommunismus wird en passant verurteilt, da atheistisch, und schließlich wendet sich der Autor dem Darwinismus zu, dessen niedere Gesinnung sich bereits in der ungeheuren Annahme offenbare, daß der Mensch vom Affen abstamme. Dies sei schlechterdings unmöglich, liege doch der Ursprung des Menschen im Streben nach dem einen und wahren Glauben – es hieße Gott herabwürdigen, wollte man annehmen, er habe einen Affen mit diesem Streben betraut. Nicht minder häretisch sei jede Form von Mythologie, die, wie die griechische, der Vielgötterei anhinge »oder behaupte, der Mensch habe die Religionen erzeugt. Am Anfang Gegenstände in der Natur verehrt und mit wachsender Zivilisation den Monotheismus entwickelt. Diese Vermutung widerspricht dem Koran und der Sunna«, der überlieferten Lebenspraxis des Propheten Mohammed.

Im Klartext: Der Mensch ist das Werkzeug Gottes, eigener Wille und Einsicht in die Welt ist ihm nur in dem Maß gegeben, in dem er die ewige Gültigkeit und die Unabänderlichkeit von Gottes Offenbarung im Koran anerkennt. Wissenschaftlich-rationales, evolutionäres Denken ist per se Gotteslästerung, der Odem Gottes ist Erklärung und Grund menschlicher Existenz. Diese Gewißheit in Abrede zu stellen, dazu bedarf es des rastlosen Ketzers, des Ahashvers der Moderne, eines wie Darwin: »Jude, Freimaurer, ein Sohn des Zionismus«, in dieser Klassifizierung moralisch abgesunken wohl noch unter das Niveau von Trinkern und Drogensüchtigen. (Allerdings war Charles Darwin nicht jüdischen Glaubens, sondern gehörte – als Agnostiker – der anglikanischen Kirche an. Doch solche Feinheiten würden al-Qarni gewiß nicht anfechten.)

Als »die Pest der Moderne an die Gestade der Araber zog«, traf sie auf die entschiedene Ablehnung der islamischen Gemeinschaft. Doch dann kam Adonis, der »Meinungsführer der arabischen Moderne«, scharte Gefährten um sich und verfaßte Dichtung »gegen das kulturelle Erbe«. Glaubensabfall, Hetze und die Verspottung des Islam sei Anliegen Adonis', ferner predige er »sexuelles Abweichlertum«. Adonis und seine Kumpane besorgen das Geschäft des Westens, indem sie versuchen, die Tradition zugunsten neuer Sichtweisen zu relativieren. Diese Gesellen – sie werden namentlich genannt, es sind fast sämtliche arabischen Geistesgrößen dieses Jahrhunderts – haben »ihre Seelen dem Teufel verkauft«, aber »der größte Satan der Moderne ist Adonis«. Denn er vollstreckt an der arabischen Poesie, was Freimaurertum und »Die Protokolle der Weisen von Zion« dereinst nicht vermochten: die unverfälschte Dichtung zu verzerren, sie mit dem Virus der Moderne zu infizieren, Kunst um ihrer selbst willen zu betreiben.

In der Tat gilt der 1930 in Syrien geborene Adonis als der größte zeitgenössische arabische Dichter. Da er für sich das Recht beansprucht, Realität immer wieder neu zu deuten und in eine eigene, visionäre Sprache zu fassen, eignet er sich bestens als Zielscheibe islamischer Fundamentalisten. Nicht ohne Grund ist er 1986 nach Europa, nach Paris emigriert.

Hat al-Qarni in den ersten Kapiteln den ketzerischen Angriff der Moderne auf den Koran dargestellt, so widmet er sich im folgenden der Frage, mit welcher Zielsetzung die Modernisten diesen Angriff führen. Seine Hauptthese ist hier der mehrfach angeführte Leitsatz: »Die Moderne ist eine ideologische Strömung, die das Leben zu verändern sucht.« Einmal mehr wird argumentiert, Klarheit und Ursprünglichkeit von Koran und Sunna garantiere rechte Lebensführung, wohingegen die Modernisten Zweifel und Mißtrauen säen. »Die Obskurität in der Literatur der Moderne und deren Hintersinn« lautet demgemäß eine Kapitel-Überschrift. Programmatisch fordert der Autor: »Wir sind verpflichtet, den Modernisten klarzumachen, daß ihre obskuren Publikationen ohne jede Bedeutung sind. Haben sie denn die umma (die islamische Gemeinschaft) in eine Gemeinschaft von Verrückten verwandeln können, die nicht das schreiben würden, was sie auch denken? Und die lesen, was sie nicht verstehen? Ist unsere umma denn tatsächlich so leichtfertig geworden, daß ihre Literatur und ihr Denken eine Spielwiese geworden wäre für einige wenige permissiv Denkende? Die sich den Teufeln im (kommunistischen) Osten und im (kapitalistischen) Westen verkauft haben? Die mit deren Hirnen denken und in deren Namen sich äußern? Und sich verrannt haben in die Vorstellung, uns (Rechtgläubigen) weismachen zu können, die Nacht sei der Tag und was schwarz ist, sei weiß?«

Der Autor verneint diese Fragen. Gleichwohl entwirft er des weiteren das düstere Szenario einer internationalen Verschwörung der Modernisten gegen den Islam – und bringt endlich sein 140-Seiten-Buch auf den Punkt. »Verschwörung«, diese allseits beliebte Vokabel arabischer Politik, sie ist in der Tat der zündende Funke in der blanken Rhetorik des Herrschaftsdiskurses. Verschwörung, das ist alles und nichts, variables Feindbild und anonymer Vorwand, Repression gegen Andersdenkende formal zu legitimieren. Wo der gesichtslose Gegner subversiv lauert, heiligt der Zweck allemal die Mittel.

Die Modernisten also bilden verschwörerische Zirkel in den Universitäten, Medien, Verlagen, in der Politik, drängen aufrechte Muslime aus ihren angestammten Plätzen und suchen die Gesellschaft gezielt zu unterwandern. In Kuweit etwa sei es schon vorgekommen, daß Hochschullehrer Examensarbeiten zurückgewiesen hätten, deren wissenschaftliche Grundlage das islamische Glaubensbekenntnis war. Aber auch in Saudi-Arabien drohe Unheil, falls die Modernisten nicht zügig aus allen Führungspositionen entfernt würden. Damit sei auch der nationalen Sicherheit gedient, arbeiten die Modernisten doch Hand in Hand mit zionistischen Agenten.

Feindbilder

Und so weiter. Natürlich motiviert ein derartiger Text, den eigenen polemischen Neigungen freien Lauf zu lassen. Aber Polemik erschiene in diesem Zusammenhang wenig hilfreich. Fundamentalistische Streitschriften dieser Couleur füllen die Regale ganzer Buchläden in arabischen Städten, und flaniert man etwa im Umfeld der Al-Azhar in Kairo, so wird man ganze Straßenzüge entdecken, wo sich ein fundamentalistischer Buchladen neben den anderen reiht. Die dort vertriebenen Publikationen sind gewiß nicht zu lesen als qualifizierter Beitrag zur Überwindung der allgemeinen gesellschaftlichen Krise, wohl aber sind sie zu werten als ein Symptom eben dieser Krise.

Hinzu kommt, daß dergleichen islamistische Texte als Buch, Tonkassette und auch Video eine sicher nach Hunderttausenden zu zählende Klientel finden, besonders in unteren sozialen Milieus mit niedrigem Bildungsgrad. Transmissionsriemen für Weltbilder dieser Schattierung sind aber vor allem die Heerscharen islamistischer Prediger in den staubigen Vororten wuchernder Metropolen, die ihren Bewohnern wenig mehr zu bieten haben als das tägliche Brot. Zu den Stars der Zunft gehört in Ägypten zum Beispiel Sheikh Sha'rawi, der lange Zeit in Saudi-Arabien gelebt hat.

Auch er spricht in seinen auf Video vertriebenen Predigten gerne von einer »Verschwörung« gegen den Islam, von der Ruchlosigkeit des Sozialismus wie des Kapitalismus, von der Notwendigkeit einer »islamischen Lösung«. Verantwortlich für die Misere der arabischen Gesellschaften ist seiner Ansicht nach eine vermeintliche »jüdische Troika« Darwin–Freud–Marx, deren Lehren die Welt aus den Angeln gehoben hätten.

Die tragikomische Ignoranz von Schriften wie »Die Moderne auf der Waagschale des Islam« verdient folglich, ernstgenommen zu werden. Als ein Versuch, mit den intellektuellen Mitteln der Inquisition der fortschreitenden Eroberung der Welt – und ihrer kulturellen Nivellierung – durch Rationalisierung und Technisierung Einhalt zu gebieten. Als eine Absage an Vernunft und Wissenschaft zugunsten eines wenig konkreten religiösen Ideals. Und es stellt sich die Frage, welchen Interessen dergleichen Publikationen und Predigten dienen, welche Sehnsüchte der Menschen sie anzusprechen versuchen. Bemerkenswert ist ja immerhin, daß sie mit keinem Wort die drängenden Probleme der arabischen Welt erwähnen: den Mangel an Demokratie, den Unfrieden, die sozialen Ungleichheiten, die Armut, die patriarchalischen Strukturen, die gesellschaftliche Rückständigkeit gegenüber den technisch-rationalen Industriegesellschaften des Westens, die den Orient politisch, wirtschaftlich und auch kulturell dominieren – der Golfkrieg hat es erneut vor Augen geführt.

Politisch instrumentalisierte Religion ist Legitimationsversuch und Waffe zugleich. Saudi-Arabien, der geistige und finanzielle Mentor der al-Qarnis, verbindet modernste Technik und Kommunikation mit absolutistischer Herrschaft beduinisch-feudalistischer Couleur, eine Partizipation der Bevölkerung am politischen System ist nicht vorgesehen. Der Islam als Herrschaftsinstrument fördert religiöse Lesarten, die dogmatisch, intolerant und fremdenfeindlich sind; sie liefern den ideologisch-legitimatorischen Überbau repressiver Herrschaft. Autonomes Denken ist ebenso tabu wie ein »humanistischer Katechismus«, der Güte und Toleranz lehrt. In einer Situation allgemeiner gesellschaftlicher Stagnation und kultureller Desorientierung wächst die Sehnsucht nach verbindlichen Werten und einem Leben jenseits der Bidonvilles.

Diese verbindlichen Werte stellen sich nach offizieller saudischer Lesart insbesondere dar in der strikten Ablehnung westlich-atheistischer Lebensführung, in der Rückkehr zum »wahren Islam«, der religiösen Aufbruchstimmung zu Zeiten Mohammeds, und der Bekämpfung der »Feinde des Islam«, vornehmlich Agenten und Sendboten westlicher Dekadenz, zu der die Konsumwelt ebenso rechnet wie die Ideale der Aufklärung, der Demokratie und der Menschenrechte.

Vor diesem Hintergrund liest sich al-Qarnis Text als getreues Spiegelbild offizieller saudischer Propaganda. Deren verzerrte Weltsicht wirkt allerdings grotesk vor der hypermodernen Skyline von Riad oder Djidda, dem Ölreichtum, der Willfährigkeit gegenüber westlicher Politik, wo sie eigene Machtinteressen bewahrt – gegenüber dem Irak beispielsweise. Die Moderne ist in Saudi-Arabien, in der Golfregion allgemein, längst reale Gegenwart, wenngleich überwiegend in der Form von importiertem Luxus und High Tech. Die Dynamik des Ölreichtums negieren zu wollen unter Rekurs auf den »unverfälschten« Koran ist gleichermaßen absurd wie durchsichtig. Der fundamentalistische Diskurs erscheint als ideales Ventil, um die Gläubigen von der mittelalterlichen, historisch obsoleten Oligarchie und ihrem obszönen Besitzdenken abzulenken.

Dennoch überschneidet sich dieser Herrschaftsdiskurs vielfach mit den Vorstellungen und Sehnsüchten einfacher Menschen, allzu häufig Analphabeten, die vom nur partiellen Modernisierungsschub arabischer Gesellschaften nicht erfaßt werden und spüren, daß sie zu den Verlierern eines anonymen

Weltmarktes gehören. Islamistische Bewegungen zehren von der strukturellen Marginalisierung ganzer Städte und Landstriche, deren Bewohner durch Radio, Fernsehen und Tourismus eine Welt erahnen, deren Glanz ihre eigene Identität erschüttert, ohne an das Versprechen einer besseren Zukunft gebunden zu sein. Islamistische Bewegungen haben nicht immer identische Motive, ganz im Gegenteil führt das Streben nach der »wahren Lehre« zu häufigen Zersplitterungen und Rivalitäten, aber in der Regel reflektieren sie eine Ideologie der Depossedierten.

Diese »Entrechteten« sucht das saudische Herrscherhaus gezielt an sich zu binden, weswegen es in der gesamten arabischen Welt, besonders aber in Ägypten, selbst solche Strömungen finanziell unterstützt, die in den Saudis eigentlich Häretiker sehen müßten – aufgrund ihrer politischen Nähe zum Westen. Diese Symbiose aus saudischem Geld und ägyptischem Fundamentalismus ergibt dann Koproduktionen wie jenes Pamphlet von al-Qarni. Ob die Saudis allerdings auch künftig islamistische Bewegungen aller Schattierungen finanzieren werden, ist eher fraglich. Während des Golfkrieges war der »einfache Gläubige« ganz eindeutig auf der Seite Saddam Husseins, der dem Westen die Stirn bot, und nicht auf seiten der Saudis, die ihre politische Impotenz durch fremde Söldner auszugleichen suchten.

Noch einmal zurück zu al-Qarnis Text. Seine apologetische Kernthese lautet: Die Moderne führe einen Angriff auf die unverfälschte Lehre von Koran und Sunna, und der Aggressor ist der aufgeklärte Dichter, der die künstlerische Erkundung von Unbekanntem betreibt, eine Welt jenseits der unmittelbar sichtbaren wahrzunehmen glaubt.

Zunächst einmal ist bemerkenswert, daß al-Qarni die Moderne als ein reines Überbau-Phänomen qualifiziert und mit keinem Wort auf ihre sozialen und ökonomischen Triebkräfte eingeht. Der historische Kontext der europäischen Moderne, der über Reformation, Aufklärung und industrielle Revolution verlief, wird im Ansatz erkannt, nicht aber in ihren Konsequenzen. Die großen Namen europäischsprachiger Dichtung und Literatur, die al-Qarni anführt, von Edgar Allan Poe bis Sartre, sind gewiß nicht Ursache, sondern Ausdruck moderner Gesellschaftsformen, deren Identitäten vielfach zersplittert sind und nicht länger auf absoluten Wahrheiten beruhen. Die Vorstellung, der zunehmenden Komplexität gesellschaftlicher Verhältnisse die Klarheit des Wortes Gottes entgegensetzen zu können, ist gleichermaßen sympathisch wie naiv. Die arabische Welt steht vor der fast unlösbaren Aufgabe, den Anschluß an die technisch-rationale Industriegesellschaft westlicher Prägung zu finden, ohne die eigene kulturelle Identität gänzlich zu verlieren. Die Alternative wäre eine Subsistenzgesellschaft beduinisch-bäuerlicher Prägung, deren internationale Bedeutung sich in Almosen und Gleichgültigkeit rechnet. Es mag ja sein, daß der mohammedanische Ur-Islam fundamentalistischen Denkern als lebenswerte Utopie erscheint. Es ist freilich eine rückwärtsgewandte Utopie, sofern sie die Herausforderungen der Gegenwart mit den gesellschaftlichen Methoden versunkener Epochen zu lösen versucht.

Der französische Philosoph George Steiner stellt in seinem polemischen Essay »Von realer Gegenwart« (München 1991) die Frage, ob und wenn ja wodurch die Kunst ein notwendiges Moment, vielleicht gar ein Modell guten Lebens sei. Gekennzeichnet sei die Gegenwart durch einen letzten Schub der Modernisierung; sie bedroht, was ihr bisher noch erfolgreich zu widerstehen vermochte. Die erste Phase der Modernisierung bestand in der nihilistischen Aufkündigung des göttlich verbürgten Vertrages, der unseren Worten nicht nur Referenz und Bedeutung, sondern Sinn: Ordnung und Wert garantiere. Das beginne mit Mallarmé und Rimbaud und führe, nach einer Phase sich ausbreitender Dekadenz, die Steiner mit dem Stichwort »Weimar« benennt, zu Hitler, »der die Dekonstruktion des Humanen begrifflich entwirft und dann in die Tat umsetzt«. Aber so zwangsläufig dieser Zusammenhang scheint, immer gab es doch auch in der Moderne noch eine Gegeninstanz, die Erfahrung von Kunst. Sie ließ die »lebendigen Quellen des Seins« weiterhin sprudeln, die in der entzauberten Welt der Moderne längst versiegt sind.

Die arabische Gesellschaft repräsentiert eine vorindustrielle Kultur, die Reformation, Aufklärung und industrielle Revolution bislang nicht durchlaufen hat. Dennoch ist die Moderne im Orient präsent, seit der Ägypten-Expedition Napoleons 1798. Es ist freilich eine entstellte Moderne, eine rudimentäre Adaption politischer und wirtschaftlicher Modelle, manipuliert von einheimischen Eliten und in der Regel dienstbar westlichen Interessen, ohne freiheitliche und demokratische Bezüge. Und doch gibt es zur Moderne als solcher, ungeachtet ihrer zerstörerischen Substanz, ihrer sozialen Ungerechtigkeit, ihrer mangelnden »Spiritualität« keine erkennbare Alternative. Weder ist die Industriegesellschaft abzuschaffen, noch gibt es freiheitliche Optionen jenseits unzweideutig legitimierter parlamentarischer Systeme, deren Regulative Demokratie und Menschenrechte nachhaltiger garantieren als jede absolutistische Phraseologie.

Von dieser Prämisse ausgehend, scheint mir Steiners Deutung von Kunst als »lebendigen Quellen des Seins« eine Brücke zu sein, die letztendlich bis hin zu al-Qarni führen könnte. Nicht in dem Sinn, daß Kunst zerstörerischer Ökonomie oder politischem Despotismus begegnen könnte. Aber die Vorstellung von Kunst, von Kreativität, als ein transzendentaler Schöpfungsakt, welcher der entzauberten Welt der Moderne jene Spiritualität verleiht, die dem göttlichen Auftrag ursprünglich eigen gewesen sein muß, diese Vorstellung hätte, vielleicht, revolutionäre Kraft. Sie würde fundamentalistisches Denken befreien von dem neurotischen Zwang, jeder gesellschaftlichen Neuerung ein defensives »Es gibt keine Gottheit neben Gott, und Mohammed ist sein Prophet« entgegenzuwerfen; in der Hoffnung, die Schlange würde sich von dem dergestalt erstarrten Kaninchen beeindrucken lassen. Die vormoderne orientalische Gesellschaft besitzt das Privileg geschlossener Weltbilder: Gott, Familie (bzw. Clan), Vaterland – letzteres in Gestalt der arabischen Nation oder als umma. Für die Fiktion des ewig Unvergänglichen zahlt sie jedoch den hohen Preis historischer Hinfälligkeit.

Im übrigen ist die Forderung nach einer gesellschaftlichen Umkehr zu Koran und Sunna, zum »wahren Islam«, der Ära des Propheten, idealistisches Wunschdenken. Bekanntermaßen sind zahlreiche Hadithe, Aussprüche und Handlungen des

Propheten, historisch nicht gesichert und zum überwiegenden Teil weniger Belege für ursprüngliche Aussagen und Taten Mohammeds und seiner Gefährten als vielmehr Zeugnisse für die jeweils herrschenden Meinungen und Verhältnisse in den ersten Jahrhunderten nach seinem Tod. Darüber hinaus ist die Geschichte des Islam überreich an Schismen und Glaubenskämpfen, die deutlich zum Ausdruck bringen, wie offen das Wort Gottes ist für eine Vielfalt der Interpretationen (und wie anfällig für machthungrige Potentaten). Al-Qarni wird sich an den Gedanken gewöhnen müssen, daß absolute Gewißheiten nicht zu haben sind. Seine saudischen Gönner wissen das längst, sonst bräuchten sie keine amerikanischen Soldaten, die deren Absolutum garantieren – nicht der Wahrheit, sondern der Machtausübung.

Bei aller Ungleichzeitigkeit der historischen Entwicklung in Orient und Okzident: Es gibt natürlich hinlänglich Berührungsflächen – bedauerlicherweise auch im negativen Denken. Al-Qarni konstruiert die panische Vision einer jüdisch inspirierten Verschwörung gegen den Islam und äußert die Sorge, daß seinesgleichen von aufgeklärten Denkern aus angestammten gesellschaftlichen Positionen verdrängt werden könnte. Der Religionssoziologe Martin Riesebrodt hat den »Fundamentalismus als patriarchalische Protestbewegung« untersucht (Tübingen 1990) und in dieser vergleichenden Untersuchung des protestantischen Fundamentalismus in den USA (1910–1928) mit dem schiitischen Fundamentalismus im Iran (1961–1979) festgestellt, daß beide Bewegungen über gemeinsame Merkmale in Ideologie, Trägerschaft und Mobilisierungsursachen verfügen. Der Konflikt zwischen Fundamentalisten und Modernisten stellt sich nach Riesebrodt primär dar als ein Konflikt über Ideale der Lebensführung und gesellschaftlicher Ordnungsprinzipien. Fundamentalismus bedeutet in erster Linie eine Verteidigung personalistisch-patriarchaler Autorität in Wirtschaft, Politik und vor allem in der Familie. Fragen der Stellung der Frau und der Moral sind demzufolge nicht Ersatzthemen für »eigentliche« Ursachen, sondern stehen tatsächlich im Zentrum der Auseinandersetzung.

Al-Qarni formuliert die Angst des Kleinbürgers vor dem

Verlust seines vertrauten Milieus. Die Angst erzeugt Feindbilder, der Jude einmal mehr, deren Diffusität an die nationaldeutsche Romantik der Jahrhundertwende erinnert, dem ideologischen Vorläufer des unverhüllten Antisemitismus. Antisemit ist al-Qarni wahrscheinlich nicht, seine oberflächlichen Schuldzuweisungen an »Zionismus« und »Die Protokolle der Weisen von Zion« erscheinen mir eher als unkritische Referenz an die politische Propaganda arabischer Regime denn als Judenhaß. Das entlastet al-Qarni nicht, aber wir wollen nicht verdrängen, daß das Pogrom historisch nach Europa gehört.

Die Modernisten mögen zügig aus allen Führungspositionen entfernt werden, fordert al-Qarni abschließend und formuliert darin ein fundamentalistisches »Türken raus!« hiesiger Landsmannschaften. Ich frage mich, welche Modernisten dort welche Führungspositionen bekleiden. Die kritische Intelligenz ist doch vielfach vor die Alternative gestellt: innere oder äußere Emigration. Bedeutende arabische Denker und Literaten haben sich in Paris oder London niedergelassen, andere finden intellektuelle Nischen in Kairo oder Amman, an Universitäten oder in den Medien, doch die Resonanz von Riad als Refugium der Aufklärung, als berufliche Nische, dürfte sich in Grenzen halten.

Al-Qarni fordert die radikale Abkehr vom Westen und ahnt wahrscheinlich selber nicht, wie sehr die Konturen seiner Feindbilder den Hirngespinsten europäisch-nordamerikanischer Gesellschaften entsprechen, wenngleich zeitversetzt um vielleicht ein Menschenalter. Soziale Unsicherheit in Zeiten allgemeinen Umbruchs produziert offenbar Ängste, die quer durch die Kulturen nach greifbarer Sublimation verlangen: Der Jude, der Türke, der Modernist – sie alle bedrohen eine Idylle, die niemals war. Auch die dubiose Moral des autoritätsbewußten Kleinbürgers findet ihre interkulturelle Entsprechung: dort das Kopftuch als Insignum patriarchalischer Macht, hier zum Teil noch immer ein Korsett ehelicher Moral, das in erster Linie der Frau Rigorosität abverlangt. Desgleichen Darwin: Die Einwände, die al-Qarni gegen die Evolutionstheorie findet, gegen eine naturwissenschaftliche Erklärung der Welt, sind inhaltlich quasi identisch mit der Woge der Empörung, die Kirche,

Staat und Bürger in Europa zu Darwins Lebzeiten erfa̲
kanntlich darf in einigen besonders pietistischen Si̲
der USA die Evolutionstheorie bis zum heutigen Ta̲
den Schulen, zum Teil nicht einmal an den Universitäten g̲
lehrt werden – trotz Reformation und Aufklärung. Es gibt, mit
anderen Worten, keinerlei Anlaß, al-Qarni als orientalischen
Exoten zu lesen. Seine Ansichten sind weder originell noch ori-
ginär islamisch, sie sind Ausdruck einer tiefsitzenden kulturellen Krise. Wege aus dieser Krise zu finden ist die dringliche
Aufgabe, vor der die arabisch-islamische Zivilisation steht. Al-
Qarni hat recht: Die Moderne sucht das Leben zu verändern.
Sie tut es laufend, das ist der Gang der Dinge, auch im Orient.
Längst ist Saudi-Arabien keine Beduinen-Kultur mehr, wie
noch vor 30, 40 Jahren. Säkularisierung, wenigstens aber die
Befreiung des Denkens von religiösem Dogma, ist unabding-
lich, will die arabische Welt nicht in politischer und kultureller
Bedeutungslosigkeit versinken. Das Wort ist die schärfste
Waffe der Muslime, schreibt al-Qarni. Das Wort, nicht das Ge-
schwätz. Die arabische Welt braucht ihren Darwin, ihren
Freud, ihren Marx. Ihre originären Denker, die frei von religiöser Bevormundung und politischer Repression den Westen
substantiell kritisieren, um einen kulturell eigenständigen Weg
in die technisch-rationale Moderne einzuschlagen, spiritueller
vielleicht und mit hoffentlich geringerer Neigung, Naturaneig-
nung um jeden Preis zu betreiben.

   Aber das ist wohl Wunschdenken. Die Ungleichzeitigkeit
der Kulturen wird weiter voranschreiten, wie der Golfkrieg demonstriert hat. Anders als in Osteuropa gibt es wenig Anzei-
chen, daß der Westen den mediterranen Nachbarn materiell
fördern und seine demokratischen Kräfte stärken wird. Die öffentliche Meinung, insbesondere vertreten durch die Medien,
zeigt eher die Tendenz, den Orient auszugrenzen, zu dämonisieren, Fanatismus, Irrationalität und Gewalt mental dorthin
aus- und anzusiedeln: bei uns die Zivilisation, dort die niederen
Instinkte, die es – zur Not auch militärisch – in Schach zu halten
gilt.

BASSAM TIBI

Im Namen Gottes?
Der Islam, die Menschenrechte
und die kulturelle Moderne *

Hinter die religiöse Formel »Im Namen Gottes«, die im *Dar al-Islam*, d. h. in der »Welt des Islams«, eine spezifische und eigenständige kulturelle Größe in unserer heutigen »Weltgesellschaft«, oft verwendet wird, gehört ein Fragezeichen. Denn es gibt grundsätzliche, aus der islamischen Doktrin abzuleitende Vorbehalte gegen diese Begrifflichkeit. Gott spricht zwar gemäß koranischer Offenbarung über seinen Gesandten/ *Rasul* Mohammad an die Menschheit. Wenn aber ein Mensch diese Offenbarung individuell deutet, dann kann er noch längst nicht für sich beanspruchen, dies im Namen Gottes zu tun. Genaugenommen ist diese Anmaßung bereits eine Häresie/ *Kufr*. Dennoch erlauben sich heute fundamentalistische Muslime, über andere Muslime, die von ihrer willkürlichen Islam-Deutung abweichen, im »Namen Gottes« zu urteilen. Zweifelsohne liegt hier eine Verwechslung zwischen Offenbarung und politischer Ideologie vor, die sich diese Fundamentalisten/ *al-Usuliyyun* zuschulden kommen lassen. Der Islam als ein Glaubenssystem/ *Iman* muß von solchen Konfusionen freigesprochen werden. Nun gehört es nicht zu den Aufgaben dieses Essays, die angesprochene Verwechslung in den Mittelpunkt zu stellen. Wenn jedoch orthodoxe und fundamentalistische Muslime trotz ihrer gleichermaßen historisch, politisch und inhaltlich unterschiedlichen Ausrichtung die Eigenart teilen, ihre Gegner »im Namen Gottes« zu verurteilen, dann stellt sich die

---

* Die vorliegende Arbeit ist im »Fall Term« 1991 an der Harvard University/ Center for International Affairs im Rahmen eines Akademie-Stipendiums der VW-Stiftung entstanden.

Frage nach den Rechten, und insbesondere den individuellen Rechten im Islam, die durch solche Verurteilungen verletzt werden. Mein Essay will zur Beleuchtung dieses Fragenkomplexes und seines historischen Rahmens beitragen. Gibt es individuelle Menschenrechte im Islam? Bietet das islamische Recht einen Rahmen zum Schutz dieser Rechte?

Islam und Menschenrechte

Verläßt man den Boden der kulturellen Argumentationsweise, dann kann man wertfrei feststellen, daß individuelle Rechte – als Berechtigungen des Individuums gegenüber Staat und Gesellschaft gedeutet – im Mittelpunkt des Konzepts der Menschenrechte stehen. Solchermaßen spezifisch definiert ist das Konzept der Menschenrechte ein moderner Inhalt, der im Kontext der kulturellen Moderne steht, so wie sie im Europa des modernen Zeitalters im Rahmen der Entfaltung des Subjektivitätsprinzips[1] bestimmt worden ist. Kurzum, das Konzept war von seinem kulturellen Ursprung her zunächst ein europäisches Produkt, das jedoch durch die Universelle Deklaration der Menschenrechte der Vereinten Nationen aus dem Jahr 1948 einen weltweit gültigen Charakter erhalten hat.[2] Seinerzeit haben die islamischen Staaten – mit Ausnahme von Saudi-Arabien – diesen Akt unterstützt. Mit dem Aufstieg des politischen Islams im Gefolge der arabischen Niederlage im Sechs-Tage-Krieg und der parallelen Geburt des islamischen Fundamentalismus[3] wurde ein Prozeß eingeleitet, in dessen Verlauf

---

1 Grundlegend hierfür ist das Werk von Jürgen Habermas, Der philosophische Diskurs der Moderne, Frankfurt a. M. 1985.

2 Tom J. Farer, The U.N. and Human Rights, in: Adam Roberts/Benedict Kingsbury (Hrsg.), United Nations, Divided World, Oxford 1989, S. 95–138.

3 Zur Politisierung des kulturellen Systems des Islams vgl. Kapitel IV mit fünf Fallstudien, in: B. Tibi, Der Islam und das Problem der kulturellen Bewältigung sozialen Wandels, [3]1991 (zuerst 1985), Frankfurt a. M. 1991, S. 153–224 bzw. die neu geschriebene amerikanische Version: Islam and the Cultural Accommodation of Social Change, Boulder/Colorado [2]1991.

defensiv-kulturell alle Inhalte westlicher Herkunft – einschließlich des Konzepts der individuellen Menschenrechte – zurückgewiesen wurden und werden. Diese Revolte gegen den Westen geschieht zugunsten einer Hervorhebung der Authentizität des Islams. Um diesen politisierten kulturellen Prozeß im Kontext unserer Fragestellung angemessen zu verstehen, ist es erforderlich, zwei Themenbereiche näher zu beleuchten. Zunächst müssen wir zwischen islamischem Fundamentalismus und Traditionalismus unterscheiden. Oft werden in den westlichen Medien von uninformierten Berichterstattern orthodoxe und fundamentalistische Positionen auf verworrene Weise miteinander vermengt. Manche wohlmeinende Islamwissenschaftler wollen Klarheit schaffen, indem sie den Begriff Fundamentalismus als eine westliche Erfindung zurückweisen, ohne jedoch zu wissen, daß Muslime selbst den Begriff *usuliyya islamiyya*/Islamischer Fundamentalismus für ihre politische Strömung in Anspruch nehmen.[4] Fundamentalisten sind keine Traditionalisten und erst recht keine orthodoxen Muslime; sie sind eine Ausgeburt der Konfrontation des Islams mit der kulturellen Moderne und mit den Prozessen ihrer Globalisierung. Im Gegensatz zu den Traditionalisten wollen sie trotz ihrer rhetorischen Hervorhebung der Tradition primär die Moderne islamisieren, d. h., sich deren Errungenschaften auf eine islamische Art aneignen. Die Realisierbarkeit dieses Unternehmens ist wohl eine andere Frage. Der islamische Fundamentalismus ist das Produkt einer doppelten Krise und eine defensiv-kulturelle islamische Antwort auf die kulturelle Moderne.[5]

Dieser erste Themenbereich führt unmittelbar zu der zweiten Fragestellung, der nämlich von Islam und Menschenrechten. Denn dieser Fragenkomplex hängt eng mit der Proble-

---

4 Vgl. u. a. das grundlegende Werk des führenden Fundamentalisten Hassan Hanafi, al-Usuliyya al-Islamiyya (Der islamische Fundamentalismus), Kairo 1989 (Bd. 6 des achtbändigen Werkes von Hanafi, al-Din wa al-thawra [Die Religion und die Revolution]).

5 Hierüber im einzelnen der Essay, Islamischer Fundamentalismus als eine Antwort auf die doppelte Krise, in: Tibi, Die Krise des modernen Islams, dritte erweiterte Auflage, Frankfurt a. M. 1991, S. 202–279.

matik der Moderne und deren Aneignung durch die Muslime zusammen. Auch hier finden wir die weit verbreiteten Verwirrungen zwischen Traditionalismus/Orthodoxie und Fundamentalismus. Nicht zuletzt deswegen, weil beide Strömungen – trotz ihrer inhaltlichen Unterschiede – das Verhältnis von Individuum zu Staat und Gesellschaft ähnlich einschätzen. Beide halten an der kulturellen Vorstellung eines idealen islamischen Kollektivs fest, dem das Individuum völlig unterzuordnen ist. Der bekannte islamische Jurist Cherif al-Bassiouni, der gewiß kein Fundamentalist ist, erntet keinen Widerspruch von fundamentalistischen Muslimen, wenn er unterstreicht:

> »Der Koran hebt die Pflichten, nicht die Rechte hervor; er insistiert darauf, daß individuelle Obligationen zu erfüllen sind, ehe das Individuum Rechte für sich selbst in Anspruch nehmen kann... Im Gegensatz zu den westlich orientierten philosophischen und politischen Auffassungen von einer Trennung zwischen Individuum und Staat lassen islamische Konzepte solche Unterscheidung nicht zu... Deshalb besteht kein zwingender Bedarf, individuelle Rechte als eine Gegenposition zum Staat zu konzipieren.«[6]

Diese sehr klare, unzweideutige und prägnante islamische Formulierung offenbart den zentralen inhaltlichen Unterschied zwischen dem westlichen Denken der Moderne (das Subjektivitätsprinzip als Bestimmung von Individuum gegenüber Staat und Gesellschaft) und dem islamischen Denken, das die *Umma*/Islamische Gemeinschaft als ein ideales Kollektiv höher bewertet als das Individuum. Zu diesem normativen Entwurf gehört auch die von dem mittelalterlichen islamischen Juristen Ibn Taimiyya geprägte Bestimmung des politischen Herrschers als *Ra'i*/Hirte, der über seine Subjekte/*al-Ra'iya* nach den religiösen Normen schaltet und waltet und deshalb keiner Kontrolle außer der Gottes bedarf.[7] Die Spannung zwi-

---

6 Cherif Bassiouni, Sources of Islamic Law, in: Ders., The Islamic Criminal Justice System, New York 1982, S. 23.
7 Al-Imam Abul-Abbas Ahmad Ibn Taimiyya, al-Siyasa al-schar'iyya fi islah

schen beiden Denkarten, dem westlichen Diskurs der Moderne und dem islamischen Denken des Kollektivs, ist eine Spannung zwischen der kulturellen Moderne und einer Kultur, die noch eine kosmologische Weltsicht hat, d. h. noch keine Individuation kennt. Gleichwohl, es gibt durchaus islamische Versuche, ein eigenes Konzept von Menschenrechten zu entwerfen. Es gibt sogar eine eigene Universelle Islamische Deklaration für Menschenrechte.[8] Der bekannte ägyptische Schriftsteller Muhammad al-Ghazali, der als eine islamische Autorität gilt, hat den Menschenrechten ein ganzes Buch gewidmet. Er argumentiert darin, das Konzept der Menschenrechte gehe im Ursprung nicht auf die Große Französische Revolution zurück, sondern auf die islamische Offenbarung.[9] Die Juristin und Islamwissenschaftlerin Ann Mayer hat die wichtigsten neuzeitlichen islamischen Beiträge zur Frage der Menschenrechte untersucht und kommt in ihrer Arbeit zu dem Ergebnis, daß diese Quellen, so »obskur und ambivalent« sie in ihrem Inhalt auch sein mögen, doch im großen und ganzen nach dem Muster der Universellen Deklaration der Menschenrechte der UNO von 1948 entworfen worden sind. Eine inhaltliche Untersuchung dieser Texte, denen die Annahme zugrunde liegt, daß die Menschenrechte im Ursprung islamisch seien, d. h. aus der islamischen Schari'a abzuleiten wären, führt jedoch zu dem ernüchternden Ergebnis, daß das prämoderne islamische Konzept der *Fara'id*/Pflichten in diesen islamischen Verlautbarungen nicht aufgegeben wird.

---

al-ra'i wa al-ra'iyya (Die Schari'a-Politik für die Führung des Hirten und seiner Herde), Neudruck, Beirut [2]1988.

8 Der arabische Text der Islamischen Deklaration für Menschenrechte ist enthalten in Muhammad Salim al-'Awwa, Fi al-nizam al-siyasi li al-dawla al-Islamiyya (Über das politische System des islamischen Staates), Kairo [6]1983; eine Interpretation dieses islamischen Menschenrechte-Dokumentes liefert B. Tibi, The European Tradition of Human Rights and the Culture of Islam, in: Francis Deng/Abdullahi A. An-Na'im (Hrsg.), Human Rights in Africa. Cross-Cultural Perspectives, Washington/D. C. 1990, S. 104–132.

9 Muhammad al-Ghazali, Huquq al-insan bain ta'alim al-Islam wa i'lan al-umam al-muttahidah (Die Menschenrechte zwischen den Lehren des Islams und der UNO-Deklaration), Kairo [3]1984, S. 7.

Die Pflichtenlehre bleibt der verbindliche Ausgangspunkt bei der Bestimmung islamischer Menschenrechte. Ann Mayer folgert: »Es überrascht daher nicht, daß die Autoren der islamischen Menschenrechtsschemen Vorkehrungen treffen, die größtenteils nicht mit den international gültigen Standards der Menschenrechte übereinstimmen... Diese islamischen Schemen bieten keinen Schutz für die (individuellen) Rechte, die aus der Perspektive des Völkerrechts für Menschenrechte fundamental sind.«[10] Dieser Widerspruch zwischen der im internationalen Recht etablierten Bestimmung von Menschenrechten und den Schemen, die Muslime als eigene islamische Menschenrechte verstehen, läßt sich adäquat nur im Rahmen einer Analyse der Konfrontation des Islams mit der Moderne in den Griff bekommen.

Traditionalisten und orthodoxe Muslime lehnen das europäische Konzept der Menschenrechte insgesamt ab, wohingegen Fundamentalisten den Versuch unternehmen, ein eigenes islamisches Konzept zu entwerfen. Aber beide Richtungen im modernen Islam halten an der islamischen Pflichtenlehre fest und räumen dem Individuum keine Rechte gegenüber Staat und Gesellschaft im Sinne von Berechtigungen, d. h. von negativen Rechten ein (»Der Staat darf nicht... Die Gemeinschaft darf nicht...«). Dergleichen Rechte des Individuums gibt es weder in der klassischen Doktrin des Islams noch in modernen islamischen Verlautbarungen.

Ehe ich die Konfrontation des Islams mit der globalisierten Moderne im folgenden Teilkapitel aufzeichne, um die Frage der Menschenrechte entsprechend einzuordnen, erscheint es mir wichtig, im folgenden zunächst fünf elementare Fragen kurz anzuschneiden, die das Verhältnis von Islam und Menschenrechten betreffen.

Menschenrechte und öffentliches Bewußtsein: Der Hinweis darauf, daß es keinen einheitlichen monolithischen Islam gibt,

---

10 Ann Elisabeth Mayer, Islam and Human Rights, Boulder/Colorado 1991, S. 67f.

ist glücklicherweise überflüssig geworden. Denn die Binsenweisheit, daß die eine Milliarde Menschen umfassende Welt des Islams sehr vielfältig ist, ist inzwischen ein Gemeingut geworden. Dennoch gibt es Grundmuster im Islam, die für alle Muslime einheitlich gelten. In diesem Kontext ist das Kollektiv-Denken für alle Menschen zentral. Der Muslim wird als Mitglied eines Kollektivs von seiner Gemeinschaft/*Umma* wahrgenommen. Wie es in den meisten Kulturen der Fall ist, so hat auch der Islam eine Auffassung von *menschlicher Würde*, die gleichermaßen für jedes Individuum gilt. Doch sind *individuelle Rechte* als Berechtigungen etwas anderes als diese ethische Auffassung von *Menschenwürde*. Nach dem Denkmuster des Kollektivs kann die Gemeinschaft das Recht erhalten, auch mit Gewalt gegen die individuellen Rechte vorzugehen, wenn diese von ihrem Verständnis abweichen. Im öffentlichen Bewußtsein wird dies nicht als eine Verletzung von Menschenrechten gesehen, weil der Islam keine Tradition von Individualismus kennt und die Unterordnung individueller Rechte gegenüber Staat und Gesellschaft als kulturelle Norm unangefochten hingenommen wird. Für Europäer scheint es schwer zu sein, diese Spannung zwischen Individuum und Kollektiv im Islam zu verstehen.[11]

Menschenrechte und individuelle Abweichler: Auch in einer demokratischen Kultur muß es ein Gleichgewicht von Gemeinwohl und individuellen Rechten geben. Dieses Gleichgewicht ist jedoch nicht identisch mit der Verneinung individueller Berechtigung, von der Gemeinschaft im Denken und Verhalten abzuweichen. Dazu gehört das Recht, andere als die vorherrschenden Ansichten politischer, religiöser und sozialer Natur zu vertreten, solche also, die von der Gemeinschaft mehrheitlich nicht geteilt werden. In der Frühgeschichte des Islams wurde bereits ein Exempel in Sachen Abweichung statuiert, das letztendlich von der Position der *Umma*/Gemeinschaft als

---

11 B. Tibi, Das arabische Kollektiv und seine Feinde, in: Frankfurter Allgemeine Zeitung vom 9. 2. 1991 (Beilage ›Bilder und Zeiten‹). Vgl. auch Anm. 16.

einem Kollektiv wegführt. Die *Khawariğ* (d. h. diejenigen, die die *Umma* verlassen haben) waren politische Gegner, die als religiöse Abweichler inkriminiert wurden.[12] Gewiß, diese auch in der Folgezeit häufig zu beobachtende Bereitschaft zur Ausgrenzung von Minderheiten war immer politisch und nicht religiös motiviert. Es läßt sich jedoch kaum übersehen, daß für die Vorstellung eines homogenen Kollektivs, das auf dem religiösen Ideal einer einheitlichen *Umma* basiert, in der Geschichte des Islams keine reale Entsprechung gefunden werden kann. Politische Kämpfe im Islam waren daher stets religiöse Kämpfe zwischen der von herrschenden Eliten proklamierten *Umma* und den von ihr abweichenden Sekten. Diese historische Last eines aus dem religiösen Ideal erwachsenen homogenen kulturellen Kollektivs ist heute eine große Hürde auf dem Wege der einen Pluralismus voraussetzenden Demokratisierung und der Etablierung einer islamischen Tradition von Menschenrechten, die mit den Anforderungen der international anerkannten Standards im Einklang stehen kann.

Die islamische Rezeption der Menschenrechtsthematik: Wie bereits erwähnt, ist die heutige islamische Gemeinschaft – grob gesehen – in zwei Lager gespalten. Das eine Lager – dazu gehören z. B. der verstorbene Khomeini oder die saudischen Wahhabiten – betrachtet die Menschenrechte als ein westliches, vom Islam abzulehnendes Gedankengut (Khomeini sah sie als »Werk des Satans und des Zionismus«). Das andere Lager argumentiert, daß die Menschenrechte selbstverständlich mit dem Islam vereinbar, daß sie bereits aus der islamischen Offenbarung abzuleiten sind. Trotz dieses Pro und Kontra läßt sich kaum übersehen, daß beide islamischen Lager an der prämodernen islamischen Pflichtenlehre festhalten, die dem Individuum als Glied einer quasi-organischen Gemeinschaft Pflichten vorschreibt, deren Erfüllung zu einem religiösen Standard erhoben wird. Ein kulturelles Konzept von individuellen Rechten läßt sich nicht vorfinden. Parallel zu dieser Verneinung von

---

12 W. M. Watt/M. Marmura, Der Islam II, Stuttgart 1985, S. 18 ff.

individuellen Rechten zugunsten einer doktrinären Pflichtenlehre stößt man auf die auf allen Ebenen gültige Höherbewer-
tung des Kollektivs gegenüber dem Individuum. Pflichtenlehre
und Kollektivdenken gehen also miteinander einher und bringen die islamischen Versuche, Menschenrechte im Islam zu
etablieren, in den Verruf, Pflichten statt Rechte zu predigen
und das Individuum mit allen Mitteln dem Kollektiv unterzuordnen. Das Ergebnis dieser Versuche ist daher, Menschenrechtsverletzungen im Rahmen der Islamisierungsprogramme
ideologisch zu verschleiern. Überall im *Dar al-Islam*, wo solche
Programme zur Geltung gekommen sind, sind individuelle
Menschenrechte mit Füßen getreten worden.

Menschenrechte im klassischen Islam: Ein schriftgläubiges
Festhalten an der islamischen Lehre von der Vollständigkeit
der islamischen Offenbarung als das endgültige und umfassende Wissen für die gesamte Menschheit führt zu dem verab-
solutierten Glauben, daß alle guten Ideen, einschließlich die
der Menschenrechte, bereits im Koran enthalten sind. Diese
Argumentation findet sich beispielsweise in dem autoritativen
Buch über Menschenrechte des geachteten islamischen zeitgenössischen Denkers Muhammad al-Ghazali (zit. in Anm. 9)
wie auch in der ebenfalls bereits zitierten Universellen Islamischen Deklaration für die Menschenrechte (vgl. Anm. 8). In
diesen Quellen und in anderen islamischen Schriften zu diesem
Thema findet man die stets auftretende Verwechslung von
Menschenwürde und *Menschenrechten*. Menschenwürde ist
eine allgemeine ethische Position, die diffus und offen für kulturell unterschiedliche Deutungen ist. Individuelle Menschenrechte als Berechtigungen des Individuums gegenüber Staat
und Gesellschaft beziehen sich dagegen auf unzweideutige und
sehr spezifische Inhalte, die neuzeitlich sind und unbestritten
zuerst in der europäischen Moderne auftreten. Diese Inhalte
hängen mit den Prozessen der Individuation in den modernen
westlichen Gesellschaften zusammen, die kulturell durch das
Prinzip der Subjektivität (vgl. Anm. 1) ihre Verankerung fanden. Dergleichen Rechte hat es im Islam niemals gegeben, weil
in der islamischen Geschichte keine Prozesse der Individuation

stattgefunden haben und Subjektivität im islamischen Denken des Kollektivs nicht vorkommt. Selbst säkularisiert denkende Muslime, die in einer frühen Phase den Islam durch den Nationalismus (Panarabismus) ersetzt haben, hielten am Kollektivismus fest, gegen das Subjektivitätsprinzip.

Islamisches Recht / Schari'a und Menschenrechte: Islamisches Recht ist, im Gegensatz zu europäischem Recht, nicht legislativ; es ist ein interpretatives, nicht kodifizierbares Recht, das auf der Deutung der Offenbarung basiert;[13] es ist somit offen für viele Interpretationen (gleich ob konservativ oder liberal). Die bisherigen Versuche der islamischen Rechtsgelehrten, zu der Anwendung der *Schari'a* beizutragen, haben den Menschenrechten nichts Gutes gebracht, weil alle Islamisierungsprogramme eher zur Verneinung als zur Etablierung von individuellen Menschenrechten als Berechtigungen von Individuen gegenüber Staat und Gesellschaft geführt haben. Aufrichtig liberale Muslime, wie der sudanesische Rechtsgelehrte Abdullahi An-Na'im, haben radikale Reformen als Basis für eine Neubestimmung des islamischen Rechts gefordert.[14] Es handelt sich hierbei jedoch um die Ansichten von Außenseitern, die nicht die Zustimmung des Kollektivs genießen. Säkular orientierte muslimische Rechtsgelehrte, darunter der ägyptische Richter Muhammad Said al-Aschmawi, haben die radikale Auffassung im *Dar al-Islam* / Haus des Islams vertreten, daß die islamische *Schari'a* nicht aus dem Koran abgeleitet werden kann und lediglich ein Produkt des politischen Islams darstellt.[15] Obwohl Aschmawi als ein bedeutender Jurist in Ägyp-

---

13 Vgl. hierüber das grundlegende Werk von Joseph Schacht, An Introduction to Islamic Law, Oxford [5]1979, ferner das Schari'a-Kapitel in meinem in Anm. 3 zitierten Buch, Der Islam und das Problem..., S. 79 ff.

14 Abdullahi A. An-Na'im, Toward an Islamic Reformation, Syracuse 1990, sowie das von An-Na'im mitherausgegebene Werk über Menschenrechte, zit. in Anm. 8 oben.

15 Muhammad Said al-Aschmawi, Usul al-schari'a (Grundlagen der Schari'a), Kairo [2]1983, und ders., al-Islam al-siyasi (Der politische Islam), Kairo [2]1989.

ten wirkt, konnte er mit dieser Auffassung keine Reform lancieren und hat nur erreicht, daß er zu seiner eigenen Sicherheit Personenschutz benötigt. Auch der sudanesische Rechtsgelehrte An-Na'im kann nicht mehr unbehelligt im Sudan arbeiten. Diese Beispiele illustrieren die mißliche Situation der Menschenrechte und das Schicksal, das jenen Muslimen zuteil wird, die ernsthafte Versuche unternehmen, um diese individuellen Rechte im Islam einzuführen.

Nach diesen grundsätzlichen Ausführungen über Islam und Menschenrechte ist es erforderlich, die Problematik zu vertiefen, und zwar in Richtung Islam und Moderne. Denn die individuellen Menschenrechte sind ein neuzeitliches Phänomen, das vor der Entfaltung der kulturellen Moderne nicht existiert hat und nur in ihrem Kontext angemessen gedeutet werden kann.

Islam und europäische Moderne: der kulturelle Graben

Die kulturelle Moderne ist deshalb wesentlich für das Verständnis des modernen Islams, weil der erneut aufgerissene politische und zivilisatorische Graben zwischen der Welt des Islams und Europa in unserem Zeitalter mit den Spannungen zwischen dem Islam und dieser Moderne zusammenhängt. Die Moderne ist nicht nur ein kulturelles Projekt, das Demokratie, Säkularisierung, Toleranz und politischer Pluralismus, kurzum: institutionalisierte Menschenrechte bedeutet. Die Moderne hängt auch mit dem Aufstieg des Westens als einer Militärmacht zusammen, die die gesamte Welt im Rahmen kolonialer Expansion erobert hat. Die Muslime haben den Westen vorwiegend in dieser Bestimmung als eine überlegene Militärmacht kennengelernt, die ihnen seither stets militärische Niederlagen beschert hat, deren jüngste der Golfkrieg war. Europäer haben große Schwierigkeiten zu verstehen,[16] daß es für

---

16 B. Tibi, Über die Schwierigkeit der Europäer, arabische Politik zu verstehen, in: Georg Stein (Hrsg.), Nachgedanken zum Golfkrieg, Heidelberg 1991, S. 97–107 und 288–89; vgl. auch Anm. 11 oben.

Muslime im Golfkrieg weniger um Saddam Hussein ging als vielmehr um eine historische Erinnerung an traumatische Niederlagen. Trotz der Tatsache, daß arabische *Staaten* während des Krieges auf westlicher Seite kämpften, war der Golfkrieg in der Wahrnehmung der Muslime und ihrer öffentlichen Meinung eine erneute Islam-Westen-Konfrontation.

Das militärische Scheitern der türkisch-islamischen Armeen bei der Belagerung von Wien 1683 leitete den Beginn eines neuen, umfassenderen Prozesses in der Beziehung zwischen Europa und der Welt des Islams ein. Im Einklang mit ihrer religiös-kulturellen Lehre, die beste von Gott »erschaffene Gemeinschaft unter der Menschheit« (Koran: »khair umma ukhrigat li-l-nas«, Sure 3, Vers 110) zu sein, hatten die Muslime seit dem 7. Jahrhundert ein Selbstverständnis von der Superiorität gegenüber allen anderen entwickelt. Im islamischen Mittelalter, der Glanzperiode des Islams, und auch während der militaristischen Phase islamischer Geschichte, der Osmanen-Periode, hatte dieses Selbstbild bis 1683 eine reale historische Entsprechung. Muslime waren seinerzeit gleichermaßen militärisch und zivilisatorisch allen anderen überlegen. Mit dem »Aufstieg des Westens«[17] hat sich diese Situation geändert. Der Islam büßt seine Superiorität ein. »Dar al-Islam« wird von diesem Westen erobert und unter seine Herrschaft gebracht.

Kurzum, der Begriff »Aufstieg des Westens« hängt zugleich mit der »militärischen Revolution 1500–1800« (vgl. Anm. 17) in Europa wie auch – und vor allem – mit dem europäischen Modell der »kulturellen Moderne« zusammen. Letzteres beinhaltet die Entstehung des rationalistischen, menschzentrierten Weltbildes in Europa. Europäer geben ihr kosmologisches Weltbild auf und entfalten auf der Basis subjektiver Freiheit ihr »Können-Bewußtsein« (vgl. Anm. 5, S. 231–249), welches ihnen zu den weltgeschichtlich bisher unübertroffenen zivilisatorischen Leistungen verholfen hat.

---

17 Geoffrey Parker, The Military Revolution. Military Innovation and the Rise of the West 1500–1800, Cambridge [3]1989.

Die Krise des modernen Islams hat gleichermaßen mit *beiden Aspekten* der Moderne zu tun: Durch die militärischen Niederlagen der osmanisch-türkischen Armeen, die u. a. zu den demütigenden Friedensverträgen von Karlowitz (1699) und von Pasarowitz (1718) führten, erkennen die Muslime die Realität, in der nicht mehr sie selbst, sondern ihre Feinde, d. h. die Europäer, die Überlegenen sind. Jedoch haben die Muslime damals auf diese Überlegenheit noch nicht mit Fundamentalismus und mit einer Defensiv-Kultur reagiert, so wie sie dies heute zu tun pflegen. Vielmehr waren die Muslime jener Epoche bemüht, sich durch Reformen die europäischen »Instrumente« anzueignen. Deshalb entsandten sie ihre Studenten nach Europa, um von Europa zu lernen. Hierdurch wurden die Muslime mit den anderen Aspekten der Moderne, d. h. mit ihrem kulturellen Projekt, konfrontiert. Der erste arabo-islamische Imam und Student in Paris (1826–1831), Rifa'a Rafi' al-Tahtawi, bringt die Schwierigkeit der damaligen Muslime zum Ausdruck: Einerseits erkennt er in seinem Pariser Tagebuch die zivilisatorische Überlegenheit der Europäer und somit den Bedarf der Muslime, »nach den fremden Wissenschaften und Künsten und Fertigkeiten zu streben«.[18] Andererseits erlegt er sich selbst als einem Muslim die nicht zu überschreitende Grenze auf, »nur das, was nicht im direkten Widerspruch... zum Wortlaut unseres islamischen Gesetzes«[19] steht, d. h. nur selektiv, zu übernehmen. Bis heute liegt hier das Dilemma aller Muslime: Sie wollen die materiellen Errungenschaften der techno-wissenschaftlichen Modernität, nicht aber die kulturelle Moderne übernehmen.[20]

Der moderne Islam wird durch die von Europa ausgehenden Globalisierungsprozesse auf allen Ebenen (Politik und Wirtschaft, Transport und Kommunikation) sowohl mit der institu-

18 Rifa'a al-Tahtawi, Ein Muslim entdeckt Europa, übers. v. Karl Stowasser, München 1989, S. 8.
19 Ibid., S. 9.
20 Hierzu im einzelnen B. Tibi, Islamischer Fundamentalismus, moderne Wissenschaft und Technologie, Frankfurt a. M. 1992.

tionellen Dimension der Moderne, d. h. mit der techno-wissenschaftlichen Modernität, als auch mit dem kulturellen Projekt der Moderne und seiner Säkularisierung konfrontiert. Die Muslime wollen sich seitdem nur die zivilisatorischen Instrumente (vor allem Kriegstechnologie) aneignen, ohne ihre vormoderne Weltsicht zu verändern; sie lehnen das rationalistisch-menschzentrierte Weltbild, welches mit der kulturellen Moderne zusammenhängt, strikt ab. Fast zwei Jahrhunderte lang haben die islamischen Reformen angedauert, denen dieses Anliegen zugrunde lag: Sie scheiterten, ja sie mußten scheitern, weil die Moderne sich von ihrem kulturellen Projekt nicht trennen läßt. Man kann nicht erfolgreich moderne Technologie als neutrales Instrument übernehmen und das menschzentrierte Bewußtsein, welches zu ihrer Produktion erforderlich ist, weglassen. Das Scheitern der islamischen Reform und die damit verbundene Unfähigkeit der Muslime, »den sozialen Wandel kulturell zu bewältigen« (vgl. Anm. 3), resultierte im Aufstieg des zeitgenössischen islamischen Fundamentalismus. Das ist meine zentrale These. Frühe Muslime wie Tahtawi, Afghani und Abduh waren Reformer und Liberale. Im zeitgenössischen Islam gibt es kaum Platz für muslimische Liberale und Reformer: Man hört eher auf Fanatiker und militante Fundamentalisten, die heute bedauerlicherweise die Szene beherrschen und die die islamische Artikulation für sich zu monopolisieren scheinen. Wo liegen die Differenzen zwischen dem zeitgenössischen Islam und der europäischen Moderne? Wo liegen die Barrieren? Können sich Orient und Okzident treffen?

Zwischen beiden Kulturkreisen liegen grundsätzliche normative Positionsdifferenzen vor, die in unserer Neuzeit solche zwischen Islam und Moderne sind. Unserem Gegenstand liegt der welthistorische Prozeß zugrunde, für den ich, Norbert Elias folgend, den eigenen Begriff von der »Verweltgesellschaftlichung des Zivilisationsprozesses«[21] geprägt habe. Der Widerstand der nicht-westlichen Völker gegen diesen Prozeß wird

---

21 Norbert Elias, Über den Prozeß der Zivilisation, 2 Bde., Frankfurt a. M. [6]1979.

hier als eine »Gegen-Akkulturation« begriffen. Dieser Widerstand läßt sich am Beispiel des zeitgenössischen islamischen Fundamentalismus, der »rhetorisch profiliertesten Variante des weltweiten Fundamentalismus«[22] der Gegenwart illustrieren. Dabei stellt sich die Frage, ob der Aufstand der außerwestlichen Kulturen gegen die europäische Moderne eine humanere Welt auch für nicht-westliche Völker zu versprechen vermag. Dieser Aufstand nimmt seit den siebziger Jahren die Form eines religiös-kulturellen Erwachens an, das sich politisch als eine Ideologie des religiösen Fundamentalismus artikuliert. Muslimische Fundamentalisten nennen ihre Praxis selbst auch ein »Sahwa Islamiyya«[23] (Islamisches Erwachen).

Das Weltbild der Moderne ist eine Lebenswelt, die rational ist und einen reflexiv gewordenen Umgang mit Traditionen erlaubt, die ihre Naturwüchsigkeit eingebüßt haben. Die Moderne bedeutet auch eine Ausbildung abstrakter Ich-Identitäten, d. h. Prozesse, die die Individualisierung der Heranwachsenden forcieren und die Loslösung der Menschen vom Kollektiv zur Folge haben. Islamische Anklagen gegen Europa stehen hier eindeutig im Zeichen einer Anti-Aufklärung. Islamische Fundamentalisten prägen die Formel »Entwestlichung des Wissens«. Der Fundamentalist Muhammad al-Attas schreibt offen, daß »die anstehende europäische Herausforderung... die Herausforderung des Wissens ist«.[24] Am meisten stört al-Attas »die Erhebung des Zweifelns und des Vermutens zum wissenschaftlichen Rang«. Die *Entzauberung der Welt* soll rückgängig gemacht werden, um den Weg für den Glauben an die Autorität von Verkündung und Überlieferung und somit

---

22 Lionel Caplan (Hrsg.), Studies in Religious Fundamentalism, London 1987, S. 1.
23 Über »al-Sahwa al-Islamiyya/Das islamische Erwachen« vgl. die auf arabisch veröffentlichten Abhandlungen des Beiruter Institute for Arab Unity Studies (Hrsg.), al-Harakat al-Islamiyya al-mu'asira fi al-watan al-Arabi (Die islamistischen Bewegungen in der zeitgenössischen arabischen Heimat), Beirut 1987.
24 Syed M. N. al-Attas, Islam, Secularism and the Philosophy of the Future, London 1985.

das sichere, einer Reflexion nicht mehr untergeordnete absolute Wissen zurückzuerobern. Der Islam-Experte weiß, daß die »Entzauberung der Welt« im zeitgenössischen Kulturbereich des Islams nur ansatzweise und sehr oberflächlich stattgefunden hat. Das Projekt der Moderne ist dem Islam äußerlich geblieben. Damit ist zu erklären, wie sich verwestlichte Muslime über Nacht zu Fundamentalisten verwandeln konnten. Islamische Fundamentalisten beanstanden das Prinzip der abstrakten Subjektivität, das die europäische Aufklärung etabliert hat. An seine Stelle setzen sie das Kollektiv als eine sakrosankte Größe und schaffen darin jeden potentiellen Freiraum für subjektive Freiheit ab.

Die kulturellen Formen des modernen Islams sind in hohem Maße in jene zeitgenössischen Krisenerscheinungen (Konflikt mit beiden Aspekten der Moderne) eingebettet. Die Krise ruft Aggressivität hervor. Die Aggressivität der islamischen Fundamentalisten richtet sich nicht nur gegen die westliche Vorherrschaft, sondern auch gegen die Normen der Moderne; sie mag bei vielen, jedoch oberflächlichen Beobachtern des Phänomens den falschen Eindruck eines »Vormarsches des Islams« erwecken. In Wirklichkeit handelt es sich um defensivkulturelle, die eigene Angst und Unterlegenheit durch Aggressivität kompensierende Handlungen der Angehörigen einer Kultur, die sich seit ihrer gewaltsamen Einbettung in die globale, europäisch-geprägte Weltordnung in einer Krise befindet. Einerseits wird in diesem Beitrag die europäische, inzwischen von Europäern selbst in einer modischen Manier auf die Anklagebank gesetzte Aufklärung verteidigt – und aus dieser Sicht werden die defensiv-kulturellen Formen des Aufstandes gegen die europäische Hegemonie zurückgewiesen. Andererseits müssen wir in diesem Aufstand der Muslime trotz aller Kritik am Fundamentalismus eine Verhaltensweise von Unterdrückten sehen. Wir dürfen niemals vergessen, daß die Muslime die Moderne nicht als Aufklärung, sondern als Eroberung erfahren haben: eine Eroberung durch westliche Armeen mit überlegener Waffentechnologie. Das kulturelle Projekt der Moderne haben die islamischen Fundamentalisten nicht kennengelernt. Die kulturelle Moderne ging indirekt in den modernen Islam über, aber ihre Ideale standen völlig im Gegensatz zu der europäischen kolonialen Praxis im »Dar al-Islam«.

Wenn wir noch einmal zu der kulturellen Moderne als ein Projekt zurückkehren, welches den individuellen Menschenrechten zugrunde liegt, so können wir feststellen: Die zentrale Voraussetzung für den Erfolg der Moderne in Europa waren die »Schlüsselereignisse« *Reformation, Aufklärung* und *Französische Revolution.* Ohne sie wäre das Reflexiv-Werden des religiösen Glaubens und die Entfesselung der subjektiven Freiheit nicht möglich gewesen. Der Eingang der kulturellen Moderne in den Islam scheiterte am Fehlen ähnlicher Voraussetzungen. In diesem historischen Prozeß konnte die Sphäre des Wissens im Islam sich nicht von der Sphäre des Glaubens absondern. Bei der Verteidigung der kulturellen Moderne im Kontext einer Diskussion über den islamischen Fundamentalismus darf man aber – aus der Perspektive der außereuropäischen Kulturen – nicht die Augen vor ihren globalen Auswirkungen schließen. Die kulturelle Moderne, so sehr sie missionarisch – als eine Ideologie – auf den Fahnen der Kolonisatoren stand (›mission civilisatrice‹), war ein Projekt für Europa, aber niemals ein Programm für Asien und Afrika. Von der Moderne blieb bei der Globalisierung dieses Projekts nur die Überlegenheit europäischer Waffen im Kontext einer technisch-wissenschaftlichen institutionellen Modernität übrig.[25] In diesem Zusammenhang beschreibt der französische Anthropologe Gérard Leclerc die Ideologie des modernen Kolonialismus »als einen moralisierenden und auf ›Wissenschaftlichkeit‹ bedachten Messianismus«.[26] Sowohl die mangelnden Voraussetzungen zur Aufnahme der Moderne in die eigene Kultur wie auch der historische Kontext des Kolonialismus erklären hinlänglich die Schwierigkeiten der Muslime mit der Moderne. Islamische Fundamentalisten reagieren defensiv-kulturell auf die

---

25 Anthony Giddens, The Consequences of Modernity, Stanford 1990, S. 59 ff.

26 Gérard Leclerc, Anthropologie und Kolonialismus, München 1973, S. 23.

westliche Überlegenheit und scheitern daran, zwischen dem Herrschaftsaspekt der Moderne und dem kulturellen Projekt der Moderne zu unterscheiden; sie weisen beide ohne Differenzierung vehement zurück. Zu den Opfern gehören folglich auch die individuellen Menschenrechte der Moderne.

In meinen Arbeiten (vgl. Anm. 3, 5, 8 und 20) plädiere ich für eine kreative Aneignung der Moderne durch die Muslime, sehe darin aber niemals einen historischen Zwang. Theoretisch könnten die Muslime ewiglich ihre vormoderne Kultur beibehalten; es gibt keinerlei determinierten evolutionären Zwang für eine alternative Entwicklung. Die innovative Aneignung der Moderne ist lediglich *eine* Möglichkeit der Entwicklung, mein theoretischer Bezugsrahmen geht von einer Vielfalt der Entwicklungspfade aus. Die Muslime können sich dem modernen Zeitalter anschließen, indem sie auf dem Wege kultureller Reformen des eigenen kulturellen Systems eine islamische Aneignung der Moderne leisten. Sie können sich aber auch – sollte der Fundamentalismus ihre historische Option für die Zukunft werden – als eine eigene exklusive »Welt des Islams« vom Rest der Welt durch einen tiefen Graben absondern. Jenes exklusive »Dar al-Islam« würde so lange dem Klischee der »orientalischen Despotie« entsprechen, solange die Muslime sich weigern, die Substanz der individuellen Menschenrechte als Berechtigungen (Anspruch) des Individuums gegenüber Staat und Gesellschaft in ihre eigene Kultur zu integrieren.

Siehe dazu das 1996 erschienene Buch von B.T. „Der wahre Imam" – Der Islam von Mohammed bis zur Gegenwart"

b.w.)

Rifa'a al-

1.) Tahtawi kam 1826 als Traditionalist nach Paris u. kehrte 1831 als moderner Aufklärer nach Kairo zurück (al-Azhar)

2.) Khomeini kam 1978 nach Paris u. kehrte 1979 nach Teheran zurück mit den wehenden Fahnen des militanten Fundamentalismus u. im gleichen Zuge mit erhobenen Schwert des Islam gegen Europa, obwohl Europa ihm das liberale Asylrecht für politisch Verfolgte gewährt hatte (Schah-Dynastie)

3.) Die Fundamentalisten der algerischen FIS (Islamische Heilsfront) betreiben u. unter Führung des Asylanten RABAH KEBIR von Deutschland aus „Mord für den Gottesstaat"

4.) SAUDI-ARABIEN fördert mit der „Islamischen Liga/al Rabita al-Islamiyya" den Aufbau islam. Zentren in Europa, verfolgt aber im eigenen Land Christen, die dort mit der Bibel angetroffen werden mit der Todesstrafe. S.A. eröffnet im Beisein von „Kinkel" eine islam. Akademie (Getto-Islam), verweigert aber gleichzeitig die Genehmigung für ein Goethe-Institut in Riyadh. – Das ist eine Perversion der Toleranz! –

(im Bau!)

Perspektiven I

CHERIFA MAGDI

Sisyphos.
Die arabischen Intellektuellen
und die gesellschaftliche Krise

Die Golfkrise und der Golfkrieg haben nicht nur die Brüchigkeit aller gemeinsamen arabischen Institutionen vor Augen geführt; sie haben auch eine sehr viel gefährlichere Brüchigkeit offenbart, die des arabischen Bewußtseins nämlich, wie es sich gerade in den Stellungnahmen der Intellektuellen, ihrer Wahrnehmung dieser Krise, manifestiert. Gemeint ist damit, wie wir mit der gesellschaftlichen Krise umgehen, die unsere arabischen Gesellschaften seit Jahrzehnten erschüttert und die in der Annexion Kuweits durch den Irak, dem daraus resultierenden Golfkrieg und den Reaktionen der Intellektuellen hierauf ihren extremsten Ausdruck gefunden hat. Gerade diese Reaktionen reflektieren das brüchige arabische Bewußtsein, weil sie verdeutlichen, daß uns ein geeignetes Instrumentarium zur Analyse und Bewältigung von Problemen mittlerweile abhanden gekommen ist. Was sofort die Frage aufwirft, ob dies etwas grundlegend Neues ist oder ob nicht das Instrumentarium, das wir bislang hatten, schon von vornherein unzulänglich war. Unsere Sicht der Welt, geprägt vom antikolonialen Kampf, teilte die Welt in Gut und Böse, in Kolonialisten – Imperialisten – Zionisten und in Antiimperialisten – Befreiungskämpfer – Revolutionäre – mit verschiedenen Gallionsfiguren: Nasser als oberster Hausheiliger, dann die vielen kleinen Götter, angefangen mit Ben Bella über Gaddafi, Arafat und eben auch Saddam Hussein.

Schon in den ersten Tagen nach dem Überfall des Irak auf Kuweit fand eine seltsame Verkehrung von Ursache und Wirkung statt. Nicht mehr der Überfall auf ein »arabisches Bruderland« stand im Vordergrund der Stellungnahmen, sondern die damals erst geplante Entsendung amerikanischer Truppen in die Golfregion. Die Vergangenheit wurde beschworen, um Gegenwärtiges zu erklären – Saddam war Nasser, Irak wurde zum Ägypten von 1956 und 1967, des Suez- und des Junikrieges. Dieser Konsensus im Falschen hat viele Ursachen. Ich möchte hier nur auf einige wenige innere eingehen und bewußt die äußeren, wie z. B. das koloniale Erbe und die imperialistischen Einmischungsversuche, beiseite lassen.

Eine wesentliche Ursache ist die politische Tradition der Despotie. Es gibt nicht eine einzige arabische Regierung, deren Herrschaft von der eigenen Bevölkerung legitimiert wäre. Es herrschen entweder Familienclans wie in Marokko, Saudi-Arabien oder Kuweit; oder wir haben es mit Regierungen zu tun, die aus Militärputschen hervorgegangen sind wie in Libyen, Algerien, Syrien, Ägypten u. a. Der Irak bildet den Sonderfall einer Clanherrschaft, die aus einem Militärputsch hervorgegangen ist und außerdem noch eine faschistische Parteidiktatur errichtet hat.

Fundamentale Rechtsunsicherheit, das Fehlen der elementarsten individuellen Rechte, omnipotente Geheimdienste, eine politische Tradition, die in ihrer 1000jährigen Geschichte keine demokratischen Herrschaftsstrukturen hervorgebracht hat – diese Faktoren haben verhindert, daß eine funktionierende öffentliche Meinung als Kontrolle und Korrektiv entsteht. Das kontinuierliche Erstarken integristischer islamischer Strömungen, ein Umsichgreifen religiöser Deutungsschemata im Zuge der Niederlage des arabischen Nationalismus in seiner damals vorherrschenden Spielart, des Nasserismus, sowie die schwache Verankerung säkularer Denkstrukturen in der Gesellschaft und im Bewußtsein der Menschen hat gerade die linken und liberalen Intellektuellen, die historischen Träger der Säkularisierung, in Interpretationszwänge gebracht. Sie fanden sich mit staatlicher Unterdrückung konfrontiert und von den Integristen mißtrauisch beäugt. Losgelöst von der Mehrheit der Bevölkerung waren sie ohnehin schon immer gewesen.

Dennoch hatte es ein Aufflackern radikaler Kritik der eigenen Lebensführung und des arabisch-islamischen kulturellen Erbes nach dem Junikrieg gegeben. Sadik Jalal al-Azm veröffentlichte seine beiden Bücher »Selbstkritik nach der Niederlage« (1968) und »Zur Kritik des religiösen Denkens« (1969), für das er sich vor Gericht verantworten mußte. Die in Beirut erscheinende Zeitschrift »Mawaqif« (Standpunkte; ediert von Adonis) versuchte, das traditionelle Selbstverständnis einer radikalen Kritik zu unterziehen, die auch die Zukunftsentwürfe der Intellektuellen – Sozialismus, arabischer Sozialismus, Panarabismus, Nasserismus, arabischer Nationalismus – nicht verschonte. Während Ägypten sich vom arabischen Nationalismus in der Folgezeit entfernte, putschte er sich in seiner baathistischen Variante im Irak und Syrien an die Macht. Die Vorstellung vom Volkskrieg, wie ihn die palästinensischen Fedayin vertraten, verlieh seinerseits diesem nationalistischen Konzept eine gesamtarabische Schubkraft, die zeitweilig darüber hinwegtäuschte, daß es nach der entlarvenden Niederlage vom Juni 1967 und Nassers Tod drei Jahre später eigentlich schon ausgehöhlt und historisch überlebt war.

Die staatliche Unterdrückung unliebsamer Reaktionen auf den Überfall auf Kuweit war schlimm genug. Aber schwerer noch wiegt, daß diese Reaktionen ein Denken offenbarten, wie es sich nach dieser kurzen Phase von Selbstkritik Ende der sechziger Jahre ganz allmählich in den Vordergrund gedrängt hatte. Ich meine die stillschweigende Aufgabe von Rationalität und objektivierbarer Analyse, die selbstauferlegte Zensur, die unreflektierte Übernahme obskurantistischer Deutungsmuster gerade bei denen, die sich als Speerspitze der Säkularisierung verstanden (und teilweise noch verstehen), bei den Linken und Marxisten. Die Versatzstücke der ehemals säkularen Deutungsmuster waren alle noch vorhanden: Imperialismus, Antiimperialismus, Dritte Welt, Volkskrieg, Revolution, Sozialismus. Aber sie gehörten schon vor Khomeiny zum Repertoire islamisch-fundamentalistischer Weltsicht. Die Wandlung des ägyptischen Soziologen und Marxisten Anwar Abdel Malik[1]

---

1 Anwar Abdel Malik, ägyptischer Marxist, entzog sich 1959 der Verhaftung durch Nassers Geheimpolizei mit seiner Flucht nach Paris. Ende der sechziger Jahre veröffentlichte er in Frankreich sein auch in der Bundesrepublik

sei hier stellvertretend für viele nachgezeichnet. Abdel Malik entwickelte den Begriff der *khususiyya*,[2] d. h. der »Besonderheit« des islamischen Selbstverständnisses; diese Besonderheit stellt sich defensiv dem Eindringen westlicher Lebensart und okzidentalen Denkweisen entgegen. Abdel Malik setzt damit Nationalismus und islamisches Selbstverständnis bezüglich ihrer antiwestlichen Auswirkungen ineins und instrumentalisiert die islamische Revolution. Diese Position ist keine Einzelerscheinung. Dar at-Tali'a, der traditionsreiche linke Verlag in Beirut, schrieb im Vorwort zur Ausgabe von Khomeinys Schriften: »Trotz des religiösen Charakters seiner revolutionären Gedanken... handelt es sich um eine ihrem Wesen nach nationalistische, gegenwartsbezogene und modernistische Ideologie... Die islamische Haltung ermöglicht es ihr, eine breite Basis zu finden, ohne dabei ihre objektiven Ziele aus dem Auge zu verlieren.«[3]

Diese Deutung des Islam als progressive und antiwestliche Form politischer Selbstverwirklichung ist eine schleichende Tendenz bei linken Intellektuellen und liquidiert ein entscheidendes Element im arabischen Nationalismus – den Laizismus. Entstanden war er im 19. Jahrhundert, primär unter den Christen Syriens und des Libanon, und er ist ursprünglich zu werten als der Versuch einer Minderheit, ihre Stellung in der islamischen *umma* zu definieren. Der laizistische Ansatz zielte auf die Aufhebung des traditionellen Antagonismus zwischen Christentum und Islam zugunsten eines säkularen Nationalismus. Dieser Versuch, den religiösen Gegensatz zu neutralisieren, ihn aufzuheben in der Vision einer arabischen Nation, war immer bedroht, da der arabische Nationalismus von Anfang an auf einem schmalen Grat hin zu einem säkularisierten Islam

---

vielbeachtetes Buch: Ägypten, eine Militärgesellschaft, Frankfurt a. M. 1971.

2 Siehe: Dan Diner, Politische Theologie des Bürgerkrieges. Zur Theorie und Praxis des radikalen Islam, S. 235 f. Sonderdruck aus: Jacob Taubes (Hrsg.), Religionslehre und politische Theologie, Bd. III, Paderborn 1987.

3 A. a. O., S. 236.

wandelte. Die fortschreitende Islamisierung des arabischen Nationalismus, deren Farce der Baathist Saddam auf dem Gebetsteppich vor Augen führte, ist deutlichster Ausdruck der gescheiterten Versöhnung religiöser Gegensätze zwischen Christen und Muslimen – ein Vorgang, der sich vor allem in Staaten wie Irak und Syrien für die christlichen Minderheiten tödlich ausgewirkt hat. Äußeres Symbol dieses Scheiterns ist das geschundene Beirut, ehemals Heimat und Hochburg des arabischen Säkularismus.

Das manichäische Weltbild

Bei der stillschweigenden Übernahme islamischen Selbstverständnisses und seiner Amalgamierung mit dem säkularen Nationalismus übersehen die Intellektuellen, daß das islamische Selbstverständnis eigentlich antinational ist, da es die gesamte islamische umma, ungeachtet der nationalen Grenzen, umfaßt. Das Territorium der islamischen umma, in dem die Shari'a, das Religionsgesetz herrscht, ist darul-islam, das Haus des Islam, das sich im Kampf mit darul-harb, dem Haus des Krieges (zeitgemäßer: der äußere Feind) befindet, das den Rest der Welt ausmacht. Mit darul-harb ist das Haus des Islam grundsätzlich im Kriegszustand bis zum universellen Sieg des Islam.

Diese Aufteilung der Welt in darul-islam und darul-harb geht auf die Zeit vor der Emigration (Higra, 622 n. Chr.) des Propheten Muhammad von Mekka nach Medina zurück. Die Umsiedlung nach Medina markiert in der Wahrnehmung der Muslime vor allem den Beginn des Siegeszuges des Islam gegen die Ungläubigen: nicht Expansion, nicht Landnahme und Herrschaft über fremde Länder und Völker, sondern die Verbreitung des »besseren, überlegeneren« Glaubens, Gottes letzte und endgültige Offenbarung an die Menschen. Auch wenn seit der gescheiterten zweiten Belagerung von Wien durch die Osmanen im Jahre 1683 militärische Eroberungszüge nicht mehr auf der Tagesordnung stehen, so bleibt doch der Gegensatz von darul-harb und darul-Islam im Bewußtsein lebendig.

169

Auf der Grundlage dieses manichäischen Weltbildes konnten die islamistischen Strömungen säkulare Begriffe wie Imperialismus, kapitalistische Ausbeutung, Dritte Welt, Einheit der arabischen Nation absorbieren. (Einheit der arabischen Nation als Kern der Einheit der islamischen umma, da der arabischen Nation die besondere Auszeichnung zuteil geworden war, daß Allah den »arabischen« Koran Seinem »arabischen« Propheten offenbart hat.)

Lange Zeit betrachteten es die Linken als ihren Verdienst, dem Islam seinen revolutionären Gehalt wiedergegeben zu haben. Geblendet von der »Volksnähe« der islamistischen Strömungen – ohne diese Volksnähe jedoch auf ihre Authentizität hin überprüft zu haben – opferten sie nach und nach die rationalen, emanzipatorischen Bestandteile des Säkularisierungsprozesses.

Beide Strömungen, links und rechts, begegnen sich in dem Glauben an die Verschwörung gegen die arabische Nation, der wegen ihres Ölreichtums und ihrer geostrategischen Lage eine besondere Bedeutung in der Dritten Welt zukommt. In diesem Verschwörungsszenario gegen die Muslime und die Araber kann abwechselnd verschiedenen Gruppen und Personen (z. B. Salman Rushdie) die Rolle des Agenten in den eigenen Reihen zugeschrieben werden – den Christen, den Juden, den Assyrern, den Maroniten, den Kurden, den Berbern. Als der ägyptische Schriftsteller Louis Awad die historische Tatsache niederschrieb, daß Gamal ad-din al-Afghani (1839–1897) im Iran geboren wurde (er galt gemeinhin als Araber), boykottierte ihn ein Großteil der Presse; manche seiner Kritiker sprachen ihm das Recht ab, als koptischer Christ über einen Muslim wie al-Afghani zu schreiben.

Diese Wahrnehmung eines ständigen Kriegszustands mit der Außenwelt geht einher mit politischen Idealen und Kampfbegriffen, die sich auf einer solch hohen Abstraktionsebene bewegen, daß sie weder mit dem Alltag noch mit den lokalen Gegebenheiten in Verbindung stehen und somit das festgefügte Weltbild nicht gefährden: Arabische Einheit, Kampf gegen den Imperialimus, Zerschlagung des zionistischen Gebildes, Heiliger Krieg... Die Kluft zwischen den unerreichbaren Zielen und der unzulänglichen Wirklichkeit schließt die berauschende Rhetorik. Die Sprache ist Selbstzweck, nicht Trägerin von Inhalten und Gedanken. Hier treffen sich die Unterdrücker und die Unterdrückten. So gewinnt Politik in den arabischen Ländern für den Betrachter einen surrealistischen Anstrich.

Der Mythos von der arabischen Einheit

Die Zeit der Mythen ist vorbei. Zu den Mythen, die die Invasion Kuweits erschüttert hat, gehört der Mythos von der arabischen Einheit – vom Golf bis zum Atlantischen Ozean! Denn dieser Überfall suchte einen Teil seiner Begründung in genau diesem Mythos. Das war der Todesstoß für ein Konzept, das von Anfang an eine Kopfgeburt, eine Dame ohne Unterleib war.

Der Panarabismus und der arabische Nationalismus, sie dienen – in verschiedenen Variationen – seit ihrer Entstehung vor fast einem Jahrhundert als Wunschvorstellung und Ersatzdroge. Die Basis für die arabische Einheit sahen ihre Befürworter darin, daß die Araber so viele Gemeinsamkeiten hätten – eine Sprache, eine Kultur, eine Geschichte, einen einheitlichen geographischen Raum, der sich vom Golf bis zum Atlantischen Ozean erstreckt. Alle Unterschiede wurden als nur vorübergehend angesehen, ja, als das Werk entweder der bösen Osmanen oder der noch böseren Kolonialisten gedeutet; in der nachkolonialen Ära sprach man von imperialistischer Wühlarbeit. Der allgemeine Diskurs über die arabische Einheit war davon beherrscht, daß sie Notwendigkeit und Hoffnung, Erlösung und Schicksal zugleich sei. Selten waren diese Überlegungen in der Realität verwurzelt, Wunschdenken war ihr Hauptmerkmal. Daß die arabische Einheit verwirklicht werden muß, weil sie verwirklicht werden soll, war Dreh- und Angelpunkt der Diskurse. Keiner näherte sich der Frage von den realen Gegebenheiten her. Das Wie und Wann dieser Einheit wurde selten konkret hinterfragt. Daß bislang alle Einheitsprojekte fehlgeschlagen sind – von jenem zwischen Syrien und Ägypten unter

Ibrahim Pascha im 19. Jahrhundert bis zu denen der Gegenwart –,wurde eher auf die Unfähigkeit der Herrscher zurückgeführt, die nicht imstande wären, die Aspirationen der Völker zu verwirklichen. Oder aber einer Einmischung von außen zugeschrieben. Diese Annahme fand eine scheinbare Bestätigung darin, daß der inoffizielle Austausch zwischen Intellektuellen, Künstlern und Wissenschaftlern fast immer funktionierte, unabhängig davon, wie sich die momentanen politischen Beziehungen zwischen ihren jeweiligen Regierungen auch gerade gestalten mochten. Zur Erklärung der fast schon irrational verlaufenden Fluktuationen in den Beziehungen der einzelnen arabischen Staaten wurden die persönlichen Feindschaften zwischen den einzelnen Führern oder die Spaltungsversuche des »Imperialismus« herangezogen. Das führte zu der Annahme, es gäbe ein tiefverwurzeltes panarabisches Gefühl unter den »Massen«, dessen Realisierung nur durch die divergierenden Interessen der Herrscher und deren imperialistische Herren verhindert werde.

Gerade dieser Glaube an ein tiefverwurzeltes gesamtarabisches Gefühl unter den Völkern wurde durch die Invasion Kuweits und den daraus resultierenden Folgen erschüttert. Es ist bekannt, daß nicht nur die kuweitische Regierung, sondern auch die kuweitische Bevölkerung zu den glühendsten Unterstützern des Irak während seines achtjährigen Krieges gegen Iran gehörte. Dabei wurden die steten Versuche, den kleineren Nachbarn zu annektieren, was ja der Irak in der Vergangenheit wiederholt versucht hatte, verdrängt. Das Ausmaß der Zerstörung, der Vandalismus der in Kuweit stationierten irakischen Soldaten, ihre erniedrigenden Maßnahmen gegen die kuweitische Bevölkerung, die sich darin manifestierende Verachtung, aber auch der Rachefeldzug der kuweitischen Regierung und großer Teile der Bevölkerung gegen alle in Kuweit ansässigen Araber, vor allem gegen die Palästinenser, sprechen eine deutliche Sprache in Sachen »tiefverwurzelte panarabische Gefühle«.

Das mythische Herangehen an die Frage der Einheit hat den Blick vernebelt für die gravierenden Unterschiede, die zwischen den einzelnen arabischen Staaten bestehen. Man kann die nach dem Ersten Weltkrieg – vor mehr als 70 Jahren also –

von den Kolonialmächten künstlich gezogenen Grenzen noch so sehr beklagen: Innerhalb dieser künstlichen Grenzen sind selbständige Bevölkerungsgruppen mit einer mehr oder weniger starken eigenen Identität entstanden, die in souveränen Staaten leben. Diese Staaten weisen große Unterschiede auf – im Reichtum, in den natürlichen Ressourcen, in der Bevölkerungszahl, im Bildungs- und Ausbildungsniveau, die wiederum eine unterschiedliche Wirtschafts- und Sozialstruktur und somit divergierende politische und ökonomische Interessen nach sich ziehen. Aber das Konzept des angestrebten arabischen Einheitsstaates ist kaum – außer mit Gemeinplätzen – auf seinen sozialen und politischen Gehalt hin überprüft worden, was wiederum viel dazu beigetragen hat, daß es seltsam vage und abgehoben blieb, den Charakter einer Allerweltsbeschwörungsformel angenommen hat, die beliebig je nach Interessenlage eingesetzt werden konnte. Diesen Zusammenhang nicht zu sehen ist gleichbedeutend mit einer Wahrnehmungsverweigerung, die gerade für den Diskurs der Intellektuellen zum Thema arabische Einheit charakteristisch ist. Die Rhetorik, die Faszination der Worte diente dazu, wie an anderer Stelle schon ausgeführt, die Realität zu verdecken, ja manchmal sie sogar scheinbar zu verändern, getreu der geistigen Tradition einer Kultur, die immer schon stolz war auf ihre poetischen Hervorbringungen, häufig Poesie als Ersatz für eine nüchterne Betrachtung der Wirklichkeit benutzt hat.

Jeder Nationalismus trägt den Keim des Chauvinismus in sich, der arabische ist da keine Ausnahme. So beschwor Saddam mit dem Krieg gegen Iran tiefverwurzelte Bilder von der »historischen Feindschaft« zwischen Persern und Arabern. Er verglich seinen Krieg mit der Schlacht bei Qadisiyya (637 n. Chr.), in der die arabisch-islamischen Beduinenheere die sassanidischen Truppen besiegten und anschließend Persien unterwarfen. Eine weitere Facette dieses historischen Rückgriffs war die Evozierung der *shu'ubiyya*, einer literarischen Bewegung aus der Anfangszeit der Abbassidenherrschaft (750–1258), die unter den nichtarabischen Untertanen im Osten des Reiches entstanden war, und zwar in dem Bemühen, die von der arabischen Suprematie überlagerten Kulturen und

Traditionen wiederzubeleben. Sie hat dann als politische Bewegung zur Loslösung Persiens vom arabisch-islamischen Reich beigetragen. Für das arabische kollektive Bewußtsein ist der Begriff *shu'ubiyya*, vor allem nach seiner Wiederbelebung durch den Panarabismus, negativ besetzt. Die Theoretiker des Panarabismus haben ihn benutzt, um jedwede vermeintliche Opposition gegen die Einheit der arabischen Nation begrifflich negativ zu besetzen, als Synonym quasi von Araberhaß, Separatismus, Spaltung etc.

Die Reihe der Opfer des arabisch-islamischen Chauvinismus ist lang: die Kurden, die Berber, die christlichen und jüdischen Minderheiten. In einem geographischen Raum, wo viele Minderheiten seit Jahrhunderten nebeneinander existieren, ist dieser Chauvinismus quasi gleichbedeutend mit deren Todesurteil. Ich möchte hier das Beispiel der Kurden stellvertretend für viele anführen.

Die Hegemonie panarabischer, chauvinistischer Strömungen über Politik und Denken seit den fünfziger Jahren hat dazu geführt, daß deren Streben nach nationaler Selbstverwirklichung als Minderheit in Syrien wie auch im Irak systematisch und brutal unterdrückt wurde. So hat das syrische Regime dem irakischen vorgeworfen, es habe »Verrat an den arabischen Interessen« begangen, weil es am 11. März 1970 einen Autonomievertrag mit den kurdischen Organisationen unterzeichnet hatte. Dieser Vorwurf findet sich, in verschiedenen Variationen, in zahlreichen Veröffentlichungen panarabischer Anhänger. (Allerdings hat Bagdad den Vertrag ohnehin nicht eingehalten.)

Die innerarabischen Beziehungen sind Beziehungen zwischen Regierungen. Jede Regierung hat völlig freie Hand dem eigenen Volk gegenüber, da sich alle der gleichen Unterdrückungspolitik mit ähnlichem Repressionsinstrumentarium bedienen. (Mit dem Überfall auf Kuweit hat der Irak dieses ungeschriebene Gesetz innerarabischen Handelns verletzt!) Die informellen Beziehungen unter den Intellektuellen – Kongresse, Begegnungen, Symposien – finden in der Regel unter der Schirmherrschaft einer der vielen arabischen Regierungen statt. Der Irak war in dieser Hinsicht sehr aktiv. Dementsprechend waren kaum Proteststimmen zu vernehmen, weder gegen die Unterdrückung der irakischen Opposition und erst recht nicht gegen die der Kurden. Dieser Konsens auf der formellen und der informellen Ebene führte z. B. dazu, daß die ägyptische Regierung lange Zeit zur Ermordung von Hunderten von ägyptischen Gastarbeitern im Irak geschwiegen hat, damit die Beziehungen zwischen beiden Ländern nicht gestört werden. Erst recht schweigt man, wenn der Herrscher das eigene Volk niedermetzelt. Das Schicksal der Kurden ist auch an die Wahrnehmung gebunden, ihr nationaler Befreiungskampf sei eine separatistische Bewegung, die die Einheit des Irak bedrohe. Diesen Vorwurf hat erstmals Saddams Vorgänger Kassem 1961 gegen den kurdischen Führer Mustafa Barazani erhoben; seither wird er ohne Überprüfung kolportiert. Des weiteren wirft man den Kurden vor, sie hätten sich in ihrem Bestreben nach nationaler Autonomie eher an die Sowjetunion, an Europa oder an die USA gewandt als an die arabischen Staaten. Das ist historisch richtig. Aber verständlich, da nicht einmal die denkenden Eliten in diesen Staaten sie als nationale Minderheiten wahrgenommen haben. So sprechen sie beispielsweise erst seit dem 2. August 1990, dem Tag des Überfalls auf Kuwait, vom Giftgasmassaker der irakischen Regierung gegen das kurdische Dorf Halabscha. Mit zweijähriger Verspätung.

Es ist wahr, daß die Golfkrise und der Golfkrieg dem Mythos von der arabischen Einheit einen schweren Schlag versetzt haben. Aber wie jeder Mythos ist er zählebig, obwohl die Risse überall sichtbar werden. Ein Gang durch Kairos Straßen genügt, um sich ein Bild zu machen von den Gefühlen, die gegenüber Irakern, Marokkanern, Palästinensern und Kuweitis bestehen. In anderen arabischen Hauptstädten wird es kaum anders sein. Saddam Hussein gebührt das Verdienst, uns die Wirklichkeit so vorgeführt zu haben, wie sie ist, und nicht so, wie wir sie uns wünschen. Die gesamte Struktur der innerarabischen Beziehungen muß jetzt neu überdacht werden, ausgehend von den realen Bedingungen und nicht von unserem Wunschdenken. Die großen Unterschiede müssen akzeptiert werden, auch die Existenz von nationalen und religiösen Minderheiten. Nur so kann ein Konzept arabischer Kooperation entworfen werden, das ohne Phantastereien und Tagträume auskommt.

Wahrnehmungen der Krise

Aus dem Fegefeuer des Golfkrieges ist ein Mosaik aus Traumata, Paradoxien und Ohnmachtsgefühlen geboren. Denn es ist offensichtlich geworden, was lange durch den Mythos einer fiktiven Einheit verdeckt war: Das gemeinsame arabische Bewußtsein ist ein Klischee, eine Schablone. Die Chance liegt in der Wahrnehmung der Unterschiede, wie sie sich z. B. bei einem Schriftsteller wie Emile Habibi zeigen: Araber, Palästinenser, israelischer Staatsbürger, Kommunist – ein israelischer Palästinenser. Es fehlte nur noch, daß er Jude wäre. Emile Habibi war inmitten der hilflosen Schadenfreude, die die irakischen Scud-Raketen auf Tel Aviv ausgelöst haben, einer der wenigen, die zu Demonstrationen gegen Saddam aufgerufen haben. Nicht die Verbindung des Überfalls auf Kuweit mit der Palästinafrage stünde auf der Tagesordnung, sondern deren Trennung. Denn nur sie schaffe eine gemeinsame Grundlage zur Konfliktlösung mit den Israelis. Die Scuds auf Tel Aviv seien gegen die Sache der Palästinenser gerichtet. Man müsse aufhören, Israel als einen Alptraum zu betrachten, der vergeht, wenn man sich die Augen reibt. In Israel/Palästina stünden sich nicht weiße Kolonisatoren und Kosaken gegenüber, sondern zwei Opfer desselben Täters, die sich gegenseitig zum Täter stilisieren.[4]

Natürlich ist Israel nicht nur eine Obsession. Aber jenseits der Realität »Israel« existiert ein rein arabisches Dilemma, eine reale Unfähigkeit, den eigenen Standort dem Westen und damit Israel gegenüber zu definieren. Denn Israel bedeutet uns zuallererst ein psychisches Leiden. Es ist mitten unter uns, be-

---

4 Zitiert nach einem Interview mit der Zeitung Libération vom 7. Februar 1991.

haftet mit allen Vor- und Nachteilen des Westens. Wenn man sich dazu versteigt, von der arabischen Demütigung zu sprechen, so ist dies wahr und falsch zugleich. Die Israelis stellte man sich alle als blonde blauäugige Riesen vor – alles Geigenspieler und Mathematiker aus Europa. Seit 1982, seit der Libanon-Invasion, spricht keiner mehr von »Israelis«, es sind nur noch »die Juden«. Dies fällt auf einen fruchtbaren Boden antisemitischer Vorurteile – eine Krankheit, die nachweislich vom christlichen Abendland in die arabisch-islamische Zivilisation hineingetragen wurde. Dieser antisemitische Virus ist eine Katastrophe. Denn die Juden sind in unserer Zivilisation und Kultur präsent. Sie zu negieren heißt, sich selbst den Zugang zum Universalismus zu verschließen. Das ist schizophren und selbstzerstörerisch wie der Nationalismus. Die Lösung der Palästinafrage auf der Grundlage einer Anerkennung der nationalen Rechte von Palästinensern und Israelis in zwei Staaten wird den israelisch-arabischen Konflikt nicht lösen, denn er ist Bestandteil der umfassenden Krise der arabischen Zivilisation, ihrem ungeklärten Verhältnis zur Moderne und damit zum Westen.

In den Wechselbädern von Selbsthaß und Verfolgungswahn bewegen sich die Intellektuellen: Kolonialismus, Imperialismus, Israel, Zionismus und alles überlagernd die immer stärker werdende Erkenntnis des fehlgeschlagenen Modernisierungsprozesses. Aber Frustration und Demütigung sind bequeme Masken, genauso wie die nostalgische Sehnsucht nach einem vergangenen goldenen Zeitalter, nach mumifizierten Helden und Vaterfiguren.

Der Westen wird angeklagt, daß er nichts Neues mehr hervorbringe, daß die eigene Verzweiflung an der Moderne eine Widerspiegelung allgemeiner Verzweiflung im Westen sei. Es herrscht Verwirrung, noch keine Klarheit. Diejenigen, die jetzt Klarheit reklamieren, sind genau die, die in den alten Mustern verharren. Es sind die, die den einen gestürzten Imam schnell durch einen anderen ersetzen konnten, die diesen Krieg mit Hoffnung erwartet haben. Bagdad wurde für sie zu Cordoba, der Tigris zum Guadalquivir, der im Lichte der andalusischen Zivilisation mit den tausend Bibliotheken des Khalifen Abd ar-

Rahman leuchtete. Alle Demütigungen sollten im Staub und Blut von Kuweit getilgt werden.

Eine der Varianten dieser Anklage tritt im Gewand eines »linken« Islam auf, so z. B. Hassan Hanafi, Professor für Philosophie an der Kairoer Universität: »Der Westen hat uns immer vorgeworfen, ein Volk ohne historisches Bewußtsein zu sein. Um unsere Bewußtseinslage zu verstehen, muß man begreifen, daß wir nach islamischer Zeitrechnung am Anfang des 15. Jh.s stehen. Wir haben sieben goldene Jahrhunderte durchlebt und dann, beginnend mit den Kreuzzügen, sieben Jahrhunderte des Niedergangs. Wir werden das Goldene Zeitalter neu erleben. Das ist ein historisches Gesetz. (Nach der Zyklustheorie des arabischen Historikers und Soziologen Ibn Khaldun [1332–1406], Ch. M.) Deshalb kehrt der Islam zurück, der alles neu beleben wird. Er kommt durch die Vordertür, um all diejenigen zur Rechenschaft zu ziehen, die versagt haben. Wie ein Erlöser, wie ein neuer Christus wird er im Untergrund auferstehen, was der Psychologie der Unterdrückten entspricht. Saddam ist in diesem Kontext zu verstehen. Er ist Christus und Saladin zugleich. Es geht hier um ein psychisches Phänomen: Er (Saddam) stellt die Verbindung her zwischen Nationalismus und Islam. Er ist bereit, sich als Messias zu opfern, damit die Araber ihre Würde wiedererlangen. Es geht nicht darum zu überprüfen, ob dies irrational ist. Es geht darum, die Tiefen der arabischen Psyche, von der der Westen nie etwas wissen wollte, auszuloten.«[5]

Der Islam als Erlösung; seine Auferstehung wird alle Ohnmachtsgefühle vertreiben; er ist der Rettungsanker der Ertrinkenden. Eingangs wurde Anwar Abdel Malik als Beispiel für die Relativierung rationalen und aufklärerischen Denkens im Umgang mit dem Islam erwähnt, doch es gibt andere Symbolfiguren, die für eine noch absurder anmutende Wandlung stehen: Orthodoxe Marxisten-Leninisten wie Adel Hussein, der in den fünfziger und sechziger Jahren in Nassers Konzentra-

---

5 Aus einem Tonbandinterview mit der Autorin, das im April 1991 in Kairo geführt wurde.

tionslagern einsaß. In den siebziger Jahren wandte er sich von gesellschaftlichen Modellen ab, die, wie er sagt, vom Westen oktroyiert wurden. Der Prozeß der Selbsterforschung, seine Suche nach Identität, nach seinen Wurzeln, endet schließlich beim radikalen Islam. Seine Zweifel setzten am Konzept des Internationalismus an, den er als Deckmantel sowjetischer Interessen begriff. Er wandte sich den nationalen Ideen zu, um zu entdecken, daß ihr Kern der Islam sei: Grundlage und Wurzel arabischer Identität.

Im Herzen aller Polemik gegen den Westen steckt dieser Versuch der Selbstbestätigung, der alle Diskurse beherrscht. Keiner kann die soziale und kulturelle Bedeutung des Islam, das identitätsstiftende Moment, das er in sich birgt, leugnen. Dies tun weder Laizisten noch Christen, letztere geben sogar zu, daß sie mehr der islamischen als der jüdisch-christlichen Zivilisation angehören. Aber eine Rückkehr zum »Goldenen Zeitalter« kann es nicht geben. Weder wird der Islam als geschichtliche Kraft noch als Religion, noch als dominanter gesellschaftlicher Faktor der Gegenwart hinterfragt, kritisch beleuchtet oder rational analysiert. Das aber wäre der einzige Weg, um sich den Islam anzueignen und damit die Zivilisation, die er hervorgebracht hat, aus der Defensive herauszuführen.

Die Islamisten mästen sich an den Mißerfolgen der linken und liberalen Strömungen. Sie besetzen jedes Vakuum. Wenn sie proklamieren, daß nur eine islamische Staatsmacht die vielen kleinen Götter, die in der Region herrschen, ersetzen kann, dann finden sie Gehör. Daß sie jedoch einem dieser kleinen Götter gefolgt sind, stürzt sie heute in eine Legitimationskrise, die, wenn sie von den Gegenkräften richtig gewendet wird, ihr Ende bedeuten könnte.

Aber diese säkularen Gegenkräfte haben sich seit 1967 kaum mehr ihrer Verantwortung gestellt, sie haben keine substantielle Kritik an den Verhältnissen geübt. Für die Nasseristen ist Nasser noch immer ein Hausheiliger. Die Artikel, die in der ägyptischen Presse erst kürzlich zum Jahrestag des Militärputsches vom 23. Juli 1952 erschienen sind, spiegeln dies wider. Wenn Kritik an der Nasser-Ära geübt wird, dann nicht am Nasserismus selbst – er habe stets das Gute gewollt, sein Konzept war (ist immer noch) tauglich. Daß daraus »Böses« entstanden ist, liegt – je nach Standort – entweder an der Umgebung Nassers oder an »Imperialismus und Zionismus«, die ihn in die Falle von 1967 gelockt haben. Die Liberalen hingegen lehnen ihn undifferenziert ab. Es ist noch keine wirkliche Bilanz dieser wichtigsten Epoche der neueren arabischen und ägyptischen Geschichte gezogen worden. Aber es wird keine reale Entwicklung geben, wenn man nicht die richtigen Fragen stellt. So z. B. die: Wie konnte ein winziges Land mit knapp drei Millionen Einwohnern in wenigen Stunden vier arabische Staaten vernichtend besiegen?

Nur die radikale Selbstkritik weist den Weg aus der Krise – diese Erkenntnis setzt sich allmählich durch und läßt alle Schuldzuweisungen seltsam schwach und wenig überzeugend erscheinen, zumindest bei denen, die keine vorgefertigten Deutungsmuster mehr haben. Auch wer argumentiert, die grundlegenden Ungerechtigkeiten, allen voran die Schaffung des Staates Israel, seien das Werk des Westens, versucht dennoch, auch die andere Seite der Medaille zu betrachten. Letztendlich hat man Schwierigkeiten, den eigenen Standort positiv zu bestimmen. Dem Westen gegenüber fühlt man sich technologisch und ökonomisch unterlegen, aber moralisch überlegen. Es werden ganze Argumentationsketten entwickelt, um den Westen zu verdammen, der angeblich keine religiösen und moralischen Werte mehr kennt. Das ist ein Verteidigungssystem, um nicht die erschreckenden Ursachen der eigenen Misere tiefer auszuloten. So geht jeder Bezug zur Realität verloren. Der verletzte Stolz ist ein goldenes Gefängnis, das uns daran hindert, unseren Platz in der Welt zu finden. Hier wird das Versagen gerade der Intellektuellen deutlich, die entweder sich selbst entfremdet oder aber korrumpierte Hofnarren geworden sind, Hofnarren der totalitären Herrscher, korrumpiert vom Überfluß der Petrodollars. Wenn man eine Bilanz des arabisch-islamischen Denkens zieht, dann fällt sie katastrophal aus: vom Öl gekauft, von der Unterdrückung gezeichnet, im Exil verloren. Alle rationalen, aufklärerischen Strömungen sind am Ende oder führen Rückzugsgefechte.

Die Islamisten ernten die Früchte des eigenen Versagens. Die jetzige Situation der Krise wird als gähnendes schwarzes Loch wahrgenommen, in dem die Intellektuellen zusammen mit den Saddams, den monsterhaften Produkten der eigenen Fehler und der Fehler des Westens, eingesperrt sind. Wenn die Saddams gewinnen, dann gibt es wieder ein paar Comic-Helden mehr, wenn sie verlieren, versinkt alles in Nostalgie und Masochismus.

Die rituellen Wortklaubereien sind unerträglich geworden. Man muß die Teufelskreise, die uns umgeben, durchbrechen, aus der Sackgasse heraustreten. Aber bislang zeichnen sich nur individuelle Revolten und Bewußtseinskrisen ab. Ein Gefühl kollektiver Verantwortung kristallisiert sich heraus, um das befürchtete theokratische Herrschaftssystem abzuwenden, das am Horizont sichtbar wird. Aber man hat solange geschwiegen, vielleicht hat man das Sprechen verlernt. Nicht nur Marx hat eine Niederlage erlitten, auch Kant und Rousseau sind geschlagen. Denn die arabischen Intellektuellen haben vor der Schwere der Aufgabe weitgehend kapituliert. Jedoch: Die Elektroschockwirkung einer solchen akuten Krise könnte heilsam sein. Bislang richtet sich die Revolte allerdings nach innen, gegen einen selbst. Oder sie ist integristisch, rückwärtsgewandt. Eine beängstigende Vereisung des Denkens herrscht vor. Der antikoloniale Kampf hatte die öffentliche Meinung zusammengeschweißt. Sein ideologischer Ausdruck war der Nasserismus. Aber seit 20 Jahren, mit dem Zusammenbruch aller Träume von Einheit und Befreiung, von Entwicklung und sozialer Gerechtigkeit, verschärfen sich die Widersprüche ständig. Das koloniale Erbe wiegt schwer, und wir haben nichts davon bewältigt. Drei Welten existieren in der arabischen Welt unversöhnlich nebeneinander: der Nationalstaat, der arabische Nationalismus und der Islam. Das Abenteuer von Saddam, der den Nationalismus und den Islam beschwört, hat alles verschärft.

Dreh- und Angelpunkt aller Stellungnahmen ist das Gefühl von Ohnmacht, Unfähigkeit und Versagen. Es herrscht Mißtrauen gegenüber den tiefverwurzelten antikolonialen Dämonen, den Stereotypen, in denen man gefangen ist. Der Krieg hat nicht nur die arabischen Intellektuellen verraten, sondern auch den so bewunderten Westen. Im Westen sehen manche nur Brutalität, Zynismus, Lügen und Verachtung. Es ist eine enttäuschte Liebe, die tiefe Brüche offenbart. Vor allem bei den Intellektuellen im Exil.

Jamil Bencheich, Professor für arabische Literatur an der Sorbonne, ein Marokkaner, der in Tunesien und Algerien aufgewachsen ist, drückt das so aus:

»Ich bin nicht ausschließlich von der einen oder anderen Kultur vereinnahmt. Ich habe einen zweifachen Spiegel, um mich zu beobachten, mich meiner selbst zu vergewissern. Wenn ich vom Mythos der arabischen Brüderlichkeit eingeholt werde, dann denke ich an die Menschenrechte. Wenn mich der technologische Fortschritt verführt, dann denke ich an die Spiritualität. Wie kann man von arabischen Intellektuellen sprechen, solange das Problem der Freiheit noch nicht gelöst ist? Vielleicht gibt es einen kathartischen Effekt: Die brüchige Fassade der arabischen Mythen wird schließlich in sich zusammenbrechen.

Die Moderne ist nicht nur die Technologie, die wirtschaftliche Macht. Sie ist auch die Fähigkeit zur Konfrontation, zur offenen Debatte, die nicht unbedingt zugunsten der Modernisten ausgehen muß. In den arabischen Gesellschaften ist diese Moderne verboten – offene Debatten finden nur selten statt und kreisen um eng begrenzte Themen. Das sind antiintellektuelle Gesellschaften. Wie kann man angesichts ihrer Geschichte die Freiheit des Denkens, eine wahre Bürgerlichkeit fordern? Die Hoffnung auf den arabischen Helden ist psychisch motiviert, sie geht auf die alten Vaterfiguren von Khalif und Imam zurück. Man gibt sich verwestlicht, indem man die schlimmsten Idiosynkrasien des Westens übernimmt. Den Islam kann man nicht auf den deklamatorischen Diskurs der Integristen reduzieren. Es gibt keinen einheitlichen Islam, sondern verschiedene. So wie es keine einheitliche arabische Nation gibt, sondern verschiedene Völker in verschiedenen Staaten. Wir erleben Stunden von doppelter Tragik in beiden Kulturen. In diesem Konflikt erscheinen die Araber nackt. Die Mythen, die Gesänge, sind des Kaisers neue Kleider.«[6]

Manchmal schimmern durch die Verletzungen hindurch richtige Einsichten, so z. B. die, daß der Bismarcksche Weg der Baathpartei (mit Saddam als Vollstrecker), der Weg einer Einheit um jeden Preis, also auch mit Gewalt, ein Irrweg ist, politischer Selbstmord, vor allem nach dem Ende der Bipolarität. Daß politische Macht, Sicherheit und Unabhängigkeit an der Schwelle zum Jahr 2000 nur zu haben sind auf der Grundlage von wirtschaftlicher Entwicklung, Demokratisierung und sozialer Gerechtigkeit. Daß arabische Einheit nur auf der Basis einer Entwicklungspolitik zu realisieren ist, die diese drei Elemente in sich vereinigt. Nicht die politische Einheit ist der Schlüssel zur wirtschaftlichen Einheit, sondern umgekehrt. Die europäische Gemeinschaft mag als Beispiel dienen. Zuerst bedarf es einer arabischen Wirtschaftsgemeinschaft, dann eines gemeinsamen arabischen Parlaments, und dann kann eine Föderation in Erwägung gezogen werden. Irgendwelche kulturellen oder gar historischen und religiösen Gemeinsamkeiten reichen zur Legitimation arabischer Einheit nicht aus. Nur die Demokratisierung und eine Beteiligung der Bevölkerung an den politischen Entscheidungsmechanismen kann diesen Einigungsprozeß in Gang setzen. In diesem Kontext ist auch die Palästinafrage zu sehen – als der Zusammenstoß einer unterentwickelten mit einer fortgeschrittenen Zivilisation. Der Konflikt kann nur auf dem Weg umfassender ökonomischer Entwicklung unter den oben genannten Voraussetzungen gelöst werden. Das ist auch der einzige Ausweg aus der alles verschlingenden Rüstungsspirale.

Die kriegerische Option als archaische Kompensation realer oder imaginärer Demütigungen ist nicht mehr einlösbar, auch und gerade nicht gegen Israel. Der »Saladinkomplex«, geboren aus der Frustration, eine mystifizierende Erinnerung an vergangene Größe, gipfelt in der wiederholten Reinszenierung der Schlacht von Hittin 1187, die letzte siegreiche arabische

---

6 In: Libération, 22. Februar 1991.

Schlacht gegen das christliche Abendland. (Schon 1258 hatten die Mongolen Bagdad erobert und dem abbasidischen Khalifat, über das die Geschichte in Gestalt vieler kleiner Könige, Emire, ja sogar Gegenkhalifen hinweggegangen war, den lange fälligen Todesstoß versetzt. Trotzdem spricht die marokkanische Soziologin Fatima Mernissi von der »Mongolisierung der Amerikaner« und evoziert damit im fernen Maghreb Bilder tiefster Verletzungen im arabischen Unterbewußtsein, um die aktuelle Krise zu beschreiben!)

Die Fähigkeit, die die arabisch-islamische Zivilisation über viele Jahrhunderte hinweg aufwies, nämlich Fremdes zu assimilieren, zu integrieren und daraus schöpferisch Neues zu schaffen, ist verlorengegangen. Der Rückzug auf sich selbst, auf die Ebene eines selbstbezogenen Denkens als Folge des Siegeszuges islamischer Orthodoxie zwischen dem 10. und dem 12. Jahrhundert n. Chr., verschloß den Blick für die Entwicklungen, die in Europa stattfanden: die Entdeckung Amerikas, die Gold- und Silberströme aus der Neuen Welt, die Verschiebung der Handelswege und die Herausbildung des Merkantilsystems – um nur einige konkrete Beispiele zu nennen und das von vielen beklagte Fehlen von Renaissance, Reformation und Aufklärung in der islamischen Zivilisation auf die Füße zu stellen.

Die eigene arabische Identität ist so erschüttert (in anderem Zusammenhang würde man von Ich-Schwäche reden), daß sie das Fremde nur noch konfrontativ wahrnimmt, sich sogar mit solchen Despoten wie Saddam identifizieren kann, nur weil er vorgibt, gegen das Fremde anzutreten. Eigentlich sind er und seinesgleichen Produkte unserer Geschichte, ein Objekt der Scham für alle Araber.

Wir müssen an die Tradition der liberalen Intellektuellen aus dem 19. und 20. Jahrhundert anknüpfen, die eine Universalisierung ursprünglich westlicher Werte angestrebt und in ihren Werken umgesetzt haben. Der Golfkrieg hat die schon lange bestehende Krise einem neuen Höhepunkt zugeführt. Nach dem Junikrieg von 1967 ist es die zweite politische Katastrophe innerhalb von weniger als 30 Jahren. Obwohl es den Anschein hat, daß sich manches wiederholt, was sich damals ereignet hat, so sind gerade die Unterschiede bemerkenswert. Die arabische Welt hat nicht monolithisch gehandelt; trotz aller gegenteiligen Erwartungen, vor allem in den westlichen Medien. Auch die vielbeschworenen »arabischen Massen« haben dies nicht getan, zum Leidwesen vieler »Drittweltisten« hierzulande. Die ethnische Solidarität wurde durchbrochen zugunsten eines Handelns, das von konkreten Interessen bestimmt war. Das mag so mancher, der nationalistisch gesinnt ist, bedauern. Es ist aber ein Hoffnungsschimmer, der Perspektiven eröffnet auf eine rational geleitete Politik, bei der die eigenen Interessen (und vielleicht auch die universellen Werte) höher gehandelt werden als eine automatische Solidarität mit den Möchtegern-Saladins.

Die arabischen Intellektuellen, die der Golfkrieg zutiefst zerrissen hat, sind die einzigen, die es vermögen, Wege aus der Krise zu weisen. Sie haben die Ausbildung, und sie verfügen über die analytischen Instrumente. Sie können sich auf die rationalistisch-aufklärerischen Stränge der arabisch-islamischen Tradition von Ibn Rushd bis Taha Hussein[7] stützen, sie aus den dunklen Verliesen der religiösen Orthodoxie hervorholen, sie fortführen und mit den Erkenntnissen westlicher Wissenschaft und Philosophie fruchtbar verbinden und Neues schaffen. Voraussetzung dafür ist, die Opferrolle abzuschütteln, sich wieder als Subjekt der Geschichte wahrzunehmen, indem wir uns die eigene Geschichte und Zivilisation neu aneignen, sie nicht den Islamisten überlassen. Wir müssen die richtigen Fragen stellen, die Bürde des Sisyphos annehmen. Oder, wie Edward E. Said in Relativierung seiner Kritik am Orientalismus sagte:

»Die arabische Welt, in der sich bedauerlicherweise so viele mit dem brutalen Irak identifiziert haben, kann den Westen nicht einfach des ›Orientalismus‹ beschuldigen. Man muß entdecken, daß der Westen vielschichtig und nicht monolithisch ist, wenn man den Anspruch erheben will, von diesem ernst genommen zu werden. Die Araber müssen den Westen

---

7 Zu deren Person vgl. die Anm. S. 238 f.

davon überzeugen, daß er ein falsches Bild von ihnen hat, anstatt weiter zum Kreislauf des Auftrumpfens, Predigens und Vernichtens beizutragen.«[8]

---

8 Edward W. Said in einem Aufsatz, veröffentlicht in: The Nation, 11. Februar 1991. Zitiert nach: Frankfurter Allgemeine Zeitung, 21. August 1991.

TAHAR BEN JELLOUN

Einige bittere Bemerkungen über die arabische Welt*

Die arabische Welt ist keine einheitliche Union von etwa 21 Staaten. Gewiß gibt es eine Arabische Liga, deren Sitz zunächst in Kairo war, dann, nach Sadats Besuch in Jerusalem, nach Tunis verlegt wurde, um schließlich doch wieder in Kairo angesiedelt zu werden, womit der Boykott Ägyptens dann offiziell beendet war – es ist nun mal das wichtigste arabische Land, ob man das nun wahrhaben will oder nicht.

Nein, die arabische Welt ist keine Konföderation oder Gemeinschaft wie Europa. Sie ist eine Idee. Eine Hoffnung. Gleichzeitig unterschiedlich und doch einander ähnlich. Genau deswegen befindet sich die arabische Welt in einer Krise: weil sie sich ihre internen Differenzen nicht eingesteht und gerade dann, wenn es darauf ankäme, nicht mit einer Stimme spricht.

Ich möchte mich nicht als pessimistischer Prophet profilieren, aber es erscheint doch absehbar und unvermeidlich, daß die arabische Welt wenig einheitlich in das dritte Jahrtausend eintreten wird, mit unterschiedlichen Zielsetzungen und einem ungleichen Entwicklungsstand in politischer wie wirtschaftlicher Hinsicht. Daran dürfte wohl kaum ein Zweifel bestehen. Es ist besser, dergleichen Tatsachen zu benennen, als fortwährend von einer »arabischen Nation« zu träumen, die ja eine schöne Idee ist, mit der Wirklichkeit aber nichts zu tun hat.

Gewiß, der vorherrschende Diskurs pflegt die Träumerei

---

* Ich muß betonen, daß der folgende Text auf persönlichen Ansichten und Überlegungen beruht, gelegentlich etwas sprunghaft erscheinen mag, darin meinen mäandrierenden Gedanken folgend; eine umfassende wissenschaftliche Studie jedenfalls möge der Leser nicht erwarten.

und die Nostalgie. In meinen Augen ein deutlicher Hinweis auf die bestehende Krise der arabischen Welt, die alle gesellschaftlichen Bereiche umfaßt. Diese Krise besteht seit langem, und sie ist ebenso weitreichend wie schwerwiegend. Um sie zu überwinden, ist eine kritische Würdigung unserer Vergangenheit und Gegenwart absolut unerläßlich. In diesem Zusammenhang führt kein Weg um das Eingeständnis, daß irgend etwas in der arabischen Welt nicht funktioniert. Das betrifft die Zusammensetzung der politischen Regime nicht minder wie das Bewußtsein, im Guten wie im Schlechten, das die arabischen Intellektuellen sich selbst und ihren Gesellschaften entgegenbringen.

Paradoxerweise wurde sich die arabische Welt ihrer Identität bewußt, während sie unter der kolonialen Vorherrschaft litt – was schließlich zum Kampf gegen jene führte, die sie auch weiterhin aus der Geschichte auszugrenzen versuchten. Der Nationalismus war tatsächlich ein guter »Erwecker« öffentlichen Bewußtseins. Immerhin hat er zur Unabhängigkeit geführt. Aber genau in diesem Moment offenbarte sich die Krise: Diejenigen, die die Führung der unabhängigen Staaten übernahmen, waren hierfür nicht oder so gut wie nicht vom Volk eingesetzt worden; die neuen Herrscher haben sich entweder durch ihr Charisma behauptet (Nasser), oder aber sie hatten das Glück, einen erfolgreichen Coup d'Etat zu landen. Anders gesagt, die meisten arabischen Staaten werden bis heute nicht nach demokratischen Prinzipien regiert. Die Einheitspartei war lange Zeit der einzige politische Bezugsrahmen (und ist es noch immer in Ländern wie Irak, Syrien, Libyen...).

Ein solcher Mangel an politischer Legitimität ist aber in einer modernen Welt nicht länger hinnehmbar. Es ist offensichtlich, daß der grauenvolle Golfkrieg nicht stattgefunden hätte, wenn an der Spitze des irakischen Staates ein Regierungschef stünde, der aus allgemeinen und freien Wahlen hervorgegangen wäre, wenn die Regierung des Irak Volksvertretern Rechenschaft schuldete, die ihrerseits demokratisch gewählt worden wären, wenn der Irak ein Rechtsstaat wäre, der die Menschenrechte und das internationale Völkerrecht respektiert. Die Demokratie schützt ein Volk vor der Willkür und dem Wahnsinn seiner

Führer. Das irakische Volk war folglich schutzlos. Es mußte die Verfehlungen seiner Führer ebenso erdulden wie die Tonnen amerikanischer und europäischer Bomben, was eine Bilanz von wenigstens 200000 Toten ergab. Man sieht also, wohin politische Illegitimität führen kann.

Einst hat man sich in der arabischen Welt erhoben, um die Unabhängigkeit zu erringen. Einige Völker haben diese Unabhängigkeit teuer bezahlt, wie das algerische Volk. Was das palästinensische Volk betrifft, so kämpft es noch immer, allein, um seine Gebiete wiederzuerlangen, die von Israel besetzt werden. Gegenwärtig strömen die Menschen in den arabischen Ländern auf die Straße, um ihre Freiheit zu erkämpfen. »Junge Menschen sterben zu Dutzenden, weil sie verfassungsmäßige Grundsätze einfordern, ein Mehrparteiensystem und freie Wahlen. Für weite Teile der öffentlichen Meinung ist die Demokratie zu einer Instanz geworden, in der sich sämtliche enttäuschten Hoffnungen bündeln. Den Revolten, die sie inspiriert, folgt in erster Linie das Schweigen der Niederlage oder der erstickte Schrei von Träumen, die sogleich verraten wurden«, schreibt der Ägypter Mahmoud Hussein in seinem Buch »Versant sud de la liberté« (Paris 1989).

Es ist wahr, daß die Demokratie kein Bestandteil der politischen Traditionen in der arabischen Welt ist. Aber sie ist umgekehrt auch kein Privileg Europas. Die Grundlagen und die Werte der Demokratie sind universal gültig. Die jungen Menschen, die bei uns demonstrieren und ihr Leben riskieren, machen sich über die hehren Verlautbarungen westlicher Demokratie lustig. Was sie wollen, wofür sie kämpfen, das ist die Würde, die Respektierung ihrer politischen Anliegen, ihrer Wünsche. In einigen Ländern kämpft man um das tägliche Brot. Aber nicht allein darum. Neben dem Brot – der Arbeit – gibt es die Sehnsucht nach Freiheit und Sicherheit.

Seit dem Golfkrieg haben sich die geopolitischen Rahmenbedingungen in der arabischen Welt verändert. Man kann sagen, daß die Uneinigkeit unter den Arabern noch zugenommen hat. Von verantwortlicher arabischer Seite ist die bestehende Lage bislang nicht ernsthaft und objektiv analysiert worden. Eine Ausnahme ist lediglich König Hassan II. der in einer Rede an die Nation, am 10. Juli 1991, feststellte, daß die arabische Welt in ihrer Entwicklung um 20 Jahre zurückgeworfen und das arabische Antlitz geprägt sei von Niedergeschlagenheit und Scham. Ich zitiere aus der Erinnerung, aber der Standpunkt des marokkanischen Monarchen war von Anfang an in Einklang mit dem internationalen Rechtsempfinden. Als Konsequenz der gnadenlosen Metzelei, die amerikanische Bomber unter der irakischen Bevölkerung angerichtet haben, hat das marokkanische Volk – wie die meisten arabischen Völker – einige Tugenden bei demjenigen ausgemacht, der das irakische Volk offiziell vertritt, bei Saddam Hussein. Dementsprechend hat man von irakischer Seite eine Selbstkritik erwartet. Eine Gewissensprüfung. Man hoffte, daß dieser Krieg, der doch für das Schicksal der arabischen Welt so verheerende Folgen hatte, eine Lehre sein würde. Man wartete, und nichts passierte. Das, was man dann hörte oder aber in der irakischen Presse las, waren Selbstbelobigungen, zynische Rechtfertigungen und jämmerliche Siegerposen. Hat Saddam Hussein denn nicht den mindestens surrealistisch zu nennenden Versuch unternommen, den Ausgang des Krieges, seine Niederlage, in einen Sieg umzudeuten? Und hat sein Sohn in einer Zeitung der Baath-Partei nicht allen Ernstes behauptet, die Demokratie sei eine westliche Erfindung, derer die arabische Welt nicht bedürfe?

Wo aber stehen die Intellektuellen? Was denken sie über die Niederlage? Vielleicht schreien sie ihre Ansichten hinaus, aber man hört sie nicht. Vielleicht werden sie daran gehindert, sich klar und deutlich zu äußern. Nach der Niederlage im Junikrieg 1967, der für die arabischen Massen ein wahres Trauma war und die Intellektuellen in tiefe Selbstzweifel stürzte, da waren die Stimmen der Elite nicht eben zahlreich, um das Unglück zu verdammen, zu dem die arabische Welt verurteilt schien. Heute spürt der arabische Intellektuelle, daß sein Wort, seine Stimme, seine Gedanken nicht unbedingt auf Interesse stoßen, daß man ihnen nicht länger in gespannter Erwartung begegnet. Er weiß natürlich, daß die Welt mehr und mehr vom Westen dominiert wird, von Europa und Amerika, den engsten Verbündeten Israels. Nun kann man aber nicht israelische Intransingenz billigen und gleichzeitig die Araber in ihrem Wunsch unterstützen, in Frieden leben zu wollen. Der arabische Intellektuelle befindet sich also in einem Dilemma. Er weiß, daß das, was er zu sagen hat, den Westen nicht interessiert. Folglich zieht er sich in sich selbst zurück und vergißt dabei gleichzeitig, sich in seinem eigenen Land zu äußern. Während der großen Umwälzungen in der Sowjetunion war die arabische Stimme nicht zu vernehmen. Vielleicht, weil niemand daran dachte, sie anzuhören.

Der arabische Intellektuelle, der sich im Westen artikuliert, genießt nicht dieselben Freiheiten wie die Europäer. Wenn ein arabischer Schriftsteller öffentlich auftritt, sieht er sich in der Regel mit der Annahme konfrontiert, er spreche für den Rest der arabischen Welt – selbst wenn dies gar nicht seine Absicht ist. Ein israelischer Schriftsteller dagegen unterliegt dieser Erwartungshaltung nicht, er spricht in der Tat für sich allein, nicht im Namen Israels – es sei denn, er hat hierfür ein Mandat.* Hier offenbart sich das ganze Problem: In der arabischen Welt sieht man das Individuum bislang nicht als ein singuläres Geschöpf, als unverwechselbares und einzigartiges Subjekt. Nicht Individualität ist zu finden, sondern eine entstellte Form bürgerlichen bzw. kleinbürgerlichen Individualismus: Säule und Garant der Macht.

1974 hat der marokkanische Historiker Abdallah Laroui in Paris eine Textsammlung mit dem Titel »Die Krise der arabischen Intellektuellen« veröffentlicht. Der Autor erinnert darin an die kulturelle und historische Rückständigkeit des Orients gegenüber dem Westen und betont, daß »die arabische Kultur in ihrer klassischen Ausprägung, und auch in den wichtigsten Teilbereichen ihrer modernen, zeitgenössischen Aus-

---

* Ein Sonderfall ist gegeben, wenn ein israelischer Intellektueller mit jenem Gesetz konfrontiert wird, das Begegnungen mit Vertretern der PLO unter Strafe stellt. Der militante Pazifist Abbi Nathan ist zu zwei Jahren Gefängnis verurteilt worden, weil er sich im Sommer 1991 mit Yassir Arafat traf. Israelische Intellektuelle, die mit den Palästinensern in Frieden leben wollen, tun ihr Bestes, um dieses Gesetz der Lächerlichkeit preiszugeben.

formung, in nahezu allen Aspekten einem liberalen Kulturverständnis widerspricht. Ich spreche deswegen von Rückständigkeit, weil ich die allgemeine Auffassung teile, wonach Kultur sich definiert als gesellschaftliche Ausdrucksform, die wiederum aus ihrer materiellen Basis abzuleiten ist. Dabei ist freilich das koloniale Phänomen zu berücksichtigen.«

In der Tat ist der Kolonialismus ein gravierender und brutaler Eingriff in die Geschichte, aber er ist nicht die einzige Ursache des Unglücks in Entwicklungsgesellschaften. Denn es mangelt ihnen nicht allein an Technizität, sie haben auch die Rückständigkeit sich selber gegenüber zu überwinden. Der arabische Intellektuelle, der sich dieser Tatsachen bewußt ist, befindet sich in einer schwierigen Lage. Was für Beziehungen unterhält er zur Macht? Welche gesellschaftliche Rolle nimmt er für sich in Anspruch, welche Rolle hält die Gesellschaft für ihn bereit?

In der Vergangenheit stand der arabische Intellektuelle häufig im Dienst der Macht. Ibn Khaldun (1332–1406), obgleich der größte Historiker und kritische Soziologe seiner Epoche, wußte seinen Platz im Rahmen der Politik herrschender Dynastien zu finden. Noch heute zeigt sich der arabische Intellektuelle fasziniert von der Macht, sei er nun erklärter Gegner oder Befürworter des jeweiligen Regimes. Auch ein Grund, warum das Volk seinen Schriftstellern mit wachsendem Unbehagen begegnet. Jedenfalls verläuft zwischen beiden ein tiefer Graben. Das Volk findet sich in der Arbeit der Intellektuellen nicht wieder, sieht seine Sehnsüchte und Anliegen nicht reflektiert, steht ihr ratlos gegenüber. Und umgekehrt fragen sich die Intellektuellen besorgt, ob ihre Kreationen und Reflexionen denn auch wirklich die Bedürfnisse und Forderungen des Volkes zum Ausdruck bringen. Ein altes Problem. Der Bruch ist offenkundig, und sei es, weil der Analphabetismus in der arabischen Welt extrem verbreitet ist.

Zu beobachten sind zwei Formen der Entfremdung: Die eine resultiert aus der Verwestlichung, die einen veränderten, innerlich gespaltenen Menschen schafft. Die andere hat mit dem zu tun, was Laroui die »Vermittelalterlichung« nennt. Sie ergibt sich aus der regelrecht magischen Identifikation mit der großen Epoche klassischer arabischer Kultur. Um die Krise zu überwinden, muß die arabische Welt ihre Bereitschaft erkennen lassen, in die Moderne einzutreten, mit anderen Worten: in die Rationalität. Allerdings, so Laroui, »sind die Chancen einer allgemeinen Entwicklung in Richtung Rationalität sehr gering, fast nicht vorhanden, denn das bestehende System trägt in sich selbst den Keim ewiglichen Fortbestehens«.

Was also ist zu tun? Wollen wir weiter über unser Schicksal lamentieren, während die übrige Welt in Bewegung ist, sich entwickelt und verändert? Rationalität ist ohne Demokratie freilich nicht zu haben. Solange die politischen Machthaber nicht unzweideutig legitimiert sind, solange wird es auch keinen Fortschritt geben können.

In einigen arabischen Staaten herrschen Militärs, die die Macht auf dem Weg gewaltsamer Staatsstreiche übernommen haben. Sie erwecken nun den Eindruck, durch ihre langen Jahre an der Macht eine gewisse Legitimität erworben zu haben, aber diese Ansicht ist unbegründet. Es gilt anzuerkennen, daß nur diejenigen das Recht haben zu regieren, die das Volk in freien, geheimen und allgemeinen Wahlen demokratisch gewählt hat. Algerien hat sich seit Juni 1990 der Demokratie geöffnet. Auch Jordanien hat einen demokratischen Umschwung erlebt. Die Zukunft gehört der Demokratie, nicht den Putschisten. Vielleicht kleben die Militärs, die ihre Macht einem Staatsstreich verdanken, gerade deswegen so fest an ihren Stühlen.

Intellektueller ist, wer alles unternimmt, um die Demokratisierung seiner Gesellschaft voranzutreiben. Ein Intellektueller hat seine Arbeit als Beobachter und Analytiker konsequent, kritisch und objektiv zu leisten. Darüber hinaus sind die kreativen Kräfte verpflichtet, ihrer Eingebung, ihrer Kreativität zu folgen, ohne sich darin von Machthabern beirren zu lassen, die versuchen, ihnen Grenzen zu setzen. Ich wünsche mir, daß sich die Subjektivität, die höchste Ausdrucksform des Individuums, in ihrer ganzen Singularität und tief empfundenen Ernsthaftigkeit mit aller Macht Bahn bricht. In der arabischen Welt hat man Angst, seine Subjektivität zu zeigen. Man vergißt dabei, daß die arabische Kultur »skandalöse« und großartige Poeten wie Abu Nawass hervorgebracht hat, revolutionäre Mystiker wie Al-Hallaj und Ibn Arabi, Philosophen, die ihrer Zeit voraus waren wie Abul Ala al-Maari, Autoren wundervoller erotischer Texte wie Sheikh Nafzaoui. Heute laufen dieselben Schriften Gefahr, verboten zu werden. (In Ägypten hat man die ungekürzte Fassung der »Geschichten aus Tausendundeiner Nacht« indiziert!)

Ich hoffe, daß der Golfkrieg das allgemeine Bewußtsein geschärft hat. Nur wenige arabische Intellektuelle haben die Invasion Kuweits und die Diktatur Saddam Husseins verurteilt. Im Gegenteil, man hielt es für besser, der Menge in ihrer Solidarität mit dem Irak zu folgen. Es war in der Tat richtig und notwendig, das irakische Volk zu unterstützen, um allerdings gleichzeitig daran zu erinnern, daß es Opfer einer Diktatur ist, die es sich zur Gewohnheit gemacht hat, ihr Volk in grauenvolle Kriege zu stürzen – erst gegen Iran, dann im Golf. Doch man hat den Eindruck, daß es den meisten arabischen Kommentatoren an Weitsicht fehlte. Befangenheit, ideologische Verblendung und Demagogie haben vielfach die ernsthafte und unvoreingenommene Analyse ersetzt. Vor diesem Hintergrund erklärt sich das arabische Unglück, das man als »Rückständigkeit« qualifiziert. Rückständigkeit in bezug auf ein anderes System, in bezug auf den Westen. Doch der Westen dient nicht länger als Referenzsystem, gilt nicht mehr als Garant grundlegender Werte wie Gerechtigkeit, Brüderlichkeit und Menschlichkeit. Der Golfkrieg hat dem Westen endgültig jede Glaubwürdigkeit genommen.

Die arabische Welt bedarf der inneren wie äußeren Ruhe, um ihren gegenwärtigen Zustand zu begreifen. Wir benötigen eine radikale Analyse unserer selbst, die aus dem Innern der arabischen Gesellschaft kommen muß. Genau das ist die Aufgabe, die sich dem Intellektuellen stellt. Doch weder im Osten noch im Westen der arabischen Welt ist es ihnen gelungen, eine vierte Macht zu bilden. Die meisten Schriftstellerverbände sind ein verlängerter Arm der Regierung. (Mit Ausnahme Marokkos. Hier sind die Schriftsteller der Regierung entkommen, nicht aber der Einflußnahme durch die verschiedenen Parteien, darunter die Sozialistische Union der Volkskräfte und die Istiqlal-[Unabhängigkeits-]Partei.) In Europa ist es fast schon eine Selbstverständlichkeit, daß intellektuelle Kreise auf die verschiedenen Machtinstanzen Druck ausüben können. In der arabischen Welt aber wird jede kritische Anfechtung zurückgewiesen, komme sie nun von Künstlern oder von der Menge auf der Straße. Diejenigen an der Macht wissen, daß sie über keine Legitimität verfügen, und akzeptieren dementsprechend auch keine Kritik. Es gibt Schriftsteller, die sich davon nicht irritieren lassen und trotzdem gute Arbeit leisten. Nicht gerade viele, aber es gibt sie. Nur gelingt es ihnen nicht, eine größere Bewegung auszulösen, jenseits individueller Proteste.

Vor dem Krieg im Libanon galt Beirut als eine Nische der Freiheit. Hier fanden sich Hunderte von Verlagen, Dutzende von Zeitungen und Zeitschriften. Es war ein Ort, wo man sich in aller Freiheit ausdrücken konnte, und das gefiel der Mehrheit der arabischen Regierungen überhaupt nicht. Vielleicht haben sich deswegen einige von ihnen aktiv an der Zerstörung Beiruts beteiligt. Heute ist es so, daß kritische Bücher zu politischen Fragen, über Religion oder Sexualität kaum eine Chance haben, innerhalb der arabischen Welt ungehindert ihre Leser zu finden. Der arabische Markt ist potentiell unermeßlich, aber er reduziert sich drastisch durch die Zensur, die an jeder Grenze Barrieren errichtet.

Immer mehr Künstler, Schriftsteller, Forscher und Wissenschaftler begeben sich ins Exil nach Europa oder Amerika. Nicht allein, weil sie der Freiheit bedürfen, sie suchen auch den Kontakt zu anderen kreativen Kräften. Jeder freiwillige Weggang eines kreativen Menschen aus seiner arabischen Heimat ist ein Verlust für sein Land, den die Regierung zu verantworten hat. Das Problem ist von einer beängstigenden Tragweite. Aber die Regierungen interessiert es nicht, die kulturelle Entwicklung der Gesellschaft voranzutreiben. Die arabischen Künstler benötigen dringend internationale Anerkennung, um ihre Aufgabe zu bewerkstelligen. Sie wissen, daß sie zu Hause nur eine geringe Chance haben, bekannt und anerkannt zu werden. Denn die arabische Welt wird von der übrigen Welt nicht eben mit Sympathie und gesunder Neugier bedacht, insbesondere nicht von denen, die in der öffentlichen Meinung und den Medien den Ton angeben.

Es ist nicht leicht, kreativ zu sein. Erst recht nicht in einer feindlich gesinnten Umwelt. Während wir auf bessere Tage warten, sollte der Westen seine Haltung gegenüber den Arabern korrigieren. Vor allem sollte er unterscheiden lernen zwischen Regierung und Regierten, um nicht alles und jeden mit derselben Gleichgültigkeit zu verurteilen. Die arabische Kultur ist reichhaltig und vielseitig. Es lohnt die Anstrengung, auf diejenigen zuzugehen, die sie machen und in Ehren halten. Dafür bedarf es lediglich eines anderen Blickes und einer anderen Einstellung.

ADONIS

Plädoyer für eine Utopie*

1

Die arabische Kultur beruht wesentlich auf zwei Säulen: Sprache und Religion. Denn, folgt man der Glaubensvorstellung, so ist die Religion ein Buch, das von Gott auf arabisch offenbart wurde. Sprache ist demnach eins geworden mit Religion, und daraus läßt sich folgern, daß die Religion das uneingeschränkte Referenzsystem der arabischen Kultur ist.

Sicher finden sich in der arabischen Geschichte gelegentlich Persönlichkeiten, die dieses Referenzsystem unter Verwendung rationaler Deutungsmuster zu modifizieren oder gar die Religion mit den diskursiven Mitteln der Rationalität grundsätzlich zu negieren suchten. Doch solche Denker sind Einzelkämpfer geblieben, Außenseiter, ungeachtet ihrer Bedeutung für die Geistesgeschichte. Gewiß gibt es auch, seit dem 19. Jahrhundert, politische und kulturelle Bewegungen, die unter dem Einfluß der Französischen Revolution und der westlichen Demokratie ihrerseits versucht haben, eine neue Kultur und eine neue Gesellschaft zu begründen, aber auch sie sind Randerscheinungen geblieben, die das eigentliche Fundament der arabischen Gesellschaft nicht nachhaltig zu erschüttern vermochten – den allumfassenden Ordnungsanspruch der Religion. Es ist unbestritten, daß diese Bewegungen die politischen Ordnungssysteme in der arabischen Gesellschaft beeinflußt ha-

---

* Der folgende Text versteht sich als persönliches Bekenntnis; ich spreche also von Erfahrungen, die ich erlebt und durchlebt habe und die bis heute mein Leben ganz entscheidend prägen.

ben, in Abhängigkeit von den sozio-kulturellen und ökonomischen Rahmenbedingungen in den jeweiligen Ländern. Aber diese Ordnungssysteme sind nach wie vor, in ihrem tiefsten Inneren, eine Fortführung religiöser Allmachtsansprüche, wie sie ehemals durch das Kalifat vertreten wurden.

Innerhalb dieser Ordnungssysteme lassen sich gegenwärtig zwei Ausrichtungen unterscheiden: zum einen die Erb- und Familienmonarchie, zum anderen die Militärherrschaft, der sich die Einheitspartei ebenso zuordnet wie die Neigung zu elitärem Bewußtsein. Dergestalt sind die grundlegenden Errungenschaften der Französischen Revolution in der arabischen Gesellschaft unbekannt geblieben, was in erster Linie die zivilrechtliche Emanzipation des Menschen betrifft, der Eckstein seiner politischen, sozialen und kulturellen Emanzipation.

Einige Regime üben sich in Wahlspielen, aber wenn man hinter die Kulissen schaut, so offenbart sich unmißverständlich, daß deren Funktion einzig darin besteht, der Öffentlichkeit ein Eingeständnis abzuringen. Sie hat jeglichem politischen Leben zu entsagen und sämtliche Macht an jene zu delegieren, die bereits regieren. Der einzelne Wähler hat lediglich die Möglichkeit, sich für die Machthaber auszusprechen, denn eine Opposition gibt es nicht. Es sind Wahlen, deren eigentlicher Sinn darin besteht, die Entmündigung des Bürgers festzuschreiben. Sie sind folglich eine organisierte Erniedrigung im Gewand der Legitimität, eine Erniedrigung des Menschen, seines Lebens, seiner Freiheit, seiner Vernunft. Wahlen dieser Art betreiben die gezielte Enteignung des Bürgers, seiner sämtlichen Rechte, vor allem seiner politischen Rechte. Tatsache ist, daß außerhalb des jeweiligen Regimes keine Politik stattfindet, wobei sich die Strukturen dieser Politik auf allen gesellschaftlichen Ebenen gleichermaßen gewalttätig zeigen. Wenn es wahr ist, daß der Mensch in dem Maße Mensch ist, in dem er politisch handelt, in dem er sich frei betätigen kann, so müssen wir eingestehen, daß es diesen Menschen in der arabischen Gesellschaft nicht gibt. Er existiert lediglich als unmündiger Untertan, jeder Verantwortlichkeit beraubt. Das, was normalerweise der Wille des Volkes genannt wird, ist in Wirklichkeit nicht viel mehr als eine erzwungene Delegierung dieses

Willens an das herrschende Regime. In gewisser Weise handelt es sich um einen von oben erpreßten Freibrief. Somit wird nicht den divergierenden Interessen innerhalb der Gesellschaft Rechnung getragen, sondern allein denen der herrschenden Klasse.

Die Problematik verweist auf einen sehr viel komplizierteren Aspekt, der dort zum Tragen kommt, wo sich die Gesellschaft aus mehr als nur einer Sprache, einer Religion, einer ethnischen Zugehörigkeit zusammensetzt. Hier erreicht die Entmündigung und Entrechtlichung des Menschen ihren Höhepunkt: Man oktroyiert dieser vielgesichtigen Gesellschaft eine singuläre Einheits-Identität, die meistens die Identität der Mehrheit ist. Gelegentlich kann es allerdings vorkommen, daß sich eine minoritäre Gruppe auf Kosten der Mehrheit durchsetzt. Für beide Varianten lassen sich zahlreiche Beispiele finden.

Wenn es richtig ist, daß sich die Kultur einer Gesellschaft in ihren Lebensgewohnheiten, ihren Werten, Sehnsüchten und Glaubensinhalten ausdrückt, dann ist die vorherrschende Kultur der arabischen Gesellschaften eine religiöse Kultur, eng verflochten mit religiösen Moralvorstellungen und Wertesystemen, Glaubensgewißheiten und Hoffnungen. Diese Kultur ist nirgendwo geleitet von originärem Erkenntnisinteresse, denn sie ist festgefahren in einem moralisierenden Vollzug religiösen Wissens. Es ist eine Kultur, die einem vorgefertigten Haus ähnelt: Das Individuum wird darin geboren und lebt dort mit der Verpflichtung, sein Verhalten und sein Denken den Vorschriften zu unterwerfen, die ihm die Religion beibringt. Sind dann aber in einer Gesellschaft verschiedene sprachliche, ethnische und andere Gruppen zu finden, so sieht sich das Individuum ratlos mit einer überaus widersprüchlichen Kultur konfrontiert, die seinem Denken und Handeln letztendlich suggeriert, er könne nur existieren, wenn er die jeweils anderen Gruppen verleugnet und negiert. Hinzu kommt, daß die religiöse Kultur von einer Glaubensvorstellung geleitet wird, die das Jenseits begreift als die andere Seite des Diesseits, wobei das für den Menschen Wesentliche im Jenseits zu finden sei. In diesem Sinn ist der Andere, mein Mitmensch, nicht viel mehr als ein bloßer Nachbar – keinesfalls aber eine andere Dimension meines eigenen Selbst. Gerade im gesellschaftlichen Kontext bleibt der Andere immer ein Fremder, ein Mensch außerhalb meiner Selbst, ein Nicht-zu-mir-Gehöriger, ein Fremdkörper. Der eigentliche Bezugsrahmen des Individuums ist Gott und sein Stellvertreter auf Erden – derjenige an der Macht –, während die Beziehung zum Anderen, zum Mitmenschen, auf der Ebene guter Nachbarschaft verläuft. Dabei geht es in der Regel harmonisch zu, gewiß, aber niemals intim. Man hat den Eindruck, das Individuum existiert nicht innerhalb, sondern außerhalb der menschlichen Gemeinschaft, deren Wert an sich gering erscheint – wie eine flüchtige Passage auf dem Weg in eine bessere Welt.

2

Und so konfrontiert die politische Macht in der arabischen Welt – in all ihren Varianten (mit Ausnahme des Sonderfalls Ägypten, den ich in meiner Analyse nicht berücksichtige) – das Individuum mit einem kulturellen Klima, das ihm den Eindruck nahelegt, die Nation gleiche einem Baum, und er selber sei nicht viel mehr als hieran ein kleiner Ast. Die Existenz dieses Baumes verdankt sich seinem Erschaffer, Gott, und denen, die vorgeben, seine unersetzlichen Gärtner zu sein. Das entscheidende Kriterium zur Beurteilung eines Menschen ist unter dieser Maßgabe die Frage: Ist er gläubig oder nicht, und, auf politischer Ebene, ist er loyal oder oppositionell?

Die gegenwärtigen, »integristisch« oder »fundamentalistisch« genannten Bewegungen verstehen die Ursprünge der Religion nur in den seltensten Fällen als lebendige Quellen menschlicher Existenz; vielmehr leiten sie daraus unabänderliche Gesetze ab, die weder neu interpretiert und schon gar nicht ignoriert werden dürfen. Diesen Bewegungen schwebt eine Gesellschaft vor, die ganz auf die Fuqaha' (Experten islamischer Rechtssprechung), die Ordnungskräfte und die Statthalter der Macht zugeschnitten wäre. Die Vergangenheit ist für dergleichen Bewegungen ein reines Phantasieprodukt, das eine krankhafte Nostalgie erkennen läßt. Ihr Anliegen ist es, das

Alltagsleben einer dogmatisierten Vergangenheit zu unterwerfen, die als absolutes Gesetz gilt. In diesem Zusammenhang ist die Regression jedweder Rationalität zu beobachten, gerade so, als sei unsere Kultur nicht von der Wirklichkeit bestimmt, sondern umgekehrt die Wirklichkeit Produkt unserer Kultur. Um sich einem historischen Kontext einzuordnen, sich als Teil der Geschichte zu begreifen, bedarf es der Emigration, und wer sich radikal von aller Bevormundung zu befreien versucht, muß den Tod einkalkulieren. Der Andere, das Andersartige, erscheint in diesem kulturellen Milieu wie der leibhaftige Teufel. Wer anderer Meinung ist als der Dogmatiker, wird grundsätzlich verfolgt. Das Ich, das Subjekt, stellt innerhalb der Dogmatik keine Fragen. Niemand würde jemals eingestehen, einen Fehler begangen zu haben – statt dessen sucht man die Schuld beim anderen, mit der Behauptung, er sei ein Feind des Fortschritts. Man muß nur einen Blick auf die politische Szene in der arabischen Welt werfen, um sich darüber klarzuwerden, daß die vorherrschende politische Sprache eine religiöse ist. Jeder behauptet, nur er allein spreche die Wahrheit, während das, was der andere sagt, von vorneherein falsch ist. Eine Gesellschaft der Propheten und der Teufel, deren Rollen beliebig austauschbar sind! Wer gestern noch als Prophet galt, kann morgen schon als Teufel gehandelt werden, und umgekehrt.

Es ist sicherlich nachzuvollziehen, daß eine solchermaßen praktizierte Religion nicht in der Lage ist, Perspektiven zu vermitteln oder ein kritisches Denken zu fördern, worin die bestehenden Grenzen des Wissens und des Glaubens erweitert würden. Ihre Vision erschöpft sich in einem Ensemble simpler Riten, deren Funktion es ist, die Welt rigoristisch zu deuten und zu verstehen, auf Kosten der gesellschaftlichen Dynamik.

Auch die Politik ist aus der Sicht des Fundamentalismus ein geradezu sakraler Akt, insofern, als ihr die heilsbringende Aufgabe obliegt, die Erde nach dem Ebenbild des Himmels zu gestalten. Die Politik hat nach dieser Auffassung ihre Wurzeln im Absoluten. Die Erde zeigt sich quasi als eine vom Himmel gestellte Aufgabe, ein Werk diktiert von der Offenbarung. Im Bewußtsein des Gläubigen vermittelt die Politik daher den Eindruck, daß das Temporäre mit der Ewigkeit liiert wäre – ist sie doch berufen, den Augenblick der ursprünglichen Religionsstiftung in die Zeitlosigkeit zu überführen. Vielleicht erklärt sich vor diesem Hintergrund die mit großen Worten verkündete Bereitschaft zur Gewalt, derer sich die Fundamentalisten der Religion und des Denkens rühmen. Für sie ist Töten kein Verbrechen, sondern eine Reinigung der Gesellschaft. Der Glaube wäscht darin den Dreck des Unglaubens ab. Keine Rechtsnorm kann mehr helfen, wenn jemand im Namen des göttlichen Gesetzes getötet werden soll. Es versteht sich fast von selbst, daß der Begriff der Menschenrechte mit einem solchen Weltbild nicht in Einklang zu bringen ist. Wie sollten denn auch Anhänger dieses Weltbildes an Menschenrechte glauben können, wenn der Mensch an sich für sie keinen Wert hat? Der Status, den sie der Frau zubilligen – die ja die Verkörperung par excellence des Menschlichen ist –, zeigt sehr deutlich die tiefe Verachtung und die Gleichgültigkeit, die das fundamentalistische Weltbild der menschlichen Gattung entgegenbringt.

3

Welche Konsequenzen hat dieser religiös-politische Kontext für die Kultur? Kultur ist zunächst einmal die Summe dessen, was zuvor gedacht worden ist. Hieraus leitet sich ja auch das Wort *salafiya* ab.* Die heute vorherrschende Kultur aber lehrt, daß Denken nichts zu tun habe mit kritischer Infragestellung, sondern mit der kritiklosen Bejahung vorgefertigter religiöser Antworten. Anders gesagt, sie lehrt die Unmöglichkeit neuerlicher Schöpfung nach dem Islam. So gesehen ist die Geschichte an ihr Ende gekommen, ist die Zeit nur der Ort, wo sich deren Ende bestätigt und manifestiert. Der Intellektuelle findet sich als unabhängiges und freies Individuum ausgelöscht,

---

* Der Name einer islamischen Reformbewegung in Ägypten, begründet von Muhammad ᶜAbduh (1849–1905). Sie berief sich insbesondere auf das neu zu interpretierende »Vorangegangene« (von arabisch »salafa«: vorangehen).

um durch einen endgültigen Referenz-Text ersetzt zu werden. Sinn dieser letzten Interpretation ist es nicht, den Menschen und die Welt grundlegend zu verstehen; ihr Anliegen ist es, alle anderen denkbaren Interpretationen zu widerlegen. Zwangsläufig praktiziert die vorherrschende Kultur eine Kunst der Verschleierung, nicht der Enthüllung. Eine Kunst der Wirklichkeitsvermeidung, nicht ihrer Erkundung. Sie produziert eine Rhetorik der Nichtigkeiten, eine Rhetorik des leeren Geredes, um in Wirklichkeit nichts zu sagen.

Kommen wir aber auf ein globales Problem zu sprechen, das der Konsumgesellschaft und der Werbung, die beide die arabische Welt längst erobert haben. Was sich hier als Kultur versteht, ist nur eine oberflächliche Randerscheinung, zum Konsumieren, Wegwerfen, Vergessen. Es ist eine Kultur ohne Vergangenheit, aus dem Augenblick geboren, in der sich jedwede Eigenheit auflöst. Sie verlangt vom Menschen weder zu denken noch zu fragen, er soll sich amüsieren und seinen Vergnügungen nachgehen. Sie macht die Dinge oberflächlich, indem sie deren Tiefe und Tragweite auslöscht. Sie entwirft eine Welt ohne Vertikalität, ohne Horizont, ohne Phantasie. Diese Kultur wirkt auf die arabische Gesellschaft in doppelter Hinsicht negativ. Zum einen behindert sie das kritische Denken und verhindert, daß neue und originelle Fragen gestellt werden. Schwierige und tiefgründige Texte etwa werden immer weniger gelesen, stoßen weitgehend auf Ablehnung. Zum anderen begünstigt diese Kultur die rückwärtsorientierten Kräfte, indem sie das Nichtdenken propagiert und kreative Impulse verkümmern läßt.

4

Denken heißt, eine Sache von ihrem Gegenteil her zu befragen, in dem Bewußtsein, daß die eine wie die andere Perspektive richtig sein kann. Die Offenbarung dagegen ist eine Ganzheit, eine Totalität, die ein für allemal verkündet wurde und von vornherein das Richtige und das Falsche kennt. Jedes Denken, das auf der Offenbarung beruht, kommt einer Verweigerung von Analyse und Innovation gleich. Dieses Denken sucht die Predigt und die Propagierung seiner selbst.

Im arabischen Denken findet sich nicht allein die religiöse Offenbarung, es gibt auch Offenbarungen anderer Schattierungen: nationalistische, marxistisch-ideologisierende etc. Auch diese »Offenbarungen« enthalten absolute Wahrheiten – ein Indiz mehr, daß das vorherrschende arabische Denken einer religiösen Struktur unterliegt.

Die Offenbarung ist jedoch kein Denksystem. Sie ist ein Glaubensbekenntnis. Jedes Denken, das auf einer Offenbarung beruht, himmlisch oder irdisch, ist ein dogmatisches Denken, das Wahrheit und Erkenntnis als sein exklusives Eigentum propagiert. Dabei ist es unerheblich, ob sich die Dogmatik mit Machthabern liiert, die diese Offenbarung politisch und sozial vertreten, oder aber in einem gesellschaftlichen Umfeld wirkt, wo Kultur und Macht eins geworden sind.

Die grundlegende Aufgabe des arabischen Denkens besteht gegenwärtig darin, die Dekonstruktion der vorgegebenen Strukturen zu betreiben – mit dem Ziel, sich ihrer ein für allemal zu entledigen oder aber ihnen zumindest zu entgehen. Nur unter dieser Voraussetzung können sich die Araber von der vorgegebenen Kultur und ihren Werten emanzipieren. Nur so wird es uns gelingen, das Kulturelle vom Religiösen zu trennen und Wurzeln der Differenz und des Pluralismus zu schlagen, die Einseitigkeit und Konformität überwinden. Erst dann wird die Wirklichkeit die Fiktion ersetzen, wird das Reale Bestandteil des Lebens und seiner Sehnsüchte sein, wird der Mensch seinen Platz als autonomes Individuum finden können.

Es ist daher unsere Aufgabe, eine Kultur kreativer Neugier in einem gesellschaftlichen Umfeld einzurichten, das aus einer Vielfalt der Denkschulen und politischen Modelle besteht. Die Macht wäre dann eine Verantwortung, nicht ein quasi naturgegebenes Recht. Sie wäre ein Ort des Dialoges und der Begegnung, nicht länger eine geschlossene Arena des Kampfes und der Konfrontation. Ein Instrument, das der Gesellschaft dient, ihren zivilen Bedürfnissen, nicht länger allein einigen wenigen kleinen Interessengruppen.

Referenzsysteme, die sich an einem Text festklammern und

daraus Wahrheit schöpfen, wären in dieser Kultur hinfällig. Ganz im Gegenteil, sie wäre dem Streben nach neuen Erkenntnissen, der Öffnung und der Freiheit verpflichtet. Nicht länger nur Mittel zum Zweck für ein gerade an der Macht befindliches Regime, sondern vielfältiger und vielschichtiger Ausdruck der Gesellschaft. Der Staat hätte keinerlei Zugriff mehr auf die Wahrheit. Er würde sich nicht mehr in die persönlichen Belange des Individuums einmischen, sondern sich allein den gesellschaftlichen Problemen zuwenden (Gesundheit, Ausbildung, Arbeit etc.).

Das Gebot der Stunde ist der radikale Wandel der Mentalitäten, damit die offenbarte Religion ihre Funktion als ein alles beherrschender Bezugsrahmen verliert und ersetzt wird von Erfahrbarkeit und Vernunft. So wird sich die Wahrnehmung der Welt verändern und die Trennung von Kultur und Macht möglich. Und der Mensch wird das Recht haben, nachzudenken und frei zu reden, ohne jede Einmischung seitens der Macht. Wenn dieser Zustand erreicht ist, dann wird es in der arabischen Gesellschaft wirkliche Demokratie geben, eine wahrhaft demokratische Kultur.

Das allerdings geht dem Entwurf jedweder Utopie voraus, könnte man einwenden. Ich würde entgegnen, daß der Mensch niemals etwas anderes war und auch nicht sein wird als eben dies: beseelt von Utopie.

Perspektiven II

GUDRUN KRÄMER

Kritik und Selbstkritik: Reformistisches Denken im Islam

Die Erneuerung der Gesellschaft aus der Kraft des reinen Glaubens ist ein klassisches Anliegen islamischer Reformbewegungen, die die islamische Geschichte durchziehen. In der Neuzeit ist es eng geknüpft an das Bewußtsein der Krise. Die »Krise der arabischen Welt«, ihrer Kultur und Gesellschaft, Wirtschaft und politischen Verfassung, regionalen Ordnung und weltpolitischen Stellung wird von arabischen Intellektuellen tief empfunden – und geradezu gebetsmühlenhaft wiederholt. Sie bewegt, auch dies ein Ergebnis der von vielen Muslimen als so problematisch erfahrenen Modernisierungsprozesse, breitere Kreise denn je.[1]

Die geistigen Wurzeln der islamischen Reformbewegung reichen vor das 19. Jahrhundert zurück und damit vor die direkte Konfrontation mit Europa.[2] Ob dabei allerdings, wie vor allem westliche Islamwissenschaftler nachzuweisen suchen, im 18. Jahrhundert aus dem Geist der Mystik tatsächlich Ansätze einer eigenständigen islamischen Aufklärung entwickelt wurden, muß solange offenbleiben, wie die Forschung nicht mehr Licht in diese scheinbar so dunkle Ära islamischer Geschichte

---

1 Vgl. Gilles Kepel/Yann Richard (Hrsg.), Intellectuels et militants de l'Islam contemporain, Paris 1990.
2 Vgl. Ali Merad, Artikel »islah«, in: The Encyclopaedia of Islam, Neuausgabe, Leiden 1960ff.; John O. Voll, Islam. Continuity and Change in the Modern World, Boulder, Essex 1982; Rudolf Peters, Erneuerungsbewegungen im Islam vom 18. bis zum 20. Jahrhundert, in: Werner Ende/Udo Steinbach (Hrsg.), Der Islam in der Gegenwart, München 1984, S. 91–131.

gebracht hat.[3] Islamische Reform ist auf jeden Fall nicht identisch mit Aufklärung, ist weniger die radikale Infragestellung des eigenen geistig-religiösen Erbes als vielmehr die Suche nach einer, wenn auch wohl fiktiven Kontinuität, die die innersten Werte des »wahren«, des »reinen« Islam erneut zur Richtschnur individueller Lebensführung und gesellschaftlicher Ordnung machen soll. Seit dem 19. Jahrhundert ist islamische Reform immer auch bewußte Auseinandersetzung mit Europa; ihre regionalen Schwerpunkte liegen dort, wo diese Auseinandersetzung besonders früh und besonders intensiv geführt wurde, in Indien, im ägyptisch-syrischen Raum und im Maghreb, namentlich Algerien und Tunesien. Das macht sie noch lange nicht zum bloßen Reflex europäischer Geistesregungen; die Eigenheiten islamischer Reformansätze lassen sich, wie ein Überblick über die arabische Debatte zeigen mag, durchaus bestimmen.

Der »intellektuelle Ansturm« des Westens oder: Kraft durch Reinheit

Entgegen weitverbreiteten Vorstellungen ist der islamische Aktivismus der Gegenwart weniger Ausdruck aggressiv-expansionistischer Bestrebungen der Muslime als vielmehr ihres Ringens um Selbstbehauptung, Selbstbehauptung in einer von nicht-islamischen Kräften und Ideen beherrschten Welt. Das Vordringen des europäischen Kolonialismus hatte im 19. Jahrhundert zahllose Muslime in ihrem Selbstverständnis und Selbstbewußtsein erschüttert. Dem Ende der direkten Kolonialherrschaft, der Protektorats- und Mandatsverhältnisse, folgten in der Mitte des 20. Jahrhunderts neue Formen west-

---

3 Vgl. Reinhard Schulze, Das islamische achtzehnte Jahrhundert. Versuch einer historiographischen Kritik, in: Die Welt des Islams, Bd. 30 (1990), S. 140–159; eine andere Position vertritt der tunesische Historiker Hichem Djait, La pensée arabo-musulmane et les Lumières, in: Hamid Algar u. a., Islam et Politique au Proche-Orient aujourd'hui, Paris 1991, S. 32–52.

licher Einflußnahme und Durchdringung, die vielen Arabern und Muslimen noch perfider schienen, da ungleich schwerer zu fassen und zu bekämpfen als der direkte militärisch-politische Übergriff der Vergangenheit. Für dieses, die eigene Identität und Eigenständigkeit oder, wie heute meist gesagt wird, die »Authentizität« bedrohende Vordringen westlicher Werte, Waren und Verhaltensmuster hat sich der Begriff des »intellektuellen Ansturms« (al-ghazw al-fikri) eingebürgert, gelegentlich auch schon verschärft zum Begriff des »intellektuellen Aids«, der dessen heimtückisch-subversive Wirkungsweise noch stärker zum Ausdruck bringt. Der intellektuelle Ansturm des Westens, so wird es vielfach gesehen, läßt die Muslime ohne Schutz, er unterhöhlt ihre Widerstandskraft und macht sie zu willfährigen Nachahmern des dominanten, westlich geprägten und vom Westen propagierten Kultur-, Wirtschafts- und Gesellschaftsmodells.

Als Antwort auf diese existentielle Bedrohung islamischer Identität und Lebensform hat es stets die Position radikaler Verweigerung gegeben, und es gibt sie nach wie vor unter politischen Aktivisten wie unter Anhängern dezidiert unpolitischer Bewegungen der »inneren Mission« wie etwa der aus Indien stammenden und in Nordafrika und der maghrebinischen Diaspora recht erfolgreichen »jama'at at-tabligh« (Gemeinschaft der Botschaft), die ihr Wirken ganz auf die Wiederbelebung urislamischer Frömmigkeit in der Nachahmung des Propheten ausgerichtet hat.[4] Möglicherweise ist die erstrebte Reinheit islamischer Lebensweise unter den heutigen Bedingungen überhaupt nur noch im unpolitischen Bereich zu verwirklichen. Politische Organisationen wie die Islamische Befreiungspartei (hizb at-tahrir al-islami) verraten auf jeden Fall mehr Einflüsse moderner Denk- und Organisationsmuster, als ihnen selbst bewußt und lieb sein dürfte. Den Verweigerern ist Authentizität gleichbedeutend mit Autarkie. Der Islam ist ihnen ein festes, unveränderliches Gebäude, im 7. Jahrhundert auf dem Funda-

---

4 Vgl. M. Anwarul Haq, The Faith Movement of Mawlana Muhammad Ilyas, London 1972.

ment der Offenbarung erbaut, seither in Teilen zerstört und nun in alter Form, unbefleckt von fremden Ideen, Werten und Verhaltensweisen, wieder aufzurichten. Begriffe wie Freiheit, Menschenrechte, Sozialismus oder Demokratie werden allein deswegen abgelehnt, weil sie von außen kommen. Die Sucher nach Autarkie sind nicht zu vernachlässigen; ihre Kompromißlosigkeit macht sie auffallen. Aber sie beherrschen das islamische Lager weder intellektuell noch quantitativ. Hier dominiert nicht die Verweigerung, sondern die kritische Auseinandersetzung mit den eigenen Traditionen und den westlichen Denk- und Lebensformen.

Kritik und Krise

Seit dem ausgehenden 19. Jahrhundert wird in jeder Krise die eine Frage gestellt: »Warum«, so die berühmtgewordene Formulierung des arabischen Nationalisten Shakib Arslan, »sind die Muslime zurückgeblieben?«[5] Warum sind sie, die Erben eines Weltreichs, einer blühenden Zivilisation, nicht in der Lage, ihren Gegnern Paroli zu bieten, Franzosen, Briten und Italienern in der Vergangenheit, Amerikanern und Israelis in der Gegenwart? Ist es, so wird weiter gefragt, wegen des Islam oder gerade umgekehrt deshalb, weil sie sich von ihm abgewandt und entfremdet haben? Beide Thesen haben ihre Anhänger gefunden, bei beiden verbindet sich die Kritik an den eigenen Traditionen untrennbar mit der Kritik an den herrschenden gesellschaftlich-politischen Verhältnissen. Selbst in den Jahren der intensiven, ja demonstrativen »Re-Islamisierung« sind diejenigen nicht verstummt, die Einheit, Stärke und Entwicklung nur von einer Befreiung aus der, wie Kant gesagt hatte, selbstverschuldeten Unmündigkeit traditioneller, religiös legitimierter Denkweisen und Verhaltensmuster erwar-

---

5 Shakib Arslan, limadha ta'akhkhara l-muslimun wa-limadha taqaddama ghairuhum?, Kairo ³1939.

ten.[6] Daß allein die Überwindung des Islam das Heil bringe, hatte für europäische Beobachter schon früh festgestanden. Das Stichwort gab in den 1880er Jahren der Soziologe Ernest Renan, als er in einer Vorlesung an der Pariser Sorbonne Islam und moderne Wissenschaft für unvereinbar erklärte.[7] In den fünfziger Jahren dieses Jahrhunderts formulierte der amerikanische Modernisierungsforscher Daniel Lerner das Dilemma der Muslime noch prägnanter: »Mekka oder Mechanisierung«, so laute die Alternative.[8] Seither ist die These, derzufolge der Islam die Muslime unfähig mache zu rationalem Denken und Tun, zu Fortschritt und Demokratie, in vielen Varianten wiederholt worden.[9] Nicht eine Reform ihres religiösen Erbes könne die Muslime retten, sondern nur eine echte Reformation, die zu Aufklärung führe und letztlich in einer säkularistischen Staats- und Gesellschaftsordnung nach europäischem Vorbild münde. In der arabischen Welt selbst sind die Verfechter einer strikten Trennung von Religion und Politik, darauf wird noch zurückzukommen sein, in den letzten Jahrzehnten jedoch selten geworden und selbsterklärte Atheisten äußerst rar. Eine Säkularisierung von Staat und Gesellschaft, die nicht nur stillschweigend hingenommen, sondern offen bejaht, rechtlich verankert und institutionell festgeschrieben wird, gilt muslimischen Intellektuellen mittlerweile weithin als tabu.[10]

---

6 Vgl. vor allem die Schriften des syrischen Philosophieprofessors Sadiq al-'Azm, darunter: an-naqd adh-dhati ba'da l-hazima, Beirut 1968; zum Hintergrund Fouad Ajami, The Arab Predicament. Arab Political Thought and Action since 1967, Cambridge 1981; eindringlich auch Daryush Shayegan, La déchirure, in: Algar u. a., Islam et Politique, S. 259–296.

7 Ernest Renan, L'Islamisme et la Science, Vorlesung gehalten am 29. 3. 1883; vgl. auch Merad, »islah«, S. 143, und Albert Hourani, Arabic Thought in the Liberal Age 1798–1939, Cambridge 1962.

8 Daniel Lerner, The Passing of Traditional Society. Modernizing the Middle East, New York, London 1958, S. 405.

9 An prominenter Stelle Bassam Tibi, Die Krise des modernen Islams. Eine vorindustrielle Kultur im wissenschaftlich-technischen Zeitalter, München 1981.

10 Vgl. Rotraud Wielandt, Zeitgenössische ägyptische Stimmen zur Säkularisierungsproblematik, in: Die Welt des Islams, Bd. 22 (1982), S. 117–133;

In den Vordergrund geschoben haben sich diejenigen, die argumentieren, die Muslime verdankten ihre Schwäche nicht ihrem Beharren am Glauben, sondern gerade umgekehrt ihrer Abkehr von ihm, und zu alter Kraft und Stärke könnten sie nur durch eine Rückbesinnung auf den Islam finden. Allerdings nicht den real existierenden, von Aberglaube, Laxheit und Zersplitterung entstellten Islam, sondern den reinen, ursprünglichen Islam der Frühzeit, der Zeit des Propheten und der Prophetengenossen (as-salaf as-salih) – so wie sie ihn sich vorstellen. »Der Islam ist die Lösung« lautet dementsprechend die Losung politischer islamischer Bewegungen in verschiedenen arabischen Ländern, mit ihr bestreiten sie intellektuelle Debatten, politische Auseinandersetzungen und Wahlkämpfe. Die moralische Läuterung des einzelnen, gesellschaftliche Reform und kollektive Stärke kommen demnach nur aus dem Islam – aber einem seinerseits gereinigten Islam. Es geht ihnen also um eine zweifache Erneuerung: die der Gesellschaft aus dem Islam und die des Islam aus sich selbst.

Mauerbau

So gegensätzlich die Antworten auf die erlebte Krise der eigenen Kultur und Gesellschaft auch ausfallen mögen, eines haben sie gemeinsam: Sie verstehen den Islam gewissermaßen als Mauer, die einen, indem sie ihn zur Barriere für Fortschritt, Freiheit und Entwicklung erklären, die anderen, indem sie ihn als Schutzwall vor Entfremdung, Schwäche und blinder Unterwerfung unter westliche Wertvorstellungen und Verhaltensmuster sehen. Während die einen, wie erwähnt, argumentieren, es könne in der islamischen Welt keine Entwicklung geben ohne Reformation, Aufklärung und Säkularisierung, ist die Position der anderen nuancierter, zugleich allerdings häufig auch

Alexander Flores, Die säkulare Dimension. Selbstverständnis und gesellschaftliche Realität, in: Entwicklungspolitische Korrespondenz, No. 5–6/1987 (Januar 1988), S. 44–47.

weniger präzis durchdacht und schwerer einzuordnen. Denn die erstrebte Reform und Erneuerung können ganz unterschiedlichen Richtungen folgen, sie können modernistisch ausfallen, können aber auch betont restaurative Züge annehmen.

In der zeitgenössischen islamischen Bewegung sind die unterschiedlichsten Tendenzen vertreten. Politische Breitenwirkung entfalten vor allem die konservativ-legalistischen Strömungen, vertreten durch die Muslimbruderschaften in Ägypten, Syrien, Jordanien und dem Sudan, die Islamische Heilsfront in Algerien oder die Erneuerungspartei (hizb an-nahda) in Tunesien, die zur Abwehr von Fremdbestimmung, Verteidigung der »Werte« und dem Schutz der Familie die Durchsetzung des sogenannten islamischen Gesetzes, der Scharia, fordern. Noch mehr Aufmerksamkeit haben die militanten Untergrundorganisationen von der Partei Gottes (hizbullah) und der schon erwähnten Islamischen Befreiungspartei bis zum Islamischen Heiligen Krieg (al-jihad al-islami) auf sich gezogen, die aus einem revolutionären Verständnis der islamischen Botschaft heraus individuelles Verhalten und gesellschaftliche Ordnung gewaltsam zu verändern suchen und daher nicht im engen Sinne als reformistisch einzustufen sind. Im Gegensatz zu ihnen treten modernistische oder, wie sie sich selbst bezeichnen, »progressive« bzw. »aufgeklärte« Reformzirkel (»al-islamiyyun al-mustanirun«) eher literarisch hervor, als unmittelbar politisch zu wirken.[11]

Die Reformer suchen den Weg zu Authentizität und Stärke weniger in der Abgrenzung von nicht-islamischen Normen und Lebensformen als vielmehr in der kritischen Sichtung des fremden wie des eigenen religiös-kulturellen Erbes, in der Weiterentwicklung eigener Denkansätze und Ordnungsprinzipien, die auch eine, allerdings wohlüberlegte und bewußt vollzogene Übernahme und Einpassung ursprünglich fremder Ideen, Techniken und Organisationsformen einschließen kann. Auch für sie bezeichnet »der Islam« den Kern der eigenen Identität,

---

11 Zu den wichtigsten Zeitschriften »aufgeklärter« Intellektueller zählen »Fikr« (Kairo), »al-Hiwar« und »al-Ijtihad« (beide Beirut), »15/21« (Tunis) und »al-Insan« (Paris).

auch sie lehnen eine Säkularisierung nach westlichem Muster ab und distanzieren sich vom Atheismus. Doch weichen sich unter ihren Augen die Konturen des scheinbar so festgefügten islamischen Gebäudes auf, die Mauer selbst wird gewissermaßen umgebaut, ja möglicherweise ganz neu konstruiert.

Auf die oft gestellte Frage: »Wie kann der Muslim modern und authentisch sein?«, d. h., wie kann er der modernen, von westlichen Werten, Mächten und Strukturen geprägten Welt angehören, ohne seine Identität zu verleugnen oder aufzugeben, antworten sie also mit der These: durch eine konsequente Weiterentwicklung seines religiös-kulturellen Erbes, die es an die Gegebenheiten und Erfordernisse der modernen Welt anpaßt, ohne jedoch seine Essenz preiszugeben – ein problematisches Unterfangen, das stets umstritten war und bleiben muß. Denn was die Essenz des islamischen Glaubens und muslimischer Identität ausmacht und was dem Wandel von Ort und Zeit unterworfenes Beiwerk ist, was also, im modernen Sprachgebrauch ausgedrückt, im Islam das »Feste« (ath-thabit) ist und was das »Wandelbare« (al-mutaghayyir), bleibt umstritten. Die vielgebrauchte Formel, westliche Wissenschaft und Technik könnten unbeschadet übernommen werden, westliche Werte hingegen nicht, läßt mehr Fragen offen, als sie beantwortet. Kontrovers sind somit die Grenzen legitimer Reform und Erneuerung, berechtigter Kritik und Selbstkritik. Kontrovers ist zugleich, wer diese Grenzen festlegen und Überschreitungen definieren, gegebenenfalls sogar ahnden kann.

Die Grenzen sind, das macht die Angelegenheit so schwierig, nicht sachlich vorgegeben, durch gründliche Erforschung der islamischen Tradition gewissermaßen »objektiv« festzustellen. Die ganze Debatte um Authentizität, Islam und gesellschaftliche Reform ist ihrem Wesen nach hochpolitisch, und sie ist es immer gewesen. Die heftige Islamkritik von nicht-muslimischer Seite hat eine offene Auseinandersetzung unter Muslimen zusätzlich erschwert, hat unvermeidlich Abwehr und Apologetik befördert. Im Lichte des Kulturkampfes erscheinen Kritik und Selbstkritik potentiell immer als Nestbeschmutzung, als Munition für die »Feinde des Islam«, gleichgültig ob diese sich in der eigenen Gesellschaft befinden oder außerhalb ihrer. Die schwierigen Rahmenbedingungen haben auch die Reformdebatte verzerrt: Die Kritik am islamischen Erbe wurde verschlüsselt, das Festhalten am Glauben emphatisch betont, die klassischen Autoritäten eifrig zitiert – allerdings in je eigener Auswahl. Aber sie haben sie, wie ein Blick auf die arabische Welt beweist, keineswegs zum Erliegen gebracht.

Reformansätze: Koran und Sunna

Die Anpassung religiös begründeter Werte und Verhaltensnormen an wechselnde zeit- und ortsgebundene Umstände ist historisch gesehen nichts Neues. Die kritische Durchsicht der religiösen Überlieferung in der Absicht, überhaupt erst deren Gültigkeit für die eigene Gesellschaft zu belegen, hingegen schon. Vollends neuartig ist die Absicht, deren Vereinbarkeit mit Wertvorstellungen zu beweisen, die zumindest historisch gesehen im Westen entfaltet wurden und von westlicher Seite als erstrebenswert propagiert werden, also beispielsweise Fortschritt und Wissenschaft, Vernunft und Aufklärung, Freiheit, Gleichheit, Menschenwürde, Sozialismus oder Demokratie. Das Bestreben, in apologetischer Absicht die Vereinbarkeit von Islam und Moderne beweisen zu wollen, charakterisiert die Reformer des ausgehenden 19. und des frühen 20. Jahrhunderts. Die Bedeutung der sog. Salafiyya-Bewegung, die eine Reform von Islam, Staat und Gesellschaft aus dem Geist der Prophetengenossen (as-salaf as-salih) versuchte – Jamal ad-Din al-Afghani (1839–1897), Muhammad 'Abduh (1849–1905) und Rashid Rida (1865–1935), auch die ihnen verwandten 'Abd ar-Rahman al-Kawakibi (1854?–1902), Khair ad-Din at-Tunisi (1820?–1889) oder Ahmad al-Jaza'iri (1851–1920) –, ist heute weithin unbestritten. Auf sie berufen sich Muslimbrüder und »aufgeklärte« Intellektuelle gleichermaßen. Aber sie sahen und sehen sich zugleich dem Vorwurf ausgesetzt, die Anpassung zu weit getrieben, den Islam letztlich an fremden Werten gemessen und damit lediglich, wie ein mit der islamischen

Bewegung sympathisierender ägyptischer Journalist, Fahmi Huwaidi, es einmal ausdrückte, »islamische Antworten auf europäische Fragen« gegeben zu haben.[12]

Im Mittelpunkt islamischer Reformbemühungen stehen, anders als im Christentum, nicht Institutionen wie Kirche, Klerus oder Papsttum. Normative Quelle und Bezugspunkt islamischer Glaubenslehre sind nicht Institutionen, sondern Texte, an erster Stelle das geoffenbarte Wort Gottes, der Koran; daneben die Überlieferung des Redens und Handelns des Propheten Muhammad, die Sunna, die dem gläubigen Muslim als vorbildliche Umsetzung des im Koran geoffenbarten Gotteswortes gilt; schließlich der auf der Grundlage von Koran und Sunna entwickelte Kanon ethischer Maximen und rechtlicher Bestimmungen, die Scharia. Hauptanliegen der Reformer war und ist es, Moral, Glauben und Gesellschaft durch den direkten Rückgriff auf diese Textgrundlagen zu erneuern. Insofern sind sie alle Fundamentalisten, doch wollen sie durchaus nicht zurück ins Mittelalter, die Modernisten unter ihnen nicht einmal im übertragenen Sinn. Entscheidend ist vielmehr, welche Inhalte sie in den Texten suchen, wie sie sie lesen, welches Interesse, frei nach Habermas, ihre Erkenntnis leitet. Bereits ein flüchtiger Überblick enthüllt die Vielfalt der Positionen, die alle auf denselben Fundamenten gründen.

Die Freiheit der Exegese kennt allerdings Grenzen. Der Text des Korans als solcher ist, so die verbindliche Lehrmeinung, unantastbar. Dies betonen auch und gerade die Anhänger der Salafiyya-Bewegung. Wer hieran zweifelt, stellt sich außerhalb der Gemeinschaft der Gläubigen, ist nicht Reformer, sondern Ketzer. Wandeln können sich aber Verständnis, Auslegung und praktische Anwendung der koranischen Aussagen. Es gibt also, so zumindest die Position explizit modernistisch ausgerichteter, »aufgeklärter« Muslime, einen verbindlichen, im Wortlaut unantastbaren Text, der aber verschiedene Lesarten erlaubt. Zumindest im Westen hat als Vertreter die-

12 Fahmi Huwaidi, al-qur'an wa-s-sultan, Beirut, Kairo ²1982, S. 137.

ser Position Mohammed Arkoun größte Aufmerksamkeit gefunden, der seine Thesen bezeichnenderweise vornehmlich in französischer Sprache vorträgt und der in der islamischen Welt als vermeintlich verwestlichter Denker auf erhebliche Vorbehalte stößt.[13] Das nimmt ihm nichts von seiner intellektuellen Bedeutung, die in kleinen Reformzirkeln wie der Gruppe um die tunesische Zeitschrift »15/21« auch gewürdigt wird, die weniger auf politische Breitenwirkung als vielmehr auf, wenn man so will, geistige Grundlagenforschung abzielt.

Schwerer übersehbar wird das Feld in bezug auf Neuinterpretationen der Sunna, des zweiten Stützpfeilers der islamischen Lehre, die im Laufe der Geschichte als annähernd gleichwertige Quelle neben den Koran getreten ist. Im Gegensatz zum Koran handelt es sich hierbei für die Mehrheit der Reformer um Menschenwerk, und zwar im doppelten Sinn: um die Worte und Taten eines, wenn auch vorbildlichen, von allen Muslimen hochverehrten Menschen, die wiederum von Menschen aufgenommen, gesammelt und tradiert wurden. Daß die Sunna in anderer Weise als der Koran historisch bedingt und daher in anderem Umfang mit möglichen Fehlern und Fälschungen behaftet ist, haben muslimische Gelehrte früh erkannt und mit spezifischen Methoden der Kritik versucht, einen Corpus unanfechtbar echter Überlieferungen (Hadithe) zusammenzustellen. Ihr Augenmerk richtete sich allerdings in erster Linie auf die Kette der Überlieferer und leistete damit letztlich einen Beitrag zur Gelehrten-Prosopographie, nicht zur historischen Textkritik.

Scharia und fiqh

Eine ganz zentrale Rolle in der modernen Reformdebatte spielt schließlich die Scharia, das sogenannte islamische Gesetz, das in den ersten Jahrhunderten islamischer Geschichte

---

13 Unter seinen Schriften vor allem Lectures du Coran, Paris 1982; Pour une critique de la raison islamique, Paris 1984.

nach allmählich verfestigten und stetig verfeinerten Regeln auf der Grundlage von Koran, Sunna und lokal gültigen Normen und Gebräuchen, dem »guten alten Recht«, entwickelt wurde – der gläubige Muslim würde sagen: aus den Aussagen von Koran und Sunna abgeleitet wurde, der kritische Beobachter würde wohl die Elemente eigenständigen, vernunftgeleiteten, praxisbezogenen Nachdenkens hervorheben. Die Scharia umfaßt das gesamte Regelwerk ethischer Maximen und rechtlicher Vorschriften, die das Leben des Muslims in allen seinen Aspekten leiten sollen, seine individuellen Glaubensvorstellungen ebenso wie sein persönliches Verhalten, die gesellschaftlich-politische Ordnung der Gemeinschaft ebenso wie ihre Beziehungen zur Außenwelt. In der Moderne wurde dieser Anspruch auf die Formel gebracht, der Islam sei »Religion und Staat« (al-islam din wa-daula), korrekter noch »Religion´ und Welt« (al-islam din wa-dunya). Die Scharia fußt zwar auf dem Text des Korans, wurde in ihren Einzelheiten jedoch maßgeblich auf Grund individueller Deutung einzelner Muslime, des ijtihad, entwickelt, den die Genossen und ersten Nachfolger des Propheten, die sog. rechtgeleiteten Kalifen, noch ausgiebig praktizierten; der zweite Kalif, 'Umar b. al-Khattab (634–642), dient regelrecht als Hauptgewährsmann modernistischer Reformer. Ihnen folgte eine Anzahl herausragender Rechtsgelehrter, die diesen Auslegungen gewisse Regeln und Schranken auferlegten und eine eigene Methodologie islamischer Jurisprudenz entwickelten (usul al-fiqh). Im 10. Jahrhundert war, so die später verbreitete Vorstellung, das Feld menschlicher Betätigung jedoch abgesteckt: Das »Tor des ijtihad« war »geschlossen«, die Regelungen von den anerkannten Meistern, den Gründern der verschiedenen Rechtsschulen (madhahib, Sgl. madhhab) verbindlich erarbeitet, Platz nur noch für die Übernahme der dort festgelegten Bestimmungen (taqlid). Einer historischen Überprüfung hält diese These nicht stand, denn selbstverständlich tauchten im Laufe der Jahrhunderte immer neue, den frühen Autoritäten unbekannte Probleme auf, erforderten geänderte gesellschaftlich-politische Voraussetzungen geänderte rechtliche Bestimmungen. Tatsächlich bestand auch die islamische Rechtspraxis in den sogenannten Jahrhunderten der Dekadenz, die nach gängiger Auffassung weitgehend mit dem osmanischen Zeitalter zusammenfällt (16.–19. Jahrhundert), nicht nur aus Konformismus und steriler Nachahmung. Aber die Änderungen wurden nicht offen als Neuerungen deklariert, der Begriff der Neuerung (bid'a) in Theologie und religiöser Praxis als Abweichung vom Ideal der Frühzeit überhaupt negativ belegt und von der erstrebten Erneuerung des Glaubens (tajdid) deutlich abgegrenzt.

Die Scharia, deren Anwendung die Mehrheit der legalistisch ausgerichteten islamischen Aktivisten als wesentliches Kennzeichen einer islamischen Gesellschaftsordnung so vehement fordert, enthält somit einen Kern koranischer Aussagen, beruht zum überwiegenden Teil jedoch auf menschlicher Anstrengung (ijtihad) und ist somit in weiten Teilen strenggenommen fiqh. Fiqh bedeutet »Verständnis, Wissen« und bezeichnet die Jurisprudenz im Islam. Als Ergebnis menschlichen Nachdenkens aber kann fiqh keine überzeitliche Gültigkeit für sich beanspruchen, ist steter Überprüfung und Kritik ausgesetzt, revidier- und wandelbar. Die Unterscheidung zwischen Scharia und fiqh hatte sich in dem Maß verschliffen, in dem die Kompendien anerkannter Koran- und Hadithkenner als verbindliche Auslegung der Textgrundlagen anerkannt und befolgt wurden. Sie ist jedoch grundlegend für die Gegner einer »Anwendung der Scharia« wie die sudanesischen »Republikanischen Brüder« oder die Gruppe ägyptischer Intellektueller um Muhammad Sa'id al-'Ashmawi, Muhammad Nur Farahat, Fu'ad Zakariya, Faraj Fauda und Husain Ahman Amin, deren Schriften in den letzten Jahren eine gewisse Verbreitung gefunden haben, in Übersetzungen sogar einer breiteren nicht-muslimischen Öffentlichkeit zur Kenntnis gebracht wurden.[14] In dem, was orthodoxe Rechtsgelehrte ('ulama'), Muslimbrüder und engagierte Sympathisanten der islamischen Bewegung als Scharia darstellen, können sie nur fiqh erkennen, das

---

14 Zur Gedankenwelt der Republikanischen Brüder vgl. Abdullahi Ahmed

weder heilig noch verbindlich ist. Die Gültigkeit der Scharia leugnen sie keineswegs; aber sie sehen ihren Kern nicht im Gesetz, sondern in der Ethik. Die von ihnen vertretene Ethisierung der Scharia wiederum läßt einer Säkularisierung weiten Raum; eine islamische Gesellschaft ist für sie eine Gesellschaft von Muslimen, nicht eine von der Scharia regierte Gesellschaft.

Tabus und wie man sie umgeht

Hierin folgt ihnen die Mehrheit der Reformer nicht, doch sind die Übergänge zu einem weitgehend säkularisierten Gesellschaftsmodell fließender, als es auf den ersten Blick erscheinen mag. Der Frontalangriff auf zentrale Annahmen wie die absolute Unantastbarkeit des Gotteswortes und die umfassende Verbindlichkeit islamischer Moral-, Glaubens- und Verhaltensnormen (»Der Islam ist Religion und Welt«) hat bislang nichts gefruchtet. Das berühmteste Beispiel bietet der Azhar-Gelehrte ’Ali ’Abd ar-Raziq (1888–1968), der 1925, kurz nach Abschaffung des Kalifats durch die türkische Regierung, mit seiner These einen Skandal provozierte, der Prophet habe keinerlei politische Mission gehabt, die islamische Gemeinschaft sei nicht politischer, sondern ausschließlich religiöser Natur – womit er faktisch dem Säkularismus das Wort redete. ’Abd ar-Raziq verlor seine Lehrberechtigung an der Azhar, sein Fall wirkt abschreckend bis heute. Er hat gewissermaßen die Grenzen aufgezeigt, jenseits derer eine Debatte nicht mehr möglich ist, ohne an die Tabus islamischen Denkens zu rühren.[15] Das bekamen später Gelehrte und Intellektuelle wie Taha Husain oder Muhammad Ahmad Khalafallah zu spüren, als sie die Methoden der Textkritik auf den Koran selbst anzuwenden ver-

---

An-Na’im, Toward an Islamic Reformation, Syracuse/N.Y. 1990; zu den ägyptischen »Säkularisten« vor allem Wielandt und Flores, o. Anm. 10.

15 So auch Leonard Binder, Islamic Liberalism. A Critique of Development Ideologies, Chicago, London 1988, S. 22.

suchten. Noch weiter ging der sudanesische Reformer Mahmud Muhammad Taha, Gründer und Haupt der Republikanischen Brüder, indem er zwischen einer stärker politisch bestimmten, für spätere Zeiten nicht mehr verbindlichen medinensischen und einer für alle Zeiten religiös verbindlichen mekkanischen Phase der Offenbarung unterschied (»Die Zweite Botschaft des Islam«). Er wurde auf Betreiben orthodoxer Rechtsgelehrter und seiner Gegner in der Muslimbruderschaft wegen Volksverhetzung und Apostasie verurteilt und im Januar 1985, wenige Monate vor dem Sturz des Nimairi-Regimes, hingerichtet.

Die Mehrheit der zeitgenössischen Reformer – Muhammad 'Ammara zum Beispiel, Khalid Muhammad Khalid, Salim al-'Awwa, Fathi 'Uthman oder Rashid al-Ghannushi – hat aus diesen Erfahrungen gelernt; selbst scharfe Kritiker der islamischen Bewegung wie etwa Faraj Fauda, die eine Trennung von Religion und Politik fordern, meiden die offene Auseinandersetzung mit den sensitiven Themen Koran, Prophet und Prophetengenossen. Vereinfacht ausgedrückt besteht der reformerische Ansatz darin, die grundsätzliche und umfassende Gültigkeit islamischer Normen zu unterstreichen, im Bereich der Rechtsvorschriften aber selbst festzulegen, welche Elemente überzeitlich gültig sein sollen und welche den wechselnden Bedürfnissen von Ort und Zeit angepaßt. Den Schlüssel bietet die systematische Historisierung der Überlieferung, die einzelne Aussagen in Koran und Sunna einem spezifischen historischen Kontext zuordnet und sie damit in ihrer Allgemeinverbindlichkeit relativiert. Der Islam, so wird betont, ist sehr wohl Religion und Politik, der Prophet hatte eine religiöse und eine politische Mission, Koran und Sunna bilden die Grundlage muslimischer Lebensführung. Aber sie schreiben nicht alle Einzelheiten des Lebens bindend fest; Gott läßt dem Menschen Raum zur Gestaltung seines Lebens. Verbindlich geregelt, so die Linie der Reformer, sind nur die Beziehungen zwischen Gott und Mensch ('ibadat), die in erster Linie die religiösen Pflichten des Betens, Fastens usw. umfassen, nicht aber die Beziehungen zwischen den Menschen (mu'amalat), und damit die so umstrittenen Bereiche des Ehe- und Familienrechts, der Wirtschaftsordnung, politischen Verfassung und internationalen Beziehungen der muslimischen Gemeinschaft.[16] Die Sunna des Propheten zerfällt ihnenzufolge in einen rechtsverbindlichen und einen für spätere Generationen nicht verbindlichen Teil (sunna tashri'iyya und ghair tashri'iyya); die Scharia ist weitgehend fiqh, und selbst der harte, unabänderliche Kern göttlicher Gebote und Verbote (nass) ist nur dann praktisch anzuwenden, wenn das dem Individuum oder der Gesellschaft nicht mehr Schaden zufügt, als es beheben soll. Das Prinzip lautet somit: grundsätzlich bejahen und dann eingrenzen. Die Verbindlichkeit und Rechtskraft der göttlichen Gebote werden bejaht, ihre faktische Anwendung wird jedoch konditioniert, an die Wahrung des »Gemeinwohls« der Muslime gebunden und damit nach Maßgabe menschlicher Vernunft eingeschränkt. Die verwendeten Konzepte der vernunftgeleiteten Urteilsfindung (ra'y) und des Gemeinwohls (maslaha) sind in der klassischen Rechtslehre zwar verankert, erhalten aber in der modernen Reformdiskussion einen ganz anderen, zentralen Stellenwert.

Was die Scharia aus dieser Perspektive kennzeichnet, ist somit nicht ihre vermeintliche Starre und Geschlossenheit, sondern gerade die auch von orthodoxen Rechtsgelehrten so hochgelobte Flexibilität (muruna), die sie, wie die Formel lautet, für alle Orten und Zeiten angemessen macht. Die Flexibilität der Scharia aber bedeutet zugleich ihre Vielgestaltigkeit. Etwas überspitzt liegt ein Problem islamischer Reform in der Verbindung von Verbindlichkeit und Beliebigkeit, mit der die akzeptierten Grundsätze interpretiert und angewandt werden bzw. werden können. Die Frage, wer die Grenzen legitimer Interpretation definiert – Herrscher, Parlamente, Rechtsgelehrte? –, bleibt in der Diskussion auffällig unterbelichtet; gefragt wird weniger nach gesellschaftlicher Macht als vielmehr nach individueller Moral. Ein weiteres kommt hinzu: Die Salafiyya-Reformer hatten mit dem Rückgriff auf die »reinen«

16 Vgl. Adel El Baradie, Gottes-Recht und Menschen-Recht. Grundlagenprobleme der islamischen Strafrechtslehre, Baden-Baden 1983.

Quellen von Koran und Sunna gehofft, die Spaltung der muslimischen Gemeinschaft in Sekten (vor allem Sunniten und Schiiten) und in Rechtsschulen überwinden und die ursprüngliche Einheit der umma wiederherstellen zu können. Die Betonung modernistischer Zeitgenossen auf der Anpassungsfähigkeit der Scharia, auf der Notwendigkeit, den Islam in Auseinandersetzung mit der je eigenen Gesellschaft zu leben, ihn geradezu dialektisch weiterzuentwickeln, folgt notwendig ein Pluralismus der Deutungen. Die Absicht der frühen Reformer ist damit, zumindest in dieser Hinsicht, ins Gegenteil verkehrt worden.

Selbstkritik

Die islamische Debatte um Reform und Erneuerung ist in vollem Gang, und sie wird nach klassischen Mustern geführt. Alle Seiten berufen sich auf die konstitutiven Texte, alle deuten sie unterschiedlich, alle ziehen ihre je eigene Auswahl der klassischen Autoritäten zu Rate. »Der Islam« verlange, rechtverstanden, diese oder jene Haltung zum jihad, zur Rolle der Frau, zum Steuer- oder Strafrecht. Kritik wird gekontert mit dem Vorwurf des Abweichler-, ja des Apostatentums (kufr, ridda) vom »wahren Glauben« (al-islam as-sahih). Auf die Exkommunikation (takfir) der einen Seite, wie sie vor allem radikal-puristische Gruppen aussprechen (Kharijiten in der Vergangenheit, Gruppen wie »at-takfir wal-hijra« in der Gegenwart), reagiert die andere Seite – Regime, Herrscher, staatstreue Rechtsgelehrte, politische Gegner – in bewährter Manier mit dem Vorwurf der Unruhestiftung (fitna), die die muslimische Gemeinschaft spalte, schwäche und daher letztlich Hochverrat bedeute.

Das Unvermögen zumindest der arabischen islamischen Bewegungen, die »ungläubigen« Regime durch eine wahrhaft islamische, auf die Scharia gegründete Ordnung zu ersetzen, fördert neben der sattsam bekannten Kritik an Herrschern, Außenstehenden und politischen Gegnern mittlerweile aber auch Selbstkritik, Kritik also an den eigenen intellektuellen

Prämissen, Organisations- und Aktionsformen, die sich nicht nur – wie bislang schon verbreitet – gegen die radikalen Jugendorganisationen richtet, sondern auch gegen die weithin als moderat eingestufte Muslimbruderschaft. Kritisiert wird die Fixierung vieler Aktivisten auf Politik und die Erlangung der Macht, die auch ihr Verständnis des Verhältnisses zwischen Gott und Mensch prägt. Bemängelt wird, auch außerhalb mystisch orientierter Kreise, die mangelnde Spiritualität der Bewegungen, ihre Verengung auf den Gesetzesislam, die geistlose Obsession mit Äußerlichkeiten, die kritiklose Verehrung der Führergestalten von Abu l-A'la l-Maududi über Hasan al-Banna und Sayyid Qutb bis zu Ruhullah Khomeini, ihre historische Ahnungslosigkeit, ihr religiöser Analphabetismus und verantwortungsloser Utopismus.[17] Selbstkritik dieser Art, die islamische Aktivisten wie der Syrer Khalis Jalabi, der Kuwaiter 'Abdallah an-Nafisi oder der Tunesier Rashid al-Ghannushi üben und einklagen, ist in ihrer praktischen Wirkung nach wie vor beschränkt.[18] Das Bemühen um Aufklärung, um neu durchdachte islamische Positionen zu Fragen der Moral, der Staats- und Gesellschaftsordnung, zur Rolle der Frau und der Minderheiten, zu Demokratie und Menschenrechten beschränkt sich noch immer auf kleine Intellektuellenkreise, die die Thesen Mohammed Arkouns oder des ägyptischen Philosophieprofessors Hasan Hanafi aufarbeiten.[19] Und doch verdienen sie,

---

17 Aus der reichhaltigen Literatur vgl. als Vertreter des indischen Islam Abu l-Hasan 'Ali n-Nadwi, at-tafsir as-siyasi lil-islam fi mir'at kitabat al-ustadh Abi l-A'la l-Maududi wa-sh-shahid Sayyid Qutb, Kairo [2]1980; und die der ägyptischen Muslimbruderschaft nahestehenden Autoren Salim al-Bahnasawi, al-hukm wa-qadiyyat takfir al-muslim, Kairo 1977; Yusuf al-Qaradawi, as-sahwa l-islamiyya baina l-juhud wa-t-tatarruf, Kairo, Beirut [2]1984; vor allem aber 'Abdallah an-Nafisi (Hrsg.), al-haraka l-islamiyya. ru'ya mustaqbaliyya. auraq fi n-naqd adh-dhati, Kairo 1989.

18 Khalis Jalabi, fi n-naqd adh-dhati. darurat an-naqd adh-dhati lil-haraka l-islamiyya, Beirut [3]1985; Rashid al-Ghannushi, maqalat, Tunis 1988, und ders., mahawir islamiyya, Kairo 1989.

19 Hanafi versucht mit seinen in den achtziger Jahren erschienenen mehrbändigen Schriften ad-din wa-th-thaura und min al-'aqida ila th-thaura eine revolutionäre islamische Theorie zu begründen. Breite Beachtung finden

wenn die stete Aufforderung zum Dialog mit »dem Islam« bzw. »der arabischen Welt« ernstgemeint sein soll, die Aufmerksamkeit, die den Vertretern radikaler Positionen von Maududi, Qutb und Khomeini bis zu ihren militanten Nachfolgern in so reichlichem Maß zuteil geworden ist.

---

auch die ideologie- und gesellschaftskritischen Arbeiten des Marokkaners Muhammad 'Abid al-Jabiri, darunter die dreibändige Studie: naqd al-'aql al-'arabi, Beirut 1984 ff.

Fuad Zakariya

Säkularisierung – eine historische Notwendigkeit

Seit ungefähr 20 Jahren ist das Wort »Säkularisierung« in der arabischen Geschichte gegenwärtig – genaugenommen sogar schon seit Beginn dieses Jahrhunderts, aber erst seit den siebziger Jahren wird es auch jenseits kleiner intellektueller Kreise verwendet, ist es eine geläufige Vokabel in der politischen und religiösen Literatur der arabisch-islamischen Welt. Der historische Hintergrund der arabischen Säkularisierung reicht freilich noch weiter zurück, und um diesen Hintergrund zu verstehen, sollte man zwei Phasen unserer modernen Geschichte einander gegenüberstellen.

Die Begegnung mit dem Westen

Die erste ist der Schock der ersten Begegnung mit dem Westen. Gegen Ende des 19. Jahrhunderts schwamm Europa geradezu in einem Meer des Positivismus: Man stellte sich vor, mit unerschütterlichem Optimismus, daß die Wissenschaft in der Lage wäre, sämtliche Probleme von Mensch und Gesellschaft zu lösen – was die Gelehrten gelegentlich zu Schlußfolgerungen veranlaßte, die mit echter Wissenschaft nur wenig zu tun hatten. Dieser glückselige Optimismus setzte sich auf arabischer Seite fort; unter den großen arabischen Denkern der Epoche waren viele der Meinung, wir könnten uns des Mittelalters, in dem wir in vielfacher Hinsicht lebten, entledigen, indem wir das säkulare Modell Europas schlicht und einfach übernähmen. Ich will an dieser Stelle die Schriften von Autoren wie Salama Musa, Shibli Shumayyil oder Ismail Mazhar nicht im einzelnen vorstellen oder kommentieren. Gleichwohl trägt diese arabische

»Früh-Säkularisierung« gemeinsame Züge und Anliegen, die wie folgt zu charakterisieren sind:

a) Sie ist positivistisch in dem Sinn, daß sie die Realisierung eines exakt vorgegebenen Zieles unbeirrbar ansteuert, nämlich den Aufbau einer reformierten Gesellschaft nach dem Modell des modernen Europas.

b) Sie ist universaler Natur, weil sie die Modernisierung aller Lebensbereiche anstrebt. So gesehen ist der erste Herrscher des modernen Ägypten, Mohammed ᶜAli (1805–1848), gleichzeitig auch der erste wirkliche Säkularist der arabischen Welt. Gewiß war sein säkulares Bewußtsein rein pragmatisch, beschränkte sich, bar jeder Doktrin, auf gesellschaftliche Teilbereiche wie Verwaltung, Wirtschaft, Wissensvermittlung; doch war er der erste, der ein allumfassendes Konzept kultureller Erneuerung (Nahda) entwarf – ein Konzept, das die allgemeine Modernisierung des Landes nach europäischem Vorbild verfolgte.

c) Paradoxerweise richtete sich diese »Früh-Säkularisierung« gegen Europa: Ihre Pioniere suchten Europa zu imitieren, um sich von Europa zu befreien – kraft der Überlegung, daß dem wissenschaftlichen und technischen Fortschritt des Westens nur durch einen vergleichbaren Fortschritt auf arabischer Seite begegnet werden könne.

Der Siegeszug der Islamisten

Die charakteristischen Züge der zweiten Phase arabischer Säkularisierung sind, wie wir sehen werden, ganz anderer Natur. Denn der historische Kontext hat sich im Laufe der Zeit grundlegend verändert; unsere Länder haben sehr unterschiedliche Erfahrungen gemacht, Siege und Niederlagen durchlebt, bis schließlich – aus sehr vielschichtigen Motiven, die im einzelnen auszuführen den hiesigen Rahmen sprengen müßte – die islamistische Strömung zum Hoffnungsträger großer Teile der Bevölkerung wurde. Sehr schnell hat diese Strömung dabei die eng gesetzten Grenzen durchbrochen, innerhalb derer die ihnen zunächst freundlich gesinnten Machthaber sie zu halten versuchten. Erklärtes Ziel der Islamisten war nicht länger allein – wie es sich die Machthaber wünschten – die Konfrontation und Desavouierung demokratischer und progressiver Kräfte, sie verfolgten vielmehr ein klar benanntes politisches Projekt mit universalem Anspruch. Dazu gehören der Ruf nach individueller religiöser Läuterung, die Forderung nach religiöser Kontrolle sämtlicher gesellschaftlicher Institutionen, die Islamisierung von Staat, Recht und Ökonomie (Banken, Finanzgesellschaften usw.) sowie der Kultur (was in Form einer regelrechten Sintflut »islamischer« Schriften bereits Realität ist; hinzu kommen Kampagnen gegen Theater, Tanz, Gesang und, bei den ganz Extremen: Boykott des Fernsehens, Forderung nach »islamischer Sportkleidung« usw.).

Selbstverständlich hat diese Expansion des Islamismus auch den säkularen Diskurs der Gegenwart sehr stark geprägt. Er ist nämlich in erster Linie defensiv: Allzusehr damit befaßt, dem verheerenden Einfluß des Islamismus zu widerstehen, verfolgt er längst nicht mehr ein universales Anliegen. Es ist eine negative Säkularisierung, die weiß, was sie nicht will, der es aber nicht gelingt, ein positives Ziel zu formulieren, das divergierende Kräfte zusammenführen würde. Zu diesen Kräften zählen der Nationalist, der Progressive, der Liberale, der unpolitische Intellektuelle, die jeder für sich ein eigenes Gesellschaftsmodell vor Augen haben und lediglich darin einig sind, daß ein Regierungstypus islamistischer Prägung nichts bewirke außer einer Zunahme der Probleme und einer Suspendierung demokratischer Umgangsformen zugunsten von Bruderkämpfen. Diese neue Säkularisierung ist folglich wie ein umgekehrtes Spiegelbild der alten: eine simple Verweigerungsfront, ohne visionäres Projekt, der ideologischen Einheit beraubt.

Staat, Religion und intellektueller Terrorismus

Natürlich gibt sich die Säkularisierung nicht kampflos geschlagen, sie sucht die diskursive Auseinandersetzung mit islamistischen Modellen, soweit dies möglich ist. Gleichwohl befindet sie sich seit 1967 (der Niederlage gegen Israel) in der Defensive, haben die Islamisten in der Gunst der Öffentlichkeit die Oberhand gewonnen. Und dennoch präsentieren sie sich gerne als Opfer. So verweisen sie auf die gewaltsamen Zusammenstöße, denen diese oder jene ihrer Fraktionen mit den jeweiligen Machthabern ausgesetzt waren, den darauf folgenden Verhaftungen, Folterungen, Gefängnis- und sogar Todesstrafen. Ohne das im einzelnen bestreiten zu wollen, glaube ich dennoch, daß die allgemeinen gesellschaftlichen Rahmenbedingungen die Islamisten begünstigen – und nicht die Säkularisten. Aus den folgenden Gründen:

a) Sämtliche Konflikte zwischen Staat und Islamisten sind politischer Natur, auch wenn beide Parteien sie »islamisieren«: der Staat, indem er den Kampf gegen den religiösen Extremismus mit dem Argument rechtfertigt, dieser betreibe eine falsche Interpretation religiöser Lehren; die Islamisten, indem sie die offizielle Staatsideologie – und damit seine legitimatorische Grundlage – als säkular und positivistisch bezeichnen oder gar als »ungläubig« und »heidnisch«. Aber unter dieser religiösen Fassade stecken immer politische Konflikte, die nicht zum Ausbruch kämen, wären die Islamisten keine politische Herausforderung für den Staat, wäre ihr Extremismus nicht ideologischer Natur. Es gibt daher keine Veranlassung, von einer religiösen Verfolgung der Islamisten durch den Staat zu sprechen.

b) Ganz im Gegenteil hat der Staat den Islamismus materiell und moralisch ganz entscheidend gefördert, besonders in den siebziger Jahren. Heute wissen wir, daß, in Ägypten jedenfalls, bestimmte staatliche Institutionen gezielt islamistische Gruppen finanziert und gesteuert haben, um demokratische und progressive Tendenzen auszuschalten, besonders unter den Studenten.

Und obwohl die religiösen Gruppen demonstriert haben, daß sie nicht unbegrenzt als Transmissionsriemen der Macht zu gebrauchen sind, sondern sich stark genug fühlen, auf eigene Rechnung zu handeln, greift der Staat ihnen noch immer unter die Arme, wenngleich unauffälliger. So haben etwa die staatlichen Medien religiösen Programmen mehr und mehr Sendezeit eingeräumt – ausgerechnet, als die Konfrontation mit militanten islamistischen Gruppen wie »at-Takfir wa-l-Hijra« (etwa: Sühne und Läuterung) oder »al-Jihad« (etwa: Islamischer Heiliger Krieg) ihren Höhepunkt erreichte, Ende der siebziger und Anfang der achtziger Jahre. Offenbar wollte man der Öffentlichkeit signalisieren, die Regierung führe keinen Krieg gegen die Religion, sondern bekämpfe lediglich solche Personen, die sich von Religion falsche Vorstellungen machten. Aber selbst wenn diese religiösen Programme, häufig von bemitleidenswerter Qualität, bisweilen die eine oder andere islamistische Gruppe in Frage stellen mochten, so war – und ist – ihre vermehrte Ausstrahlung der islamistischen Tendenz insgesamt von großem Nutzen. Denn sie vermitteln ein Islambild, das einer buchstabengetreuen Auslegung des Koran das Wort redet – und genau das entspricht dem Ideal der Islamisten.

c) Zu keinem Zeitpunkt hat der Staat seine islamischen Wurzeln in Abrede gestellt. Weder in Ägypten noch in sonst einem arabischen Land hat es jemals eine fundamentale Säkularisierung wie in Europa gegeben. Der Mythos einer nasseristischen Ära, die sich vom Islam losgesagt habe, hat historisch keinen Bestand. Auch zu Nassers Zeiten genoß die Religion stets ein hohes Ansehen, spielte sie in der Erziehung, den Medien und dem offiziellen Diskurs eine große Rolle. Der besagte Mythos ist von den Muslimbrüdern in die Welt gesetzt worden, während sie das Nasserregime bekämpften. Wenn er auch heute noch, in der nachfolgenden Generation, im Umlauf ist, so deswegen, weil sie von jener Zeit nur weiß, was ihr die islamistische Propaganda eingetrichtert hat. Eine radikale Säkularisierung, wie sie der überwiegende Teil der christlichen Welt kennt, hat in den islamischen Ländern niemals Einzug gehalten. Die Verbreitung von Schriften, die das religiöse Dogma kritisch hinterfragen, wäre hier undenkbar. Ganz im Gegenteil vermeiden diejenigen unter uns, die gemeinhin als Säkularisten gelten, alles, um nicht irgendwelchen Ignoranten einen Vorwand zu liefern, uns der Ungläubigkeit zu bezichtigen. Dementsprechend ist unser öffentlicher Diskurs gehalten: Selbst der leisesten Kritik wird das islamische Glaubensbekenntnis vorangestellt, und meistens begnügen wir uns mit einer rein internen Kritik, auf der Basis von Gegen-Exegesen islamistischer Texte – anstatt diese radikal zu negieren. Man kann daran ermessen, wie weit wir in unseren Ländern von einer konsequenten Säkularisierung noch entfernt sind.

d) Die Islamisten stützen sich in ihrem Kampf gegen die Säkularisierung auf die traditionelle Religiosität der Massen, was ihnen erlaubt, sich mit einem Heiligenschein zu umgeben und ihre Herausforderer als Subjekte zu denunzieren, die diese religiöse Tradition anzugreifen wagen. Gerade an diesem Aspekt zeigt sich das Ungleichgewicht der Kräfte zwischen Säkularisten und Islamisten. Während sich die Islamisten quasi einer uneingeschränkten argumentativen Bewegungsfreiheit erfreuen, schwebt der Anwurf der Ungläubigkeit wie ein Damoklesschwert über den Köpfen der Säkularisten, die ihre Argumente einer permanenten Selbstzensur unterwerfen. Und doch haben die Islamisten die Schlacht noch lange nicht gewonnen, wie sie behaupten. Indem sie sich auf das Terrain traditioneller Religiosität flüchteten, haben sie sich dem Kampf gar nicht erst gestellt. Über die besseren Argumente verfügen sie nicht, trotz der Flut islamistischer Publikationen, der nicht eine einzige säkulare Zeitschrift in arabischer Sprache entgegensteht. Nicht viel besser sieht es aus im Bereich der audio-visuellen Medien. Kurzum, unter den gegenwärtigen Bedingungen treffen nicht zwei geistige Strömungen gleichberechtigt und frei aufeinander, vielmehr sieht sich die eine tausendfachen Zwängen ausgesetzt, während die andere, ausgestattet mit einer Aura von Autorität, sehr schnell Attacken reitet wider die Ungläubigen – in Ermanglung vernünftiger Positionen.

Die Argumente der Islamisten gegen die Säkularisierung

Die Vorstellungen, die sich die Islamisten von der Säkularisierung und der gemeinhin als säkular bezeichneten intellektuellen Strömung machen, unterliegen einem fundamentalen Mißverständnis. Ich weiß nicht, ob das Zufall ist oder nicht. Wenn man die Kritik an der Säkularisierung im zeitgenössischen islamistischen Diskurs untersucht, dann lassen sich zum einen rein ideologisch motivierte Argumente finden, und zum anderen einige Ansichten objektiverer Natur, die der näheren Betrachtung lohnen.

Kennzeichen der ideologischen Kritik ist insbesondere ihr herabwürdigender, verächtlicher Tenor. Dennoch darf diese Kritik in ihrer Wirkung nicht unterschätzt werden, ganz im Gegenteil. Sie ist im islamistischen Diskurs am häufigsten anzutreffen, und gerade ihre ideologische Natur, d. h. ihre Irrationalität und ihre Emotionalität, erklärt ihren Erfolg.

Die militanten Islamisten werden von ihren Chefs darauf abgerichtet, ohne Widerworte zu gehorchen und zu glauben, was von oben kommt; die Autorität dieser Führer beruht auf einer Weitergabe von Wissen mittels einer geschlossenen Kette von Gewährsleuten und Quellen, die von der islamistischen Ideologie als autoritativ angesehen werden. Dergestalt verwandelt sich ein grober Wahrnehmungsfehler binnen kürzester Zeit, durch bloßes Hörensagen, in einen grundlegenden Irrtum von indiskutabler Evidenz. Diese Art der Wissensvermittlung erklärt zu einem wesentlichen Teil, wie sich die Ansichten der Islamisten zur Säkularisierung rekrutieren. Hauptsächlich auf zwei Argumenten beruht die ideologisch motivierte Kritik:

a) Die Säkularisierung sei ein Synonym für die Aufkündigung von Religion, für eine atheistische Gesellschaft. Es spielt dabei keine Rolle, daß dieses Urteil unlogisch und antihistorisch ist. Es genügt, wenn auf diese Weise die Säkularisierung diskreditiert wird, besonders unter der unerfahrenen und beschämend manipulierten Jugend.

b) Die Säkularisierung sei eine Verschwörung. Der zeitgenössische Islamismus sieht in allen Dingen, die er bekämpft, einen Ausdruck der Konspiration gegen den Islam: die Kreuzzüge, der Imperialismus, der Zionismus, das Freimaurertum, der Orientalismus – als habe der Rest der Welt nichts Dringlicheres zu tun, als irgendwelche Rechnungen mit dem Islam zu begleichen. Es ist völlig sinnlos, den Islamisten begreifbar machen zu wollen, daß die Faktoren, die heute zur Unterwerfung einer Nation durch eine andere führen, nicht dieselben sind wie im Mittelalter; daß sie zu tun haben mit wissenschaftlichem, technologischem, ökonomischem Fortschritt, mit Politik und gesellschaftlicher Öffnung, mit den Bereichen also, wo die islamische Welt so dramatisch im Hintertreffen liegt.

Genauso vergebens endet jeder Versuch, den Islamisten klarmachen zu wollen, daß sich das Interesse des Westens an der islamischen Welt auf die Begierde beschränkt, den eigenen Zugriff auf unseren unermeßlichen Reichtum an Bodenschätzen zu sichern und die eigenen strategischen Interessen zu wahren. Die Islamisten weigern sich, dergleichen Argumente auch nur anzuhören, weil sie vom Mythos des goldenen islamischen Zeitalters gefangengenommen sind, das dereinst aus geweihter Asche auferstehen werde, um erneut die Welt zu beherrschen – und der Westen schmiede Ränke, um diese Wiedergeburt zu verhindern.

Neben dieser ideologisch motivierten Ablehnung der Säkularisierung gibt es, wie bereits erwähnt, einige islamistische rgumente gegen die Säkularisierung, die über ein Minimum an intellektueller Kohärenz verfügen und der seriösen Auseinandersetzung wert sind. Ich glaube, daß die Zukunft der arabischen Säkularisierung ganz wesentlich von unserer Bereitschaft abhängen wird, dergleichen Argumente ernsthaft zu erwidern.

Die zugrunde liegende These dieser Argumente lautet, die Säkularisierung sei nichts weiter als ein Produkt europäischer Geschichte, eine Antwort auf die spezifischen Bedürfnisse europäischer Gesellschaften in einem bestimmten historischen Augenblick, weswegen es sinnlos und gefährlich wäre, sie auf die islamische Welt zu übertragen. Europa habe, so erklärt man uns, gekämpft, um sich von der intellektuellen Stagnation zu befreien, wie sie für das Mittelalter prägend war. Das Haupthindernis modernistischer Kräfte war demzufolge die katholische Kirche, eine autonome Institution, stark hierarchisiert, extrem einflußreich, die sich nicht allein um das Seelenheil der Gläubigen kümmerte, sondern sich darüber hinaus das

Recht anmaßte, zeitliche Dinge mitzugestalten. Die Gelehrten, wie jeder wisse, waren die ersten, die den Preis für diesen Allmachtsanspruch der Kirche zu zahlen hatten; und bald schon wurde offenkundig, daß der intellektuelle Fortschritt in Europa nur eine Zukunft habe, wenn die Herrschaft der Kleriker gebrochen würde. Was aber nun den Islam betreffe, so kenne er keine kirchenähnlichen Institutionen mit einer Hierarchie bis hinauf zum Papst, so habe er niemals Gelehrte verfolgt oder den wissenschaftlichen Fortschritt behindert; folglich benötige der Islam auch keine Säkularisierung, und ihre Befürworter seien lediglich servile Imitateure des Westens.

Welch verführerische Kraft diese Argumentation enthält, zeigt sich darin, daß sie nicht allein bei Islamisten Anklang findet, egal welcher Couleur, sondern auch bei islamischen Autoren, die westlicher Kultur sehr nahestehen, wie etwa Ismat Sayf ad-Dawla, Muhammad ᶜAbd al-Jabiri oder Hassan Hanafi. Ich werde versuchen zu zeigen, warum diese Argumentation meiner Meinung nach nicht stichhaltig ist.

1. »Der Islam kennt keine kirchenähnlichen Institutionen«

Ich werde hier und jetzt keinen detaillierten Vergleich zwischen den Verhältnissen im späten europäischen Mittelalter und denen in der islamischen Welt der Gegenwart anstellen – das wäre ein heikles Unterfangen, betrachtet man die gewaltige Ungleichgewichtigkeit beider Gesellschaften und Epochen. Gleichwohl ist es mehr als übertrieben zu behaupten, der Islam habe niemals kirchenähnliche Institutionen gekannt. Gewiß ist der Islam ohne Äquivalent zum Papsttum, aber es hat immer starke religiöse Machtorgane gegeben, deren Autorität gelegentlich weiter reichte als die des Staates.

In Ägypten beispielsweise ist dies der Fall in der Institution der Azhar, mit dem Sheikh al-Azhar an der Spitze. Hatte er sich auch in den letzten Jahrzehnten den Vorgaben politischer Macht zu beugen, so galt er doch zuvor als die oberste religiöse Autorität des sunnitischen Islam, verehrt in der gesamten islamischen Welt. Gleiches gilt für die Institution des Ifta', geleitet vom Mufti der Republik und sekundiert vom Rat bedeutender Ulama (religiöse Rechtsgelehrte). Ganz eindeutig repräsentiert sie eine religiöse Autorität, die den Standpunkt islamischen Rechts in allen wichtigen gesellschaftlichen Fragen formuliert, zu denen sie herangezogen wird; obligatorisch ist ihr Votum vor der Vollstreckung von Todesurteilen.

Die kirchenähnliche Institutionalisierung zeigt sich offenkundiger noch im gegenwärtigen schiitischen Islam, der stark hierarchisiert ist, von den Mullahs über die Hodjatolislams bis zu den Ayatollahs und schließlich hoch zum großen Ayatollah. Ayatollah Khomeini verfügte zweifelsohne über eine größere Macht als die Päpste im europäischen Mittelalter. Es handelt sich dabei wohlgemerkt nicht um Einzelfälle, sondern um eine Konstante der islamischen Geschichte. Gelegentlich ging es der religiösen Macht in der Tat um die Verteidigung islamischer Prinzipien, was ihnen die Feindschaft der politischen Herrscher einbrachte, der Kalifen, Sultane oder Emire. Doch sehr viel häufiger zeigte sie sich der Politik gegenüber willfährig und dienstbar, formulierte etwa Fatwas (religiöse Rechtsgutachten), die deren Anliegen und Begehrlichkeiten islamisch fundierten. Und umgekehrt kommt die weltliche Macht der religiösen entgegen, bis zum heutigen Tag. In Ägypten werden Publikationen vor ihrer Drucklegung einer religiösen Kommission der Azhar vorgelegt, die das Recht besitzt, jedes Werk zu konfiszieren, dessen Geist nicht mit ihrer Interpretation des Islam übereinstimmt. Und wenn, den Wünschen der Islamisten entsprechend, eines Tages die Scharia, das islamische Strafrecht, wirklich einmal das bürgerliche Zivilrecht ersetzen sollte, dann gibt es allen Grund zu der Annahme, daß neue religiöse Institutionen entstehen werden, mächtiger als jede andere gesellschaftliche Institution; und ägyptische Sheikhs wie ᶜUmar ᶜAbd ar-Rahman, Hafiz Salama und Konsorten werden in dem neuen Staat über Macht und Autorität verfügen mindestens wie der Blutrichter Khalkhali im Iran.

Alles in allem ist festzuhalten, daß sich die Rahmenbedingungen der mittelalterlichen Christenheit nicht grundsätzlich unterscheiden von denen des gegenwärtigen Islam. Erstere war damals demselben allumfassenden Ordnungsanspruch unterworfen, wie es heute die Muslime sind. Die Gründe, die zur Säkularisierung in Europa führten, sind in der islamischen Welt der Gegenwart noch immer gültig.

2. Religiöse Macht und Wissenschaft

Die Säkularisierung, so argumentieren die Islamisten, sei in Europa eine notwendige Reaktion gewesen auf die Feindseligkeit der religiösen Institutionen in Hinblick auf die Entdeckungen der modernen Wissenschaft. Um diese zu verteidigen und zu bewahren, war die europäische Gesellschaft des 15. und 16. Jahrhunderts gezwungen, den Einfluß der Kirche zu begrenzen, und um das zu leisten, kam man auf die Idee mit der Säkularisierung. Da aber im Islam die Beziehung zwischen Wissenschaft und Religion stets von Toleranz und gegenseitigem Verständnis geprägt gewesen sei, bräuchten wir auch keine Säkularisierung.

Mag diese Interpretation, was das Europa der Renaissance betrifft, durchaus stichhaltig sein, so vermag ich den zweiten Teil der These beim besten Willen nicht nachzuvollziehen. Waren es nicht Männer der Religion, die den Mu\^cataziliten nachstellten, Averroes oder al-Hallaj?[1] Worin unterscheiden sich denn deren Verfolgungen von der mittelalterlichen Hatz auf heterodoxe Philosophen und Gelehrte durch die Kirche? Und

---

1 Mu\^cataziliten: Begründer der ältesten spekulativen Schule innerhalb der sunnitischen Gemeinschaft. Blütezeit im 9. Jh. n. Chr. Sie wurden von staatlicher Seite und religiöser Orthodoxie bekämpft, vor allem, weil sie *sich* von den offiziellen Doktrinen der Sündenlehre *distanzierten* und damit islamisches Dogma anzweifelten. (Arabisch Mu\^catazila leitet sich ab vom Verb i\^ctazala, »sich distanzieren«.)

Averroes, arabisch Ibn Rushd (1126–1198), aus Cordoba, suchte schöpferisches philosophisches Denken gegen religiöse Orthodoxie durchzusetzen. Einer der bedeutendsten arabischen Denker, Aristoteles-Exeget.

Al-Hallaj (858–922) war ein bedeutender Mystiker und Poet. Seine sehr persönliche, existentielle Interpretation des Islam widersprach der Staatsräson. Für seinen Ausspruch »Ich bin die Wahrheit«, zu verstehen als Vision der Einheit von Gott und Seele, wurde er hingerichtet.

wer nun behauptet, dergleichen Dinge hätten sich nun einmal überall auf der Welt vor Anbruch der Neuzeit ereignet und seien auch in der islamischen Welt längst Vergangenheit, dem sei ein Blick auf die Verfolgungen empfohlen, denen etwa Taha Hussein oder ᶜAli ᶜAbd ar-Raziq[2] in diesem Jahrhundert seitens der Azhar ausgesetzt waren – ein Indiz dafür, daß unsere Gesellschaften weit davon entfernt sind, den Konflikt zwischen Intellektuellen und religiöser Macht gelöst zu haben. In diesem Zusammenhang ist auch daran zu erinnern, mit welcher Rigorosität islamistische Strömungen hervorragende Denker wie Marx, Freud oder Darwin verurteilen und verteufeln. In einigen besonders frömmelnden islamischen Ländern ist es schlicht und ergreifend verboten, auch nur deren Namen zu zitieren.

Kurzum, in der islamischen Welt existiert sehr wohl eine religiöse Macht, die sich in die Angelegenheiten der Wissenschaft einmischt. Es ist dabei nicht unsere Aufgabe, diese Einflußnahme im einzelnen zu bewerten – entscheidend ist, daß sie existiert. Und so gesehen gibt es keinen wirklichen Unterschied zwischen unserer gegenwärtigen Situation und der im vorsäkularen Europa: Dieselben Motive, die in Europa die Säkularisierung ausgelöst haben, wirken auch in unseren Gesellschaften. Wie will man denn ernsthaft behaupten, die religiösen Institutionen im Islam wären nicht gegen die Wissenschaft eingestellt, wenn sie in einer Zeit, wo der Mensch dabei ist, den Weltraum zu erschließen, noch immer jedes Jahr darüber debattieren, wann genau der Fastenmonat Ramadan beginne, wie die einzelnen Mondphasen festzulegen seien, nur weil sie sich weigern, auf astronomische Berechnungen zurückzugreifen?

---

2 Der große ägyptische Literat Taha Hussein (1889–1971) bekam Mitte der zwanziger Jahre Ärger mit der Azhar, weil er die Echtheit vorislamischer Poesie angezweifelt hatte und damit indirekt auch die der Hadithe, die wörtlichen Überlieferungen des Propheten Mohammed.
ᶜAli ᶜAbd ar-Raziq (1888–1968) wurde 1925 die Lehrbefugnis an der Azhar-Universität entzogen, weil er in seiner Schrift »Der Islam und die Grundlagen der Autorität« angezweifelt hatte, daß man politische Herrschaft islamisch legitimieren könne.

3. Der Islam und die mittelalterliche Mentalität

Die Säkularisierung, so sagen die Islamisten, wäre das Ergebnis der besonderen Rahmenbedingungen in Europa im Übergang vom Mittelalter in die Neuzeit. Da aber das »Mittelalter« der islamischen Zivilisation bereits ihr goldenes Zeitalter repräsentiere, hätten sie es auch nicht nötig, auf die Säkularisierung zurückzugreifen.

Mir scheint diese Perspektive zu kurz gegriffen. Ihr erster Fehler ist, daß sie die Gültigkeit einer intellektuellen Doktrin auf die Umgebung begrenzt, in der sie entstanden ist. Und mindestens ebenso oberflächlich ist es, die Säkularisierung zu reduzieren auf eine Kampfideologie gegen die katholische Kirche. Schließlich stellt sich die Frage nach der mittelalterlichen Mentalität, der Ablehnung von Vernunft zugunsten eines rigiden Dogmas und autoritärer Strukturen. Ist eine solche Ablehnung denn wirklich nur für Europa zu konstatieren?

Für mich persönlich ist es keine Frage, daß das, was man gemeinhin als Mittelalter bezeichnet, weitaus mehr ist als ein bestimmtes historisches Moment einer uns fremden Zivilisation. Es ist ein Geisteszustand, eben eine Mentalität, die sich in zahlreichen Gesellschaften findet, einschließlich der heutigen islamischen. Wer sein Denken ausschließlich auf heilige Texte stützt, auf die Aussprüche frommer Vorfahren, und darin absolute Wahrheit vermutet, der offenbart eine mittelalterliche Mentalität, auch wenn die Gesellschaft als Ganzes an der Schwelle zum 21. Jahrhundert steht. Diese Mentalität zu überwinden ist eine Aufgabe, die sich weder historisch noch gesellschaftlich überlebt, sondern, unter veränderten Vorzeichen, immer wieder neu anzugehen ist.

Um ein Beispiel zu nennen: Der heutige Muslim weiß die Rolle der Frau nicht anders zu diskutieren als unter Bezug auf Texte und Traditionen, die ihm überliefert worden sind durch eine Kette von Gewährsleuten und frommer Ahnen – ohne die reale Situation zu sehen, die wirklichen Probleme der Frau von heute. Dieser Muslim lebt mental im Mittelalter und benötigt dringend eine radikale Umkehr, eine durchgreifende intellektuelle Revolution.

Die mittelalterliche Mentalität ist kein Privileg der Muslime: Man möge nur an die sowjetischen Theoretiker denken, die bis vor kurzem nicht in der Lage waren, ihre Ansichten – egal zu welchem Thema – öffentlich kundzutun, ohne Marx und Lenin zu zitieren. Für sie bedeutet die Perestroika eine ähnliche mentale Transformation wie seinerzeit die Säkularisierung Europas.

4. Die Säkularisierung und das kulturelle Erbe

Die Islamisten argumentieren, die Säkularisierung bewirke die Zerstörung des kulturellen Erbes des Islam, weil ihre Doktrin einer fremden Kultur entlehnt sei: Die kulturelle Identität des Islam vertrage sich nicht mit der Säkularisierung.

Wir haben bereits darauf hingewiesen, daß die Befreiung von Dogma und autoritären Strukturen ein universal gültiges Anliegen der Säkularisierung ist, und ich verstehe nicht, wie Rationalität, kritischer Geist, wissenschaftliche Konsequenz und intellektuelle Unabhängigkeit das kulturelle Erbe des Islam bedrohen sollten. Was den muslimischen Säkularisten vom Islamisten unterscheidet, ist ja nicht die Verneinung oder Ablehnung des kulturellen Erbes, sondern die innere Einstellung zu diesem Erbe. Während der Säkularist das kulturelle Erbe in seinem jeweiligen historischen Kontext betrachtet, konstruiert der Islamist eine idealisierte Vergangenheit, um auf der Basis dieser Konstruktion sein gegenwärtiges und zukünftiges Leben zu organisieren. Er glaubt also, seiner Kultur dienen zu können, indem er der wenig erfreulichen Gegenwart den Rücken zuwendet und sich in seine ruhmreiche Vergangenheit flüchtet. Ich denke aber, daß ein solchermaßen verfälschtes Bild unserer Geschichte die sicherste Methode ist, das kulturelle Erbe zu liquidieren.

Säkularisierung –
eine soziale und politische Notwendigkeit

Die Säkularisierung ist, für jede Gesellschaft, eine vernunftgegebene Notwendigkeit, und sie ist gleichzeitig, für die islamischen Gesellschaften der Gegenwart, eine politische und soziale Notwendigkeit.

a) Bis in die sechziger Jahre hat die Mehrheit unserer Politiker jedwede religiöse Einmischung in die Politik zurückgewiesen. Seither hat der »politische Islam« ständig an Boden gewonnen, im Windschatten des allgemeinen Klimas religiösen Terrorismus in den letzten zwei Jahrzehnten. Die sich dieser Entwicklung entgegenstellen, werden immer weniger und befinden sich längst in der Defensive. Entstanden ist eine Situation, die für das gesellschaftliche Wohlergehen alles andere als förderlich ist. In der Politik gibt es nichts, was unvergänglich und unwiderruflich wäre, »gültig zu jeder Zeit und an jedem Ort«, wie es den islamischen Fundamentalisten vorschwebt. Und während die Religionen Universalität anstreben, setzt die Politik Vielfältigkeit zwingend voraus. Ihre Aufgabe ist es, Meinungsvielfalt zu ermöglichen und demokratisch zu organisieren. Deswegen führt die Vermengung von Politik und Religion zwangsläufig in eine Sackgasse: Religiöse Ideale werden durch die Politik vergiftet und korrumpiert, umgekehrt ist die Religion nicht in der Lage, eine Welt zu ordnen, die überwiegend von säkularen Mechanismen gesteuert wird.

b) Die Erfahrung zeigt, daß Freiheit und Demokratie unter einer säkularen Regierung besser gedeihen als unter einer religiösen. Eine religiöse Regierung begünstigt – offen oder indirekt – die Verfolgung der Minderheit durch eine Mehrheit, und sie macht es den Herrschern leicht, das Sakrale zur Rechtfertigung ihres Tuns zu mißbrauchen, eigene Fehler mit dem Argument vermeintlicher Unfehlbarkeit zu kaschieren. Sobald die Politik absolute Wahrheiten zu ihrer Grundlage macht, werden elementare Menschenrechte, an erster Stelle die Glaubensfreiheit und die Freiheit des Denkens, suspendiert, wenn nicht gar liquidiert.

Fundamentalisten würden entgegnen, daß der Islam in den Phasen seiner Expansion immer tolerant gegenüber Minderheiten gewesen ist, aber dieses Argument wendet sich gegen sie selbst. Gewiß haben die islamischen Regierungen damals, etwa im islamischen Spanien, eine außerordentliche Toleranz gezeigt – was vor allem damit zusammenhängt, daß sie nicht zu vergleichen sind mit den heutigen islamischen Regimen. Ganz im Gegenteil waren sie einer Atmosphäre intellektueller Freiheit förderlich, wie sie noch heute den säkularen Kräften als Vorbild dient.

c) Die Säkularisierung weigert sich, aus dem Menschen einen Gott zu machen oder ein unfehlbares Wesen. Gleichzeitig erkennt sie die Grenzen menschlicher Vernunft und weiß um die Unzulänglichkeit politischer und sozialer Systeme. Im Bewußtsein dieser Unzulänglichkeit sucht sie nach möglichen Verbesserungen und Reformen, strebt sie eine humanere und gerechtere Welt an. Dagegen zeigen die Lehren derer, die die Säkularisierung bekämpfen, eine ganz andere Gemeinsamkeit: eine tiefsitzende Verachtung des Menschen. Für die Islamisten besteht die Erbsünde in der Politik darin, politische Autorität durch den Menschen, durch das Volk zu legitimieren. Nicht minder groß ist die Abneigung, sich von den Erfahrungen anderer menschlicher Kollektive anregen zu lassen. Denn alles, was aus dem Volk kommt, was allgemein des Menschen ist, erscheint ihnen inkonsistent, widersprüchlich, profan, unrein, zum Scheitern verurteilt. Die meisten Islamisten empfinden einen tiefen Haß gegenüber der Demokratie – aus dem einfachen Grund, weil sie eine Herrschaft des Volkes, des Minderlichen ist, auch wenn sie diesen Haß nicht offen zeigen, sondern Schutz suchen hinter der Behauptung, es gelte das kulturelle Erbe gegen fremde Einflüsse zu bewahren.

Diese Verachtung des Volkes, dieser Haß auf die Demokratie findet seinen institutionellen Niederschlag im Prinzip der Konsultation (Shura), das besonders in der Golfregion politische Anwendung findet. Nach Auffassung der Fundamentalisten ersetzt die Konsultation die Demokratie – nur ist die Konsultation weder verpflichtend noch bindend, sie liegt im

Ermessen des Herrschers und funktioniert von oben nach unten, nicht von unten nach oben, ist mithin keineswegs demokratisch legitimiert.

d) Der absolute Unsinn, den die Islamisten über die Säkularisierung zusammenreimen, offenbart den Niedergang des arabischen Denkens in den letzten zwei Jahrzehnten. Die verlogenen Ansichten der Islamisten sind in der Öffentlichkeit weit verbreitet, selbst in intellektuellen Kreisen; sie sprechen, ohne etwas davon zu verstehen, von der »materialistischen« europäischen Wissenschaft und Philosophie – gerade so, als sei Erkenntnis das Privileg religiöser Offenbarung. Der Mensch im Westen ist ihrer Ansicht nach ein unmoralisches und zügelloses Wesen, dessen verwerflichen Neigungen eine Gesetzgebung entspricht, die Homosexualität und Unzucht fördert: Dieses verzerrte Bild ist das einzige intellektuelle Rüstzeug von Millionen von Menschen. Natürlich haben dergleichen Fabeln nur Bestand in Zeiten intellektuellen Niedergangs und naiver Ehrfurcht vor tendenziösen Predigern und ignoranten Pamphletisten. Wenn die Islamisten auch nur über einen Anflug geistiger Offenheit verfügten, wenn sie sich wirklich befreien wollten von der Vorherrschaft fremden Denkens, dann würden sie damit beginnen, sich ernsthaft mit ihrem Feind auseinanderzusetzen, und gleichzeitig den kritischen Verstand ihrer Anhänger schulen, damit auch sie den Feind erkennen lernen. Die Säkularisierung ist konsequenterweise auch im kulturellen Bereich eine dringliche Aufgabe. Die blutigen Konsequenzen der »Satanischen Verse« von Salman Rushdie – meiner Ansicht nach ein schlechter Roman, der lediglich die Aufrichtigkeit des Geistes in der islamischen Welt zu denunzieren sucht – belegen dies nicht minder deutlich wie die Todesdrohungen gegen Nagib Mahfuz, der erste muslimische Schriftsteller seit Tagore, der den Literaturnobelpreis erhielt. Sein Roman »Die Kinder unseres Viertels«[3] gilt den Islamisten

---

3 Der Roman, angesiedelt in einem traditionellen Kairoer Volksviertel, befaßt sich allegorisch mit den großen Weltreligionen und Utopien, wobei sich

als blasphemisch, obwohl sie ihn mit Sicherheit nicht gelesen haben. Man begreift, wenn man sich diese Beispiele vor Augen hält, wie tief die islamische Welt noch immer im Mittelalter verwurzelt ist, wie dringend sie der säkularen Erneuerung bedarf.

Mahfuz gegen jede Form von Dogmatismus und Intoleranz ausspricht. Vorgesehen war, die Erzählung als Fortsetzungsroman in der angesehenen Kairoer Tageszeitung »Al-Ahram« zu veröffentlichen, doch nach nur wenigen Folgen wurde der Roman abgesetzt – auf Druck der Azhar. Das war 1958, und bis heute ist dieses nach Ansicht vieler Kritiker beste Werk Mahfuz' in Ägypten nicht verlegt worden. Lediglich im damals liberalen Beirut ist es, 1966, als Buch erschienen. Als die Kairoer Abendzeitung »Al-Masa'« 1989 erneut eine Veröffentlichung als Fortsetzungsroman versuchte, mußte sie nach zwei Ausgaben aufgeben – fundamentalistische Extremisten bedrohten Verlag und Autor. Einige Islamisten argumentierten öffentlich: Hätten wir Mahfuz schon 1958 umgebracht, würde es heute keinen Salman Rushdie geben.
Auf deutsch ist der Roman 1990 im Züricher Unionsverlag erschienen.

Sadik Jalal al-Azm

Wider den fundamentalistischen Ungeist

Zunächst einmal möchte ich darauf hinweisen, daß die vielbe-
schworene islamische Erneuerung der arabischen Welt sehr
viel weniger eine kulturelle, moralische, politische, ästhetische
usw. Wiedergeburt darstellt, als vielmehr gleichbedeutend ist
mit einer Wiederbelebung von Fanatismus, reaktionärem Denken, Primitivität, Obskurantismus, kleingeistigem Sektierer-
tum, engstirnigem Konfessionalismus usw. – mit allen darin
enthaltenen Gefahren, Risiken, Gewaltpotentialen, repressiven Elementen. Keineswegs haben die Islamisten in der arabischen Welt versucht, sich von dergleichen zerstörerischen
Tendenzen zu distanzieren; ganz im Gegenteil haben sie sie
nach Kräften gefördert, sie glorifiziert, von ihnen gezehrt. Ihre
Weltanschauung scheint die Botschaft zu verkünden, daß die
Araber irgendwie von dem Schicksal befallen sind, kein anderes Leben führen zu können als jenes einer unmittelbaren Solidarität primärer gesellschaftlicher Einheiten von Stamm, Region, Sekte, Konfession usw.; auf alle Zeiten unfähig, zu einer
höheren historischen Stufe modernen gesellschaftlichen Lebens aufzusteigen.

Nasser und die Jungfrau Maria

Immer deutlicher zeigt sich, daß weithin diskreditierte arabische Regime und Regierungen eine wesentliche Rolle spielten und spielen bei der Installierung, Förderung, Finanzierung
und Manipulation islamistischer Bewegungen. Eine der unmittelbar sichtbarsten Folgen der arabischen Niederlage von 1967
war das allzu konvenierende Erwachen von Religiosität auf sei-

ten arabischer Herrscher. Noch während die arabischen Armeen im Feld standen, wurde mir das enorme Ausmaß dessen, was passiert war, klar: als nämlich jede amtliche arabische Radiostation sich subito islamisierte, indem rund um die Uhr Frömmigkeit und Unterwerfung unter den Willen Allahs gepredigt wurde. Selbstverständlich waren es die quietistischen, fatalistischen, resignativen Seiten des Islam, die diese Kreise interessierten und die sie propagierten. Selbst Nasser, der sich nur selten in religiöse Ideologie oder Obskurantismus flüchtete, um seine Führung und Herrschaft zu legitimieren, gelangte an den Punkt, wo er die Niederlage hinwegzuerklären suchte. In einer seiner berühmtesten Reden argumentierte er, menschliches Streben könne nichts gegen göttliche Vorsehung bewirken; die Niederlage sei von höherem Willen vorherbestimmt gewesen, und es gäbe daher nichts, was man gegen diese metaphysische Tatsache hätte unternehmen können. Später nahm diese religiöse Mystifizierung die Form einer von Kirche und Staat sehr gut inszenierten und orchestrierten Erscheinung der Jungfrau Maria an (die von den Muslimen sehr verehrt wird): Sie sei – 1968 – auf der Spitze eines Kirchturmes im Kairoer Stadtteil Zeitun erschienen. Das Happening wurde erst abgeblasen, als eine beträchtliche Zahl von Kindern und älteren Menschen von erregten Gläubigen zu Tode getreten worden war. Letztendlich entwickelte sich der Islamismus, sowohl in organisierter wie auch in weniger organisierter Form, zu einem überaus bequemen Instrument: um öffentliche Rastlosigkeit in sicherere Bahnen zu lenken, um radikalisierte, unzufriedene nationalistische, linke, kommunistische und nasseristische Strömungen zu neutralisieren und einzudämmen, um das Vermächtnis früherer, linksorientierter populistischer Politik zu liquidieren und gleichzeitig die zunehmende Rechtsorientierung arabischer Politik zu legitimieren, wie sie durch den Transfer des Kräftezentrums arabischer Politik von Kairo nach Riad in den siebziger Jahren offenbar wurde – die Petro-Araber waren endlich am Ziel.

Das Ende der Ideologien

Weiterhin ist festzuhalten, daß der Islamismus sich nur deshalb mit dieser rasanten Geschwindigkeit entfalten konnte, weil er ein Vakuum vorfand, das durch die Zerstörung jedweder organisierten säkularen Opposition entstanden war und, wichtiger noch, durch den Zusammenbruch gemeinsamer Ziele und mobilisierender Ideale, die die arabische Politik und das kulturelle Leben lange Jahre geprägt hatten. Ich spreche von dem profunden Verlust an Glaubwürdigkeit nach 1967, der solche hegemonialen Konzepte und gesellschaftliche Ordnungsprinzipien betraf wie:

a) Das Ideal arabischer Einheit, das sich in Rhetorik erschöpfte. Auch dem schlichtesten Gemüt wurde klar, daß die lautstarken Rufe arabischer Führer und Regierungen nach arabischer Einheit und die großangelegten offiziellen Manöver zu ihrer sofortigen Realisierung mehr und mehr den realen Fragmentierungen des pan-arabischen Lebens widersprachen, den tatsächlichen inter-arabischen Meinungsverschiedenheiten und Feindseligkeiten.

b) Das Ideal des arabischen Sozialismus. Nach dem Krieg zeigte sich deutlicher als je zuvor, daß die selbsternannten Begründer, Verteidiger und Förderer des arabischen Sozialismus in realiter das Wachstum und die Entwicklung einer entstellten und parasitären Form des Kapitalismus vorantrieben.

c) Das Ideal der Befreiung Palästinas. Es bestand keinerlei Zweifel mehr, daß Palästina zunehmend arabischen Händen entglitt, während die arabischen Führer noch immer große Worte über Palästina und noch größere Versprechungen machten. Gleichzeitig absorbierte das arabische militärische Establishment in wachsendem Maß sozialen Wohlstand im Namen Palästinas, doch letztendlich erhielten wir dafür lediglich einige sehr schöne Flugzeuge, nicht aber eine Luftwaffe, die diese Bezeichnung auch wirklich verdient hätte.

d) Die offizielle und überall hinausposaunte Losung, die Araber befänden sich endlich auf dem Weg einer selbsttragenden ökonomischen Entwicklung, erwies sich schlichtweg als

248

Illusion. Die Realität war ein krebsgeschwüriges finanzielles Wachstum, gekoppelt mit wirtschaftlicher Abhängigkeit und einer galoppierenden Staatsverschuldung.

Unter dem Eindruck dieses allgemeinen Zusammenbruchs von Ideologie und transzendenter Bedeutung ist es kaum verwunderlich, daß die Menschen empfänglich wurden für einfache Losungen und emotional ansprechendere Bindungen. Wer wollte sich wundern über den weitverbreiteten Zynismus, die Gleichgültigkeit, die Desillusionierung bis hin zum Nihilismus, parallel zu dem Rückzug in private Belange und individuellem Karrierestreben.

Eine islamische Erneuerung?

Des weiteren bewirkte das nur oberflächliche kapitalistische Wachstum in arabischen Schlüsselländern wie Ägypten, Syrien oder Irak weitreichende soziale Umbrüche, die die gesellschaftlichen Strukturen in diesen Ländern unmittelbar nach dem Krieg von 1967 nachhaltig erschütterten. Wie allgemein bekannt sein dürfte, förderte diese Entwicklung den Prozeß der Klassendifferenzierung und die soziale Polarisierung sowie den Zusammenbruch der noch verbliebenen Reste ländlicher Subsistenz-Ökonomien. In unseren schnell wachsenden Städten wie Damaskus, Homs, Hama und Aleppo, ganz zu schweigen von den Provinzstädten und kleineren urbanen Zentren, brach eine Welt zusammen. Es war die ideologische und alltäglich praktizierte Welt kleiner Händler, Geschäftsleute, Handwerker usw., die auf einem von Generation zu Generation weitergegebenen Modell eines gerechten Maßes an wirtschaftlichem Gewinn beruhte. Die lange respektierte Tradition, sich mit dem durchaus ausreichenden täglichen Brot, mit dem eigenen, allgemein erträglichen Los zu begnügen und abzufinden, brach schlichtweg in sich zusammen, besonders in den älteren Vierteln und Stadtteilen, wo die meisten dieser Klassenangehörigen dichtgedrängt zusammenleben. Kein Wunder also, daß sich die meisten bewaffneten Aktivisten unter den syrischen Muslimbrüdern aus dieser sozialen Schicht rekrutierten.

Und kein Wunder, daß es in diesen traditionellen Stadtteilen und Vierteln zu den meisten bewaffneten Auseinandersetzungen mit den Sicherheitskräften kam.

Gleichwohl ist längst klargeworden, daß der Versuch einer islamischen Wiedergeburt, sei es in Gestalt eines lokal begrenzten radikalen Aktivismus, sei es als Import der iranischen Islam-Version, sei es in der Variante islamisierender Staatsdoktrin à la Numeiri, Ghadafi oder Zia-ul-Haq, in sozialer und politischer Hinsicht nichts zu bieten hat – außer das Strafrecht sowie einige restriktive Vorschriften im Bereich der Kleidung, besonders für Frauen, und die Trennung von Frauen und Männern im öffentlichen Leben.

Selbst diejenigen in der arabischen Welt, die zuvor das Ende von Nationalismus, Liberalismus, Säkularismus, Sozialismus und so weiter verkündet hatten und unter dem Eindruck der islamischen Revolution den Islam als Errettung ansahen, haben längst erkannt, daß eben dieser Islam reduziert worden ist auf nicht viel mehr als die Anwendung eines verrohten, erbarmungslosen und repressiven Strafrechts, einer Reihe von Verboten und brutalen Bestrafungen, die sehr viel zu tun haben mit Frauen, oberflächlichem Moralismus, der Abschaffung persönlicher Freiheit und der strikten Kontrolle privaten Verhaltens, aber herzlich wenig zu tun haben mit dem kranken Zustand der Öffentlichkeit, den scheinbar unlösbaren sozialen Problemen, der allgemeinen politischen Ausweglosigkeit etc. Die magische Formel der Islamisten aller Farben und Schattierungen lautet klar und simpel: Wendet nur schön brav Gottes Strafrecht an, und die Probleme werden sich automatisch von selbst lösen – wie sich jedes Übel auf wundersame Weise in Luft auflösen wird, die Krankheiten der Gesellschaft sich schon selber versorgen werden.

Diejenigen, die vom iranischen Experiment geblendet wurden, müssen jetzt erkennen, daß die dortige Theokratie nach wie vor mit denselben gesellschaftlichen Problemen konfrontiert ist, die schon der Schah nicht zu lösen verstand. Das erklärt meiner Meinung nach die zwanghafte Obsession der arabischen Islamisten mit Oberflächen-Phänomenen wie Entertainment, Medien, Lifestyle, Kleidung, Pop-Kultur, Kino,

Theater, Schauspieler, Schauspielerinnen etc., die nach Auffassung der Islamisten nur in Einklang gebracht werden müßten mit traditionellen islamischen Normen, und schon wäre alles in Ordnung, liefe in der arabisch-islamischen Gesellschaft alles problem- und reibungslos. Diese Sorte oberflächlichen Moralismus und archaischen Denkens scheint der Geisteshaltung von religiösen Erneuerern endemisch inhärent zu sein – nicht nur der islamischen. Eine sehr ähnliche Entwicklung zeigt sich allen, die sie wahrzunehmen bereit sind, im Aufstieg der israelischen Ayatollahs. Aktionsfelder wie Kinos, Bushaltestellen, Verkehr, wer ist ein Jude?, wer ist ein Israeli? usw. rücken dementsprechend in den Vordergrund – im Kontext einer israelischen Gesellschaft immerhin, die im Verlauf der Intifada längst ernste Risse zeigt.

Argumente gegen das iranische Modell

In Ergänzung zu meinen bisherigen Ausführungen gibt es noch wenigstens zwei Aspekte, die mir wichtig erscheinen bei dem Versuch, den islamischen Fundamentalismus in der arabischen Welt einzuordnen.

Erstens: Auf dem Höhepunkt der islamischen Revolution gab es eine ganze Reihe renommierter arabischer Schriftsteller und Intellektueller, die das Ende von Säkularismus, Liberalismus, Nationalismus, Marxismus usw. verkündeten und, den Blick auf das islamische Modell im Iran gerichtet, Morgendämmerung und Erlösung aus den Händen eines erwachenden Islam erwarteten. Ähnliche Ansichten fanden sich auch unter Orientalisten und Nahostexperten in Westeuropa. Ein enthusiastischer französischer Orientalist sagte mir vor einiger Zeit, und mit offenkundiger Genugtuung, daß die wachsende Flut des islamischen Fundamentalismus die dritte Welle der Entkolonialisierung in unseren Ländern darstelle. Ich entgegnete ihm, daß er soeben die Entkolonialisierung in den Schmutz gezogen und denunziert habe.

Man möge doch einmal den unterschwelligen doppelten

Standard einer solchen Argumentation ins Auge fassen. Wenn in Frankreich eine Entwicklung einsetzen würde, die auch nur entfernt die Trennung von Staat und Kirche in Frage stellen oder die hart errungenen Freiheiten und Bürgerrechte der zivilen Gesellschaft gefährden würde, dann wäre dieser junge französische Gelehrte unter den ersten, die auf die Straße gingen und gegen jede nur erdenkliche Gefahr und Bedrohung der freien und säkularen französischen Gesellschaft kämpfen würden. Aber derselbe Intellektuelle wünscht uns, im Namen der Entkolonialisierung, am Ende des 20. Jahrhunderts, eine Wiederherstellung mittelalterlicher Theokratie und eine Regierung der Kleriker, deren Horizont das vermeintlich göttliche Strafrecht setzt und die fortwährende Verteufelung des weiblichen Teils der Menschheit.

Ich möchte an dieser Stelle noch einmal darauf hinweisen, daß diese Fanfarenbläser einer arabischen Errettung mittels Imitation des islamischen Modells im Iran sich gründlich irren. Um dieses Urteil zu erläutern, bedarf es eines Rückblicks auf einige sehr wichtige frühere Entwicklungen in der arabischen Welt, die für meine Generation lebendige Erinnerung und prägende Erfahrung sind, den jüngeren unter uns aber vielleicht weniger deutlich vor Augen stehen.

In der Gestalt von Nasserismus, Baathismus und der Bewegung arabischer Nationalisten[1] durchlief die arabische Welt, mit regional unterschiedlicher Gewichtung, eine sehr wichtige Phase kleinbürgerlichen Populismus, radikalen Nationalismus und aktiven Anti-Imperialismus. Der Einfachheit halber wol-

---

1 Die »Bewegung arabischer Nationalisten« formierte sich in den fünfziger Jahren in Beirut und verstand sich als Vorhut einer Nationalbewegung, die Palästina befreien und jede Art »imperialistischer Einflußnahme« unterbinden wollte. Die radikalen PLO-Gruppen »Volksfront zur Befreiung Palästinas« (PFLP) unter George Habash und »Demokratische Volksfront zur Befreiung Palästinas« (DFLP) unter Nayef Hawatmeh sind ein historisches Erbe dieser Bewegung, die sich nach dem verlorenen Krieg gegen Israel 1967 faktisch auflöste. Auch die marxistische »Nationale Befreiungsfront«, die im November 1967 die Macht im Südjemen von den Briten übernahm, ging aus der Bewegung hervor.

len wir das die radikal-populistische Phase nennen. Diese Phase – in den fünfziger und frühen sechziger Jahren – war geprägt vom engagierten Neutralismus Nassers, der Bandung-Konferenz (1955), der Glanzzeit des afro-asiatischen Blocks in den Vereinten Nationen, der wachsenden Bedeutung nichtpaktgebundener Staaten in der internationalen Politik und dem nationalen Befreiungskrieg in Algerien. Die politischen Modelle dieser Phase wurden – nach innen wie nach außen – formuliert, erkämpft und eingelöst von Führungspersönlichkeiten wie Nehru, Nakruma, Sukarno und Nasser.

Der Iran hat diese Phase nicht durchleben können, weil er gewaltsam daran gehindert wurde. Zwar war der Iran Mossadeghs sehr viel liberaler als Nassers Ägypten, aber das iranische Experiment wurde dennoch gekippt, unter anderem durch die direkte Intervention der CIA zugunsten einer reaktionären monarchistischen Restauration, die Irans aktive Mitwirkung an der radikalen populistischen Phase verhinderte und das Land damit von der gesellschaftlichen Entwicklung in vergleichbaren asiatischen und afrikanischen Schlüsselländern abschnitt. Ich glaube, daß ebendiese unterbundene Partizipation, die entmündigte Erfahrung, das blockierte Experimentieren an und mit der radikalen populistischen Phase zur Explosion führte; eine Explosion, die sich in der ideologisch regressiven Form des Khomeinismus und der sozial entstellten Form islamischen Revolutionismus entlud. Es handelt sich dabei um den klassischen Fall eines späten Ausbruchs historisch unterdrückter Forderungen, die sich mit großen Rachegelüsten ihren Weg bahnen. Im Grunde genommen ist die islamische Revolution – trotz offenkundiger Differenzen – eine verspätete Antwort auf jene mächtige gesellschaftliche Strömung, die sich in der arabischen Welt längst überlebt, die dort ihre Zwecke längst erfüllt hat. Deswegen gibt es unter Arabern auch sehr häufig diesen uneingestandenen, aber untrüglichen »Déjà-vu«-Effekt gegenüber den Ereignissen im Iran unter Khomeini.

Betrachten wir doch einmal die folgenden Charakteristika und Entwicklungen: den urbanen Charakter der islamischen Revolution (bei gleichzeitiger Marginalität von Bauernschaft und Arbeiterklasse); ihr gleichermaßen entschiedener Anti-

Imperialismus wie Antikommunismus; ihre grundlegende Ablehnung des ancien régime aufgrund seiner bedingungslosen Willfährigkeit gegenüber dem Westen; ihre Überzeugung, daß sie den rechten Weg wirtschaftlicher und sozialer Entwicklung zwischen Kapitalismus und Kommunismus repräsentiere (ein Weg, den Nassers Revolution erst herzustellen versuchte, während die islamische Revolution sagt, er sei zu finden durch die einfache Umkehr zum wahren Islam); ihr fortgesetztes Beharren auf den famosen Slogan: weder Osten noch Westen, sondern islamisch; ihr mittlerweile manifester Chauvinismus unterhalb der ideologischen Haube des Islam; ihr Streben nach staatlicher Kontrolle der Religion; ihre Aspiration, einen starken und unabhängigen iranischen Staat aufzubauen; ihr wirkungsvoller Einsatz des Islam als Ideologie nationaler Einheit; ihre moralisierende Tendenz, Wohlstand und Wohlergehen von Nationen lediglich unter Verweis auf die moralische Rechtschaffenheit ihrer Herrscher zu erklären; ihr zögerlicher und zurückhaltender Umgang mit sozialen Reformen und Klassenfragen; ihre Debatten und internen Kämpfe um die Frage: Hat das Privateigentum Vorrang gegenüber sozialer und Verteilungsgerechtigkeit?; ihre Versuche, das Armutsproblem im Rahmen von Almosen, islamischer Philanthropie, staatlicher Fürsorge und/oder Handreichungen für die Armen in den Griff zu bekommen, während gleichzeitig die Reichen zur Mildtätigkeit aufgefordert werden; ihre inneren Neigungen zu Etatismus, Dirigismus und kleinbürgerlichem, bürokratischem Wohlfahrtsdenken; ihre Unfähigkeit, die lähmenden Beschränkungen einer Ein-Rohstoff-Exportökonomie zu überwinden; ihre Disposition zur Außenlenkung von Krisen, zu Streitbarkeit und Kriegsbereitschaft, um die eigene Hohlheit und das offenkundige Versagen zu kompensieren; ihre hypnotische Abhängigkeit von einem einzigen inspirierten charismatischen Führer -- all das ist der Stoff, aus dem bereits die radikale populistische Phase im Leben der Araber gemacht war, erlebt und durchlebt wurde, zur Enttäuschung führte und schließlich auf dem Müllplatz der Geschichte landete.

Zur Illustration möchte ich aus der Rede eines Führers der

Dritten Welt zitieren, die er vor Studenten eines religiösen Seminars hielt:

> »Wenn ihr die Politik der Imperialisten nicht weiter beachtet und euch statt dessen der Religion zuwendet, euch einzig und allein der Religion widmet, dann werden euch die Imperialisten in Ruhe lassen. Betet nur, soviel ihr wollt: Die Imperialisten wollen euer Öl – was sollten sie sich um eure Gebete scheren? Sie wollen unsere Rohstoffe, und sie wollen unser Land in einen Markt für ihre Produkte verwandeln. Deswegen behindern die Marionetten-Regierungen, die sie installiert haben, unsere Industrialisierung, deswegen errichten sie lediglich solche Fertigungsanlagen und Industrien, die vom Ausland abhängig sind.«

Das könnten ohne weiteres die Worte eines Nasser, Sukarno oder auch des frühen Castro sein, aber es sind Ausführungen von Khomeini selbst. Gerade diese Austauschbarkeit der Argumentation, die allzu bekannten angeblichen Rezepte und Lösungen, diese Pseudo-Programme, die die islamische Revolution entwirft und propagiert, sie erwecken unter den Arabern geradezu zwangsläufig den Eindruck, als würde dieselbe bittere und untaugliche Medizin einmal mehr verschrieben werden.

Das religiöse Erwachen in der arabischen Welt ist Folge einer allgemeinen Zerrüttung der prekären ökonomischen, sozialen, politischen und kulturellen Strukturen, die während der radikalen populistischen Phase entstanden sind. Die islamische Revolution ist gegenwärtig dabei, dergleichen Strukturen ihrerseits erst einmal zu schaffen und zu konsolidieren, aber ohne jene progressiven Züge, die für die arabische Welt seinerzeit charakteristisch waren. In der arabischen Welt sind diese Strukturen schließlich verrottet und schlugen um in Unterdrückung, Korruption und politische Reaktion. Ich möchte meinen, daß diese Strukturen im Bereich der islamischen Revolution von vornherein repressiv sind, korrupt und reaktionär. Dergestalt deformiert wird es nicht lange dauern, bis sie in sich selbst zerfallen und jegliches Maß an Effizienz und Glaubwürdigkeit verlieren. Aus diesem Grund würde eine islamistische

Machtübernahme in einem Land wie Ägypten oder Syrien auch nichts bewirken außer unendlicher Verzweiflung und den endgültigen gesellschaftlichen Niedergang.

Zweitens: Die arabischen Apologeten einer religiösen Wiedergeburt und der islamischen Revolution formulieren einige bemerkenswerte theoretische Leitsätze. Dazu gehört die Forderung nach einer Rückkehr zur originären, unverfälschten arabisch-islamischen »Asala« oder, häufiger noch, zur rein islamischen »Asala« (Ursprünglichkeit, Authentizität). Wenn ich mir allerdings deren Positionen und Erklärungen in Sachen originärer, unverdorbener Welt islamischer Authentizität etwas näher anschaue, dann stelle ich zu meiner eigenen Überraschung fest, daß es in diesem Bereich Überschneidungen gibt mit einigen typischen europäischen Denkansätzen, die das Wesen von Kulturen mit dem methodischen Apparat des strukturalistischen und poststrukturalistischen Diskurses, wie er in jüngster Zeit im Westen in Mode gekommen ist, zu erfassen suchen. Demgemäß erzählen uns die Islamisten, der Islam benötige einen klaren »erkenntnistheoretischen Bruch« mit dem Westen, um seine »Asala« verwirklichen zu können. Der Islam sei ein selbstgenügsames diskursives Universum, das über eigenständige und originäre Vorstellungen von Raum, Zeit, Geschichtlichkeit, wissenschaftlichen Paradigmen, kulturellen Erklärungsmustern, zivilisatorischen Problemen und so weiter verfüge.

Vor allem aber wird behauptet, daß dieses authentische und in sich selbst ruhende diskursive Universum keinerlei Bezüge vertrage zu anderen Diskursmodellen, insbesondere nicht mit dem gleichermaßen in sich selbst ruhenden diskursiven Universum des Westens, seiner Denkmodelle und Inhalte. Was dergleichen elegische Versionen innerhalb der europäischen Denkschule in der Regel unausgesprochen lassen, benennen unsere Apologeten in der ihnen eigenen Art wenig feinsinniger Imitation um so deutlicher: Man möge doch den notwendigen erkenntnistheoretischen Bruch mit der Außenwelt vollziehen, sich auf die eigenen, authentischen wissenschaftlichen Paradigmen und kulturellen Erklärungsmuster zurückziehen, sich mit den inneren Quellen apologetischer Intellektualität begnügen und deren Ansichten verifizieren unter Anwendung interner Referenzsysteme wie etwa Ibn Taymiah bei den Sunniten oder einer ähnlich relevanten mittelalterlichen Autorität bei den Schiiten.

Die Apologeten ziehen alles in allem die zu erwartenden und vertrauten europäischen Schlüsse: Der Mensch als universale Kategorie wird geopfert zugunsten einer Profilierung des islamischen Menschen, auf Kosten des westlichen Menschen, auf Kosten des orientalischen Menschen und so weiter. Das Individuum als Erschaffer einer gemeinsam erfahrbaren menschlichen Geschichte wird geopfert zugunsten eines statischen Islam, der sich seine eigene, private Historizität schafft. Die Vorstellung von Fortschritt als ein wesentliches Element eben jener Geschichte wird geopfert zugunsten einer Philosophie von Niedergang und ewiger Wiederkehr. Die Vorstellung objektiven Wissens, das die Sackgassen partialisierter Erkenntnisse und inkompatibler Diskurse überwindet, wird geopfert zugunsten der kulturellen Subjektivität aller Wissensbereiche. Die Vorstellung wissenschaftlicher Wahrheit, die trotz Fehlbarkeit und fortwährender Korrekturbedürftigkeit dennoch universale Verbindlichkeiten schafft, jenseits irrationaler Orientierungen oder einer Zugehörigkeit zu diesem oder jenem vorherrschenden Paradigma, wird geopfert zugunsten der Relativität und Partikularität liebgewonnener und emotional gehegter Wahrheiten.

Theoretisch wird der Anspruch erhoben, daß jede »Asala« in ihrer Einzigartigkeit von gleichberechtigter Bedeutung für ihre jeweiligen Anhänger sei. In der Praxis aber wird die islamische »Asala« als die einzig wahre und authentische gepriesen, deswegen ihre privilegierte Stellung und Überlegenheit gegenüber anderen Denkstrukturen sowie ihr legitimes Ansinnen, diese beherrschen zu wollen. Ich hoffe doch sehr, daß dieses sattsam bekannte Grundmuster konservativistischer, rassistischer, irrationaler, nihilistischer und sozialdarwinistischer Gesinnung – mit allen ihren Konsequenzen – der allgemeinen Aufmerksamkeit nicht entgeht.

Postmoderne und Islamismus

Was mich jedoch vor allem irritiert, ist die folgende Frage, auf die ich bislang keine Antwort gefunden habe: Was ist los mit dem fin-de-siècle postmodernen Denken in Europa, daß es mit solcher Leichtigkeit und Eingängigkeit Ideen, Konzepte, Argumente, Attitüden und Visionen hervorbringt, die unsere Fundamentalisten und Khomeinisten so kongenial zu verweben verstehen mit ihrer ureigenen Apologetik, und zwar insbesondere mit deren obskurantistischen und regressiven Bestandteilen? Gibt es hier vielleicht eine Art natürlicher Koinzidenz, Affinität, Kollision zwischen einigen irrationalistischen, romantisch-mystifikatorischen *postmodernen* Strömungen und Tendenzen im europäischen Denken auf der einen Seite und nicht minder irrationalistischen, romantisch-mystifikatorischen *vormodernen* islamistischen Strömungen und mittelalterlichen Denkstrukturen auf der anderen Seite? Dergestalt, daß erstere die letzteren reibungslos mit den konzeptionellen Werkzeugen und Instrumentarien versehen können, welche das islamistische Denken zur Formulierung, Propagierung und Verteidigung seiner Lehren benötigt?

Nehmen wir etwa die hinlänglich bekannte Verurteilung des 20. Jahrhunderts als eine vollständige »Jahiliyah«, als ein Zeitalter der Unwissenheit und der Götzenverehrung, durch die islamistischen Vordenker Abul A'la al-Mawdudi und Sayyid al-Qutb. Nach ihrer Auffassung hat der Mensch zügellos und gewissenlos die gebotenen Grenzen seines Tuns überschritten, den Platz Gottes usurpiert und sich selber erhoben zum obersten Gebieter, Machthaber und Vollstrecker der Geschichte. Gleichzeitig deuten und verurteilen sie Geschichte als einen kontinuierlichen und unaufhaltsamen Abstieg seit dem goldenen prophetischen Zeitalter göttlicher Offenbarung.

Betrachten wir des weiteren ihre Geringschätzung der Errungenschaften moderner wissenschaftlicher Erkenntnis, die sie wegargumentieren als eine rein technische Fähigkeit, die Dinge zu manipulieren und pragmatisch zu instrumentalisieren, um sie der materiellen Welt einzuordnen, während doch wahres Wissen ganz woanders liege, in einer völlig anderen

Richtung; betrachten wir des weiteren ihre Verachtung demokratischer Souveränität und Institutionen, weil sie die Souveränität des Menschen und seine freie Lebensgestaltung ablehnen zugunsten der Restauration göttlicher Souveränität; betrachten wir des weiteren ihren konsequenten soziopolitischen Elitismus, ihre Neigung zu autoritären Strukturen, ihr profundes Unbehagen gegenüber dem einfachen Menschen; betrachten wir des weiteren ihren Ruf nach der inneren Wahrheit des Islam, um das »neue Zeitalter« einzuläuten, in dem sich die wahren islamischen Nationen erheben und die Welt erretten von der »Jahiliya«: von Kapitalismus wie Kommunismus.

Heidegger

Läßt man mal die philosophische Einfallsgabe, die intellektuelle Spitzfindigkeit und die beeindruckende Gelehrsamkeit des Freiburgers beiseite, dann frage ich mich, ob sich die Ideen und Vorstellungen von Mawdudi und Qutb wirklich substantiell unterscheiden von der expliziten und impliziten Botschaft des überaus einflußreichen Martin Heidegger, dem Philosophen der Authentizität par excellence. Ich meine insbesondere seine vielgerühmte Verurteilung des 20. Jahrhunderts in einer Sprache, die sehr an T. S. Eliots »Das wüste Land« erinnert, und ich denke an seine anerkannte Interpretation westlicher Geschichte und Philosophie als einen kontinuierlichen Niedergang seit jenem goldenen Zeitalter, als sich »das Wesen der Dinge« den Vorsokratikern offenbarte und sie zu wahrer Größe führte. Eine Offenbarung, die, folgt man Heidegger, ursächlich und allein verantwortlich war für die einzigartige Erfahrung in der Polis und die singuläre menschliche Realität der griechischen Antike. Dann setzte ein Niedergang ein, der geradewegs in die endzeitliche »Jahiliya« des 20. Jahrhunderts führte, wo dem Menschen das originär-kreative Moment der Offenbarung vollständig entgleitet, wo er der Zügellosigkeit anheimfällt, indem er sich selbst zum Herrn und Besitzer über Natur wie Geschichte einsetzt.

Bei Mawdudi, Qutb und Heidegger finden wir Hegels »Phänomenologie des Geistes« in gewisser Weise umgedreht. Das heißt, das Denken bewegt sich vom Subjekt zur Materie und nicht von der Materie zum Subjekt; es ist, als würde Orpheus Faust in moderner Zeit ersetzen. Wir wollen auch nicht vergessen, mit welcher Verachtung Heideggers Philosophie die Errungenschaften moderner wissenschaftlicher Erkenntnis straft, die er als bloße Funktionalität, Technizität und Instrumentalisierung bar jeden wahrhaft kognitiven Gehaltes qualifiziert, jenseits einer Sphäre vermeintlich realen Wissens, die irgendwo anders und in einer völlig entgegengesetzten Richtung zu orten ist. Und es gilt, Heideggers Geringschätzung für demokratische Souveränität und ihre Institutionen festzuhalten, im Namen der Wiederherstellung einer wahren Ordnung des »Wesens der Dinge«; hinzu kommt der durchgängige soziopolitische Elitismus seiner Philosophie, ihr autoritärer Charakter und die Ablehnung des einfachen Menschen als ein nichtauthentisches Neutrum. Und schließlich seine Forderung nach einer authentischen Mitte, wie sie idealerweise Deutschland repräsentieren solle: wider die barbarische »Jahiliya« des Amerikanismus einerseits und die nicht minder verwerfliche »Jahiliya« sowjetischen Technologismus andererseits.

Ich darf abschließend offen gestehen, daß mein Bewußtsein wie auch meine polemischen Energien angeregt und geschärft werden, wenn ich dergleichen Ideen und Vorstellungen in ihrer ursprünglichen Form und in ihrem europäischen Kontext studiere. Wenn ich mir dagegen dieselben Ideen und Vorstellungen in ihrer apologetisch-islamistischen Version und islamischen Kontextlosigkeit anschaue, dann drängt sich mir vor allem ein Gedanke auf. Der nämlich an das Schicksal, das den zweifelsohne ansprechenden Ideen Iwan Karamasows durch die Taten seines Halbbruders Smyrdiakow widerfuhr.

Mohammed Arkoun

»Westliche« Vernunft kontra »islamische« Vernunft? Versuch einer kritischen Annäherung

Die Fragestellung ist fast zu ehrgeizig, aber sie liegt auf der Hand, ergibt sich aus der politischen Aktualität, besonders, seit die »islamische Revolution« im Iran einige Triumphe zu feiern vermochte – die dann wiederum im Westen entsprechende und sogar bewaffnete Reaktionen ausgelöst haben. Aus diesem Grund stellt sich in meinen Augen entscheidend die Frage nach der hegemonialen Vernunft. Die vom islamistischen Diskurs getragene Polemik gegenüber dem gesellschaftlichen Modell des Westens; dessen vehement vorgetragene Kritik an »dem Islam« in seiner Gesamtheit, ohne Differenzierungen und ohne verantwortliches Bewußtsein in der Bewertung des islamistischen Phänomens; die aufdringliche Literatur auf beiden Seiten; die sich gegenseitig ausschließenden ideologischen Ansätze usw. legen dem Analytiker die Vermutung nahe, es gäbe eine »westliche« und eine »islamische« Vernunft, die miteinander konkurrieren und sich gegenseitig ausschließen.

Obgleich es eigentlich naheliegend wäre, hat bislang kein westlicher Historiker oder Islamwissenschaftler diesem Aspekt umfassend Rechnung getragen (nicht daß ich wüßte, jedenfalls); ein Aspekt, der das gesellschaftliche Ganze ebenso betrifft wie das vorherrschende intellektuelle Selbstverständnis. Ich muß nicht betonen, daß ein solch umfassendes Thema im Rahmen eines Essays nicht abschließend erörtert werden kann. Ich bin schon zufrieden, wenn es gelänge, die gegenseitigen negativen Wahrnehmungen »des Islam« und »des Westens« zu durchdringen und zu verlagern, und zwar auf die Ebene einer grundsätzlichen Kritik nationalistischer Typologien, die diese Wahrnehmungen und ideologischen Diskurse so trefflich zu transportieren verstehen. Um dies zu leisten, scheint es mir am sinnvollsten, zunächst einmal auf das einzugehen, was ich die »hegemoniale Vernunft« nennen möchte.

Was ist hegemoniale Vernunft?

Ich habe in dem Titel meines Beitrages die wertenden Zuordnungen westlich und islamisch mit Anführungszeichen versehen; deswegen, weil sie ebenso wie die Begriffe Westen und Islam neu zu bestimmen sind, will man sie von ihren historischen, kulturellen und geopolitischen Befrachtungen lösen und die Begriffsverwirrungen beenden, die sich aus ihrem hemmungslosen ideologischen Mißbrauch ergeben haben.

Westen (Okzident) und Orient sind sprachlich zunächst einmal ganz eindeutig geographische Zuordnungen; in diesem Sinn befinden wir uns grundsätzlich entweder im Okzident oder im Orient, gesehen aus der Perspektive des jeweils anderen. Die darin vorgenommene Projizierung hat, historisch gesehen, zunächst den Orient aufgewertet, durch ihre begriffliche Orientierung zum Licht, zur aufgehenden Sonne (cf. ex oriente lux; auch die Bezeichnung »Levante« leitet sich hieraus ab). Im Gegensatz dazu evozierte der Begriff Okzident, in dieser Symbolik, die Vorstellung untergehender Sonne, verlöschenden Lichts. Das iranische Denken, wie es insbesondere von Avicenna (arab. Ibn Sina, 980–1037) aufgegriffen wurde, hat mit derselben positiven, heilsverkündenden, emanzipatorischen Symbolik die reichhaltige Vorstellungswelt »illuminativer Philosophie« vertieft. (Arab. »al-Ishraq«, von sharq = Orient; »Mashriqiyyun« nennt man die Anhänger dieser »Philosophie des Orients«.) Diese symbolhafte Verwendung des Begriffs Orient hat beständige Spuren besonders in den religiösen Denkschulen hinterlassen, in ihren sehr ausgeprägten Vorstellungen von Licht und Dunkel, die noch heute den Gläubigen unmittelbar ansprechen.

In diesem Zusammenhang darf ich auch daran erinnern, daß im Arabischen die Worte gharb/sharq (Westen/Osten) noch sehr viel mehr den Gegensatz von untergehend/aufgehend,

Abend/Morgen, dunkel/hell ... enthalten, als dies in europäischen Sprachen der Fall ist. Heute jedoch legen die Begriffe Okzident und Orient in den europäischen Sprachen ganz andere Konnotationen nahe, haben sich in ihrer positiven und negativen Besetzung geradezu verkehrt: Das Licht, der Fortschritt, die Zivilisation wird mit dem Okzident, dem Westen assoziiert; Konservatismus, Ignoranz, Despotismus, Fanatismus, Aberglaube ... werden dagegen dem Orient zugeschrieben.

Heute bezeichnet der Okzident, der Westen einen geopolitischen Raum und eine zivilisatorische Größe, die in ihrer Art einzigartig sind. Geopolitisch wird der Westen gerne gleichgesetzt mit der »Gruppe der Sieben«, der sieben reichsten Länder der Welt, deren Staatschefs sich im Juli 1989, zum 200. Jahrestag der Französischen Revolution, unter dem kolossalen Beton- und-Glas-Bogen von La Défense einfanden, ein symbolisches Gruppenbild der Macht. Japan hat sich dieser Gruppe durch seine technologischen, ökonomischen und monetären Erfolge anschließen können, ohne daß seine kulturelle Integration in das alte Europa eine Vorbedingung gewesen wäre oder gar ein unlösbares Problem aufgeworfen hätte. Das gibt zu denken, und zwar in Hinblick auf den gegebenen Widerspruch zwischen der geopolitischen Realität des Westens einerseits und seiner kulturellen Identität andererseits, mit der er sich dann der übrigen Welt präsentiert. Das gleiche gilt für die USA – insofern, als ja auch sie mit dem alten Europa nicht einfach in eins zu setzen sind.

Diese geopolitische Erweiterung des Westens erfolgt zu einem Zeitpunkt, wo Europa aktiv zu einer Gemeinschaft heranwächst, die sich ihrer kulturellen, künstlerischen, religiösen, institutionellen, juristischen usw. Werte und Errungenschaften zunehmend bewußt wird und aus ihnen eine europäische Identität entwickelt, langsam, aber kontinuierlich. Die historische Tiefe dieser Identität ist eines der Merkmale, die das »alte« Europa von seiner »Tochter« Amerika trennt. Dennoch, ungeachtet sehr ernstzunehmender und einflußreicher Gegenstimmen, orientiert sich Europa unaufhaltsam in Richtung Atlantik, mit der Folge, daß es sich zunehmend von seinen mediterranen Wurzeln entfernt. Es sind nicht allein die christlichen Ursprünge und Grundlagen Europas, die dabei relativiert werden (inklusive der späteren Errungenschaften, wie sie insbesondere die Französische Revolution verkörpert); auch die humanistische Tradition, die säkulare Ausdrucksform von Spiritualität, wird einem Mammon geopfert, einem entfesselten Fortschritt aus Technologie und Produktivität, Industrialisierung und Geldstreben.

Diese zivilisatorische (?) Erweiterung hat geradezu zwangsläufig die Marginalisierung des traditionellen und klassischen Europas zur Folge, und sie marginalisiert konsequenterweise auch den Islam und seine arabisch-mediterrane Herkunft, mehr noch, sie bringt der Dritten Welt insgesamt nicht viel mehr als Gleichgültigkeit und Vorurteile entgegen. Es geht dabei nicht darum, dem arabischen Islam eine privilegierte Stellung innerhalb der Dritten Welt einzuräumen. Aber geopolitisch und geohistorisch gesehen ist der arabische Islam integraler Bestandteil dieses traditionellen und klassischen Europas, das der Westen zunehmend entwertet.

Historiker müssen sich der Tatsache stellen, daß auf beiden Seiten des Mittelmeeres eine kulturelle und intellektuelle Entfremdung eingetreten ist, die ihre Ursache in politischen und ökonomischen Rivalitäten findet; ein hegemonialer Konflikt, der sich längst nicht mehr auf das Mittelmeer begrenzt, sondern den Westen insgesamt erfaßt. Es geht nicht darum, in schönen Erinnerungen über die verlorenen Zeiten zu schwelgen, auch nicht darum, einer bloßen Rückkehr zu den religiösen und humanistischen Werten das Wort zu reden; unsere Arbeit wider das Vergessen verfolgt vielmehr zweierlei Anliegen. Zum einen will sie die historische Wahrheit einer Vergangenheit wiederherstellen, die durch ideologische und kriegerische Gewalt entstellt worden ist. Und zum anderen will sie zuverlässige historische Orientierungshilfen anbieten, die sich der Solidarität verpflichtet wissen und nationalistischen oder regionalistischen Geschichtsdeutungen eine Absage erteilen.

Um die Gewalttätigkeit zu verstehen, die unser Jahrhundert erschüttert hat, müssen wir ohne falsche Rücksichtnahme und frei von Polemik die wirksame Kraft der *hegemonialen Vernunft* zu verstehen versuchen.

Der Raum und die Zeit, innerhalb derer sich die kollektiven Wahrnehmungen ausgebildet haben, das eigene Selbstverständnis formuliert wurde, prägende Weltbilder entstanden, sie sind ganz wesentlich von der westlichen Vernunft geprägt und monopolisiert worden, festgeschrieben in einem wissenschaftlichen Diskurs, den der Westen seit dem 18. Jahrhundert geführt, gestaltet und nach außen abgegrenzt hat. Nehmen Sie doch nur ein beliebiges Buch zur Hand, das sich mit einem wesentlichen Themenkomplex des Wissens oder der Erkenntnis befaßt, und Sie werden feststellen, daß es voll und ganz, ohne die leisesten erkenntnistheoretischen Vorbehalte, im Geist eines Wissens verfaßt wurde, das in Europa, im Westen ausgearbeitet, entwickelt, revidiert, korrigiert und erweitert wurde und doch beansprucht, für alle Menschen, inklusive derer außerhalb Europas, gültig zu sein.

Es mag in diesem Kontext genügen, die folgende historische Periodisierung vorzunehmen: Altertum, Mittelalter, Neuzeit, Gegenwart – wobei die christliche Ära alle anderen Epochen an Bedeutung überlagert: Sie ist das definitive Referenzsystem. In letzter Konsequenz gilt festzuhalten, daß sämtliche Anfänge der sakrosankten Moderne ausschließlich in den geohistorischen Raum Europas fallen. Diese Moderne äußert sich in erster Linie negativ, indem sie den gemeinsam bewohnten geographischen Raum mehrfach unterteilt: in ein Zentrum, wo die emanzipatorische Vernunft, die Wissenschaften, die Menschenrechte, die Beherrschung der Natur... ihren Platz finden, sowie in gestaltlose Peripherien, wo traditionelle, rückständige, in Abhängigkeit gehaltene Formen der Vernunft ihrer Eigendynamik überlassen werden. Vergessen wir nicht, daß diese hegemoniale Vernunft sich in den europäischen Gesellschaften durchgesetzt hat, weil es ihr gelang, die Vorherrschaft der theologisch-politischen Vernunft und die Macht des imperialen bzw. monarchischen ancien régime zu brechen, darin das Göttliche durch das Säkulare ablösend.

Gleichwohl haben all diese Zerstörungen, diese Neuorientierungen und grundlegenden Veränderungen in Europa, im Westen nur deswegen Bestand gehabt, weil sie Platz schufen für gesellschaftliche Systeme, die dem allgemeinen Bewußtsein: Fortschritt, Emanzipation, Sieg über die Geschichte zu einer realen Grundlage verhalfen. Und gerade hier zeigt sich die hegemoniale Vernunft von ihrer häßlichsten Seite: Indem sie ihre Denkmodelle und Entscheidungen militärisch durchsetzte, andere Gesellschaften eroberte und unterwarf, leistete sie naturgemäß nichts, um diesen Gesellschaften den Anschluß an die westliche Moderne zu erleichtern. Ihr Ziel ist die Eroberung, sie urteilt aus der Perspektive immer größer anwachsender Ruinenfelder, sie bedarf der Expansion, um sich zu beweisen, daß sie zur Eroberung fähig ist.

Man könnte einwenden, daß in den eroberten Gebieten Fragmente einer materiellen Moderne (medizinische Versorgung, Erschließung von Verkehrswegen, Anfänge einer Industrialisierung...) Einzug gehalten und die traditionellen Lebensbereiche durchaus erreicht und reformiert hätten. Aber diese Zugaben sind immer begrenzt und von bisweilen zweifelhaftem Wert, auf gar keinen Fall sind sie Kompensation für die Zerstörung gewachsener Ordnungen, die den Zusammenhalt von Gruppen und Völkern ehemals gewährleisteten.

Nach dem Zweiten Weltkrieg hat sich ein nationalgesinnter Widerstand organisiert, der die (Wieder-)Eroberung der politischen Autorität in den kolonialisierten Ländern Afrikas und Asiens betrieb. Die Befreiungskämpfe der fünfziger Jahre hatten sich bis in ihr Vokabular hinein den Idealen der Aufklärung und der Vernunft verschrieben – ohne zu wissen, daß eben diese Ideale, pervertiert, dem Kolonialismus das intellektuelle Rüstzeug lieferten und verantwortlich waren für jenen Identitätsverlust, den der nationalistische Diskurs wiederherzustellen hoffte. Die Mißverständnisse, die sich in dieser sogenannten Befreiungsphase ergeben haben, sind noch immer nicht abschließend erkannt, analysiert und dem richtigen Kontext zugeordnet worden, der zwingend notwendigen radikalen Kritik nämlich an den Strukturen, Voraussetzungen und Wirkungsweisen der hegemonialen Vernunft. Diese Arbeit beginnt erst jetzt, ganz allmählich; noch steht sie zu sehr im Schatten der großen ideologischen Konfrontationen, um bereits hier und heute brauchbare Ergebnisse vorweisen zu können. Wir wollen im folgenden versuchen, die argumentativen Schritte einer solchen Kritik aufzuzeigen, die gleichzeitig die hegemoniale Vernunft wie auch die von ihr abhängigen Satellitenformen zum Gegenstand hat, an erster Stelle natürlich die islamische Vernunft, die auftritt, als sei sie die einzige akzeptable Alternative zu ihrer westlichen Konkurrenz.

Überlebte Modelle

Bevor wir die einzelnen Vernunft-Modelle näher analysieren, sollten wir uns deren gemeinsame anthropologische Basis in Erinnerung rufen.

Kürzlich sind zwei Bücher erschienen, deren Autoren, renommierte Anthropologen, die ältesten Spuren und Entwicklungsstadien familiärer und verwandtschaftlicher Bande untersucht haben, ihre Traditionen, Sitten, Glaubensvorstellungen; Strukturen, die noch heute für zahlreiche Gesellschaften prägend sind, insbesondere im islamischen Bereich. Das erste Buch ist von Ernest Gellner und trägt den Titel »Plough, Sword and Book« (Pflug, Schwert und Buch, London 1988), drei symbolische Instrumente einer Kultur, einer Weltanschauung, einer soziopolitischen Ordnung, eines Produktions- und Tauschsystems. Geburt und Werdegang der großen Religionen sind nur in solchermaßen historisch-anthropologischen Zusammenhängen wirklich nachzuvollziehen.

Um die Mechanismen der Eroberung und Machtverteilung besser zu verstehen, derer sich die Religionen bedient haben, ist die Lektüre eines zweiten Buches von Jack Goody unerläßlich: »The Oriental, the Ancient and the Primitive. Systems of marriage and the familiy in the pre-industrial societies of Eurasia« (London 1989). Seine Ausführungen zeigen, daß historisch-anthropologische Untersuchungen sehr wohl auch in westlichen Gesellschaften relevant sind, nicht allein in Entwicklungsgesellschaften, deren Erforschung lange Zeit den Ethnographen überlassen war. Alphabetisierung, Familie, Kultur und Staat sind in der Geschichte jedweder Gesellschaft, quer durch die Kulturen, entscheidende Loci der Debatte, der Veränderung, der Kontroverse, der strukturellen Anpassung.

In den traditionellen Gesellschaften (den unterentwickelten, archaischen, primitiven, denen der Dritten Welt... die Schwierigkeit, eine letztendliche Terminologie zu finden, offenbart den Mangel einer umfassenden Theorie zum Verständnis dieser Gesellschaften) werden diese Zentren jedoch seit dem 19. Jahrhundert bestürmt, angegriffen und aufgelöst – und zwar von außen, kaum aus ihrem Innern selbst.

Das bedeutet, daß die hehren philosophischen Grundlagen des evolutionären politischen Selbstverständnisses in Europa – dazu gehört die Entwicklung von einer bäuerlichen Kultur ohne Schriftsprache hin zu einer entwickelten Kultur mit Schriftsprache, die Entwicklung vom patrimonialen Staat göttlichen Rechts hin zur Demokratie und vor allem die Entwicklung des Familienverbandes vom patriarchalischen Clan hin zur Kleinfamilie – außereuropäischen Kulturen nicht zugestanden werden. Statt dessen gerinnen sie zu funktionalen und pragmatischen Handlungsmustern einer rein hegemonialen Vernunft, allein dienstbar ihrer expansiven, Vorherrschaft suchenden Kraft.

Dies festzuhalten soll nicht heißen, daß die autochthonen Mechanismen der Evolution und die Lebensformen traditioneller Gesellschaften grundsätzlich gut und lediglich zu restaurieren wären, um jene »kulturellen Identitäten« wiederzuerlangen, die vom westlichen Modell hinweggefegt wurden; genau das ist ja, wie man weiß, die wesentliche Prämisse der nationalen Befreiungsbewegungen und ihrer Diskurse. Die gegenwärtigen islamistischen Bewegungen rekurrieren teilweise auf eben diese Diskurse; längst sind sie zu einer mobilisatorischen und intellektuellen Kraft geworden – freilich zu einer historisch und ideologisch gefährlichen Kraft. Ihre Genesis liegt in der hegemonialen Vernunft, deren Anliegen die Vorherrschaft ist, nicht der Dialog oder das Teilhaben an kritischer Vernunft, derer die traditionellen Gesellschaften dringend bedürfen. Kritische Vernunft meint Beseitigung jedweder Hegemonie, sei es im theologischen, juristischen, ökonomischen oder politischen Bereich.

Die islamische Vernunft, in ihrer theologisch-juristischen Ausprägung des 7. bis 13. Jahrhunderts, war ihrerseits eine hegemoniale Kraft, wie auch die christliche Vernunft jener Zeit. Die christliche Vernunft wurde gezwungen, ihre Hegemonie an die kritische Wissenschaft abzutreten – im Zuge der Reformation –, die nun ihrerseits zum Motor wurde einer neuen Hegemonie, wie sie sich in den demokratischen, säkularen und industrialisierten Staaten entfaltete. Die islamische Vernunft der Gegenwart erhebt den Anspruch, die an den Westen verlorene Hegemonie zurückzugewinnen. Sie bedient sich dabei ausschließlich der allgemeinen Orientierungslosigkeit in Gesellschaften, wo der Islam eine Stätte der Zuflucht geworden ist für Identitäten, die von außen wie von innen bedroht werden: von innen, weil die Einheitsparteien an der Macht sich Legitimität anmaßen, die sie nicht besitzen; von außen, weil die hegemoniale Vernunft des Westens nach wie vor die Vorherrschaft in diesem Raum anstrebt und dabei die perversen Konsequenzen der eigenen Machtansprüche selber zu erdulden hat, z. B. in Form des Terrorismus.

Die Aufgaben einer antihegemonialen Kritik stellen sich heute klarer denn je. Auf den folgenden Seiten möchte ich die Perspektiven dieser Kritik umreißen: einer Kritik an der islamischen Vernunft und ihres gesellschaftlichen Umfeldes, das nach wie vor von der hegemonialen Vernunft bestimmt wird. Ich lasse dabei die Frage offen, ob die islamische Vernunft eine Form der Hegemonie annehmen wird, wie sie den zeitgenössischen islamistischen Strömungen vorschwebt: Die nächsten zehn Jahre werden die offene Kontroverse zwischen »dem Islam« und »dem Westen« sicherlich entscheiden; ich hoffe zugunsten einer gerechten und demokratischen Gesellschaft.

Kritik der islamischen Vernunft

Es existiert einleuchtenderweise keine Vernunftform innerhalb des Islam oder unter den Muslimen, die von vornherein und per se bereits islamisch wäre; dieser Ansicht sind im übrigen auch die Fundamentalisten, die ja den Islam schlichtweg transzendieren und das offenbarte Wort Gottes gleichsetzen mit Aufklärung. Nach dieser Auffassung ist Religion in sich identisch mit Vernunft, eine spezifisch islamische Vernunft wäre daher zwangsläufig eine Verballhornung religiöser, islamischer Erkenntnisgewalt. Ich selber orientiere mich an einer psychologischen Definition von Vernunft, die demnach untrennbarer Bestandteil ist des menschlichen Geistes: seiner Vorstellungskraft, seiner Erinnerung, seiner Wahrnehmung, seiner Ausdrucksformen, seiner Empfindungen. Die Inanspruchnahme dieser Fähigkeiten ist abhängig von der biopsychologischen Konstitution des jeweiligen Individuums und seines soziokulturellen Umfeldes. Vernunft manifestiert sich in ihrer analytischen Kraft, ihrem reflexiven Denkvermögen, in ihrer Bereitschaft zur kritischen Wahrnehmung. Hier setzt die Aufgabe der Philosophie ein, die die Vernunft vor den möglichen Zwängen und Engpässen kognitiver Systeme bewahrt.

Vor diesem Hintergrund ist verständlich, daß Vernunft islamisch, christlich, marxistisch, chinesisch, hegelianisch... sein kann – und zwar von dem Moment an, wo sie sich innerhalb eines bestimmten Ensembles von Inhalten, Themen, Vorschriften zu artikulieren beginnt, die jeweils einer Religion, einer Kultur, einer Sprache, einer persönlichen Vision zugehörig sind. Demgemäß gibt es eine islamische Vernunft ebenso wie Vernunftformen, die sich innerhalb eines islamischen Kontextes manifestieren. Wohlgemerkt, es handelt sich dabei nicht um Kategorien der Vernunft, die per se spezifisch islamisch wären, sondern um solche, die sich im kulturellen und gesellschaftlichen Umfeld des Islam artikulieren; diese Differenzierung ist wesentlich.

Nicht minder wichtig ist die Einsicht, daß wir hier mit einer Pluralität von Vernunftformen zu tun haben, sonst erliegen wir dem Kardinalfehler des »orthodoxen« islamischen Denkens, das von sich behauptet, die einzig denkbare Form islamischer Vernunft zu repräsentieren. Dieses Denken begnügt sich nicht damit, ein rigoroses orthodoxes Lehrgebäude zu errichten, es weiß sich gleichermaßen sanktioniert von der politischen Macht, die beide kein Interesse an offener Kritik und freiheitlichen Diskursformen haben. Hinzu kommt, daß dergleichen Konservatismus nicht immer auf Schriftkultur rekurriert, sondern häufig Mythologie und Folklore, Populäres und Populistisches, Elemente der Volkskultur also, für seine Zwecke miß-braucht. Dieser Pragmatismus ist bemerkenswert, denn schon im Koran findet sich eine eindeutig polemische Haltung zu den überlieferten Legenden und Erzählungen der Altvorderen, wie sie in der Bevölkerung weit verbreitet und beliebt waren. Das heißt: Große Teile der Bevölkerung fanden keinen Zugang zu dem Wissen, das der Koran verkündete.

Im Laufe der Zeit hat das offenbarte Buch seinerseits eine eigene Schriftkultur an Kommentaren und Interpretationen hervorgebracht, ein anthropologisches Referenzsystem, das die diskursiven Systeme von sozialen Milieus ohne Schriftkultur marginalisierte und disqualifizierte. Da sich die islamische Vernunft, wie auch die christliche, im Laufe einer langen Geschichte auf politische Zentralmächte stützte, sich schließlich mit dem Staat verbündete – Kalifat, König- und Kaisertum, später verfassungsgebende Instanzen –, verschärfte sich der ideologische und anthropologische Dissenz zwischen Schriftkultur und Volkskultur. Im Kontext der westlichen Moderne hat die Schriftkultur seit dem 19. Jahrhundert wahre Triumphe gefeiert, durch die Einführung der – kostenlosen – Schulpflicht und die Entwicklung des Buchdrucks seit Gutenberg. Im islamischen Kontext haben das Analphabetentum, die Armut, die späte Einführung des Druckwesens, das administrative Unvermögen des Staates wesentlich dazu beigetragen, weite Teile der »archaischen«, der »primitiven«, der Volkskultur in ihrer »Rückständigkeit« zu belassen. Hier lag denn auch das Betätigungsfeld der kolonialen Ethnographie im 19. Jahrhundert, die Wissenschaftlichkeit und Universalität der Werte predigte und de facto der hegemonialen Vernunft das Terrain ebnete.

Man sieht also, daß eine radikale Kritik der islamischen Vernunft nicht zu trennen ist von der Analyse hegemonialer Strukturen in den islamischen Gesellschaften. Diese Strukturen sind freilich nicht allein der kolonialen Fremdbestimmung zuzuschreiben, sie ergeben sich gleichermaßen aus dem historisch-anthroposophischen Umfeld religiöser Schriftkulturen – weil sie die »archaische« Volkskultur marginalisieren. Dennoch dürfen wir die gesellschaftlich prägende Kraft der Offenbarung, des Korans, nicht verwechseln mit der islamischen Vernunft als solcher, deren prägende Merkmale wie folgt zu resümieren wären:

a) Sie liiert sich im Laufe der Geschichte mit dem Staat, dem Apparat zentralisierter Macht, dessen hegemonialer Anspruch eine normative, dogmatische, reduktionistische Vernunft favorisiert; der koranische Diskurs wird zu einer semantischen Kraft, die logischen Deduktionen und Definitionen seitens aufgeklärter Theologen widersteht. Die juristischen Bedürfnisse des Staates ebnen Juristen und Richtern den Weg, die funktionale und exakte Kodizes festschreiben, mit Hilfe einer Methodologie, die sehr bald schon sakralisiert wird. In diese Frühzeit des Islam lassen sich Mißverständnisse zurückverfolgen, die bis heute eine Kritik des islamischen Denkens erschweren.

b) Die vorherrschenden Denkmuster der islamischen Vernunft sind in etwa zwischen 632 und 850 kodifiziert worden; in der Absicht, eine endgültige und unwiderrufliche Interpretation des »göttlichen Wortes« zu leisten. Gleichwohl entsteht keine einheitliche Denkschule, vielmehr bedienen verschiedene Varianten theologisch-juristischer Orthodoxie verschiedene politische und soziokulturelle Systeme, wobei jede Variante den Anspruch »letzter Wahrheit« erhebt. Am sichtbarsten offenbart sich das Dilemma in der Rivalität zwischen sunnitischer und schiitischer Orthodoxie, deren beider Selbstverständnis seit dem Mittelalter kaum grundsätzlich modifiziert worden ist.

c) Die theologische Spekulation und die ideologischen Konstruktionen (besonders im Bereich des Rechts) sowie die scholastischen Tendenzen innerhalb der islamischen Vernunft, in allen ihren Variationen, sind in der Regel Ausdruck politischer Machtverhältnisse; und dieser politische Bezug erschwert die Kritik der islamischen Vernunft.

d) Eine neue Dimension der Kritik ergibt sich aus dem Diskurs der sogenannten islamischen Revolution im Iran, deren Impetus die Grenzen der islamischen Gesellschaften längst überschritten hat – soweit, daß der Westen sie als Herausforderung seiner eigenen hegemonialen Vernunft begreift.

Um die gebotene Kritik an islamischen Denkmustern, an den vorherrschenden Strukturen islamischer Vernunft zu konkretisieren, müssen wir uns den folgenden Fragestellungen und Problembereichen zuwenden:

a) Welche sozialen, politischen, kulturellen, internen wie externen Faktoren haben die innovative Phase philosophischen Denkens innerhalb des Islam nach dem Tod von Averroes (arab. Ibn Rushd, 1126–1198) beendet?

b) Warum ist das islamische Denken in mittelalterlichen Modellen verhaftet geblieben?

c) Die exakten Wissenschaften haben sich im klassischen islamischen Kontext ungehindert entwickeln können: Medizin, Mathematik, Astronomie, die Naturwissenschaften fanden immer die Zustimmung der Prinzen und Mäzene, weil sie praxisrelevante Grundlagenkenntnisse vermittelten, ohne religiöse oder politische Orthodoxie zu gefährden. Daß auch ihre Bedeutung sich im Laufe der islamischen Geschichte relativierte und schließlich verlor, ist nicht einem wie auch immer gearteten »Islamismus« zuzuschreiben, sondern erklärt sich mit soziologischen Veränderungen, insbesondere mit der Dynamik des Nationalismus, der sich seit dem 13. Jahrhundert im christlichen Europa entfaltete; eine solche Dynamik ist dagegen im islamischen Kontext ausgeblieben.

d) Die Mystik ist in der klassischen Periode nicht mit der Orthodoxie in offenen Konflikt getreten – abgesehen von al-Hallaj, der 922 hingerichtet wurde, oder Ibn ᶜArabi (gest. 1240). Ihre kreative Imagination hat den dogmatischen und legalistischen Diskurs der Orthodoxie gesprengt, ohne ihn jedoch grundlegend verändern zu können. Gleichwohl hat die Mystik Philosophie und Wissenschaft auch weiterhin beeinflußt, insbesondere nach dem 13. Jahrhundert und vor allem in Regionen und Milieus fernab von zentralen Institutionen der Macht. Es war die Zeit religiöser Bruderschaften, erfüllt von poetisch-religiöser Kreativität, deren Blüte bis in das 19. Jahrhundert reichte, immer begünstigt, wo politische Macht zerfiel oder sich nicht durchsetzen konnte.

e) Welche Konsequenzen ergeben sich aus den genannten Problembereichen für die islamische Welt? Heißt es abwarten, bis die Krise größtenteils überwunden ist, oder soll die Vernunft im islamischen Kontext jetzt schon teilhaben an der intellektuellen und wissenschaftlichen Moderne? Dabei hätte sie nicht allein jene Schwierigkeiten zu überwinden, die sich aus ihrer eigenen Geschichte ergeben, sie sähe sich gleichermaßen mit einer noch sehr viel komplexeren Herausforderung konfrontiert: dem Übergang der Weltgesellschaft von der Moderne in die sogenannte Postmoderne, deren beider Erfahrungen ihr bislang größtenteils fehlen.

Die historische Ungleichzeitigkeit zwischen den islamischen und den westlichen Gesellschaften bewirkt im Westen eine überaus negative Sicht gegenüber »dem Islam«; ein Begriff, in dem sich Klischees und Vorurteile bündeln, der eine reiche und pluralistische Kultur auf ein Schlagwort reduziert. Dabei stellt sich die Frage nach einer religiösen Perspektive auch in säkularisierten Gesellschaften – auch dort ist ja ein Erstarken und Erwachen religiöser Stimmungen und Tendenzen zu beobachten, teilweise dubioser Couleur, aber ohne Zweifel Ausdruck einer emotionalen Leere, die die technisch-rationale Moderne zwangsläufig produziert. In diesem Zusammenhang gehört auch eine freie und offene Debatte des Themas Immigration und ethnische Spannungen, die in Frankreich und Europa bislang überwiegend steril, ohne Phantasie und zumeist destruktiv geführt wird.

Was ist zu tun, welche Haltung kann die Vernunft in einem Umfeld voller dramatischer Herausforderungen einnehmen? Angesprochen sind in erster Linie Denker, Schriftsteller, Künstler, humanistisch gesinnte Ökonomen, visionäre Politiker..., die schon von Berufs wegen die Pflicht haben, ein gesellschaftliches Umdenken einzuleiten. Islamische Intellektuelle können hierzu ihren Beitrag leisten: mitwirken an einem neuen historischen Modell, das den Hoffnungen und Sehnsüchten von Menschen unterschiedlicher Kulturen glaubwürdig Rechnung trägt.

Nachlese

UTE GERHARD / JÜRGEN LINK

Der Orient im Mediendiskurs –
aktuelle Feindbilder
und Kollektivsymbolik

Eine Bemerkung vorweg: Daß in Konflikten zwischen okzidentalen und »orientalischen« Mächten Feindbilder eine Rolle spielen, wird von westlichen Medien jederzeit anerkannt – und zwar für die »orientalische« Seite. Mit offensichtlicher Genugtuung werden großsprecherische und ekelerregende Beschimpfungen der USA und Israels durch »orientalische Despoten« zitiert. Wir möchten betonen, daß wir diese antiwestlichen und häufig besonders antijüdischen Feindbilder keineswegs deshalb weniger kritikwürdig finden, weil sie von westlichen Medien dazu benutzt werden, einseitig die »Emotionalität« und »Irrationalität« *der* »Orientalen« zu symbolisieren. Wenn wir im folgenden umgekehrt die Feindbilder der westlichen Medien unter die Lupe nehmen, dann nicht bloß, weil prinzipiell jeder vor der eigenen Tür kehren sollte, sondern gerade deshalb, weil zum Selbstverständnis westlicher Medien nicht zuletzt das Pochen auf die eigene »Rationalität«, »Sachlichkeit« und »Objektivität« gehört. Es zeigt sich, daß unsere Medien aber gerade in Konflikten mit dem »Orient« sehr viel »orientalisch-irrationaler« agieren, als sie zugeben möchten. Man lese die folgende Analyse also als Beitrag zur keineswegs spezifisch »westlichen«, sondern wenn man will menschlichen Bemühung um mehr Vernünftigkeit.

Als im Januar 1991 die militärische Eskalation am Golf in ihr letztes Stadium trat, war ihr bereits eine Eskalation von Feindbildern in den deutschen Medien vorausgegangen. Eine nicht zu unterschätzende Rolle bei dieser Entwicklung spielte das Stereotyp des »Orients«, das dadurch seinerseits wiederum eine aktuelle Konturierung erhielt. Nun bilden bekanntlich Phänomene und Begriffe wie Feindbilder, Nationalstereotype oder Klischees einen Schnittpunkt verschiedener Disziplinen, die ihrerseits diese Begriffe auch in unterschiedlicher Weise benützen. Unsere Untersuchung ist diskurstheoretisch orientiert, d. h., wir versuchen, anhand materialer Analysen des Mediendiskurses wichtige Verfahren und Effekte der Produktion solcher Stereotypen zu erfassen. Wie lassen sich aber nun aus einer solchen Perspektive Feindbilder – und deren Ausprägungen im Kontext des Golfkrieges sollen ein Schwerpunkt sein – genauer begreifen? Vorrangig wichtig erscheint uns dabei die Betonung der Bildlichkeit, also der tatsächlich ikonischen und quasi-ikonischen Elemente solcher Phänomene. Häufig vernachlässigt wird nämlich, daß es sich um Bilder im Wortsinne handelt, und zwar um bestimmte Fotos etwa, um Filmeinstellungen, Karikaturen oder suggestive bildliche Formulierungen der Sprache. Wir sprechen von Kollektivsymbolen, um solche kollektiv verankerten Bilder als Träger symbolischer Bedeutungen genauer zu kennzeichnen. Das Auftauchen solcher Bilder in empirischen Diskursen, wie Reden, Mediensendungen, Artikeln usw., ihre Stereotypie, Wiederholung sowie ihre funktionale Beziehung zu Verhaltensweisen und Subjektbildung ganz allgemein, ist ein wichtiges Thema der Diskursanalyse.

Khomeini: Der aus dem Dunkeln kam

Die verschiedenen symbolischen Strategien von Feindbildern sollen nun genauer direkt am Material dargestellt werden. Exemplarisch ist etwa eine Khomeini-Karikatur der »Zeit« vom 23. Juli 1982. (Abb.) Khomeini, durch Stock und Armbinde als »Blinder« markiert, nähert sich mit einer »Fackel« den »Ölfässern«. Hinter den Fässern »schlottern« vor Angst die Scheichs und Uncle Sam. In der Gruppe der »Guten« – so ändern sich die Zeiten – findet sich links auch Saddam Hussein. Khomeini selbst kommt aus »schwarzer Nacht«, dem stereotypen Symbol für das »Finstere Mittelalter« und des »religiösen Fanatismus« im Gegensatz zum »Licht« der »Aufklärung«. Zugleich steht diese »Finsternis« jedoch auch für »Wahnsinn«, »Irrsinn« oder »Um-Nachtung«. Letzteres wird noch dadurch unterstrichen,

daß sich Khomeini als »Blinder« mit einer »Fackel« den »Ölfässern« nähert. Die Assoziation der bekannten »Pulverfässer« liegt automatisch nahe. Das Feuer selbst ist wiederum Symbol für »Fanatismus«, gekoppelt mit »Revolution« und »Krieg«. Mit dem »Fanatismus« bzw. dem »Fanatiker« ist ein für unsere Kultur äußerst wirksames Feindbild realisiert. Dieses Schema läßt sich allgemein als extrem negatives Charakterbild kennzeichnen. Wichtig ist dabei, daß dieses Charakterbild des »Fanatikers« auch immer symbolisch funktioniert. Denn nur so erklärt sich bei dieser Karikatur die Evidenz einer von Khomeini ausgehenden Gefährdung, der, obwohl er als einzelner sechs anderen Figuren gegenübersteht, eben diese Mehrheit zum »Schlottern« bringt. Dieser Effekt ist genau darin begründet, daß symbolisch das Charakterbild des Fanatikers nicht für ein individuelles Subjekt steht, sondern immer für eine »Masse«. »Die Mullahs regieren mit Hilfe des fanatisierten Mobs« ist der Untertitel eines Artikels der »Zeit« vom 1. Mai 1981. Mit der diskursiven Verarbeitung der hier thematisierten iranischen Revolution hat sich in den westlichen Medien dann übrigens auch ein – insbesondere auch mit Khomeini verbundenes –

Äquivalent zum Charakterbild des Fanatikers verfestigt, und zwar der »Fundamentalismus«. Entstanden als Konzept einer Gruppe protestantischer Christen zu Beginn des 20. Jahrhunderts, ist »Fundamentalismus/fundamentalistisch« im Verlaufe der achtziger Jahre zu einem absolut negativen Begriff des Mediendiskurses geworden, und zwar dominant verbunden mit dem Islam. Wie beim »Fanatiker« gehört auch zum Charakterbild des »Fundamentalisten« das Merkmal »krankhaft«, »wahnsinnig«. So zitiert ein Artikel der »Zeit« vom 1. Juni 1984 ganz allgemein westlich orientierte türkische Intellektuelle, die, »als Chomeini im benachbarten Iran an die Macht kam und alle Welt nervös anfragte, ob die Fundamentalisten auch in der Türkei schon vor der Tür standen«, angeblich mit Erleichterung feststellten, »daß sie ›keine neurotischen Perser‹ wären«. Ein Artikel der »Frankfurter Allgemeinen Zeitung« stellt etwa zur gleichen Zeit (26. Mai 1984) die Frage, »wie virulent der Fundamentalismus in der Türkei« schon sei und kritisiert – was 1991 kaum noch vorstellbar ist – gerade die Tatsache, daß die Türkei sich damals nicht mit Saddam Hussein gegen den Iran verbündete, als Beweis für die »politische Sogkraft des Fundamentalismus-Syndroms«. Das Ergebnis dieser diskursiven Entwicklung der achtziger Jahre faßt dann ein »Zeitmagazin« (2. März 1990) zusammen. Mit populärwissenschaftlich enzyklopädischem Gestus wird bestimmt: Der »Chomeinismus« sei die »bisher radikalste Form« des »Neofundamentalismus« (S. 30). Und auch hier kommt dann die Symbolik zum Einsatz. Denn so heißt es u. a.: Seit der iranischen Revolution »wütet ein Steppenbrand: Islamische Fanatiker rüsten gegen die drohende ›Moderne und Verwestlichung‹« (S. 18).

Zur weiteren Klärung solcher Feindbildmechanismen gilt es, diese symbolischen Verfahren etwas genauer zu betrachten. Für die Karikatur Khomeinis waren gleich mehrere Symbole wichtig, neben »Feuer« noch »Nacht«, »Blindheit« und »Explosionsgefahr«. Dies sind Elemente eines ganzen Reservoirs von Kollektivsymbolen unserer Kultur. Denn in seiner Gesamtheit bildet dieses Reservoir eine äußerst wichtige, vor allem die Affektivität und Subjektivität betreffende »Begleitstimme« aller Mediendiskurse und damit auch des politischen.

Derartig suggestive Effekte werden etwa deutlich, wenn ein Artikel der »Zeit« (25. Januar 1991) das »islamische Feuer« als das zentrale Problem einer möglichen Nachkriegsordnung am Golf kennzeichnet und gleichzeitig von den alliierten Truppen als von einer »Feuerwehr« spricht. Einerseits lassen sich aufgrund der Bildlogik also automatisch kleine Geschichten entwickeln; vom »Feuer« über die »Feuerwehr« bis zu ihrem »Einsatz« usw. Andererseits wird dank der Symbolik eine große, mit High-Tech-Vernichtungswaffen ausgerüstete Armee zu einer anerkannt notwendigen und hilfreichen Einrichtung.

Ein Blick auf die verschiedensten Medienbeiträge oder auf Politikerreden macht sofort deutlich, daß politische Aussagen erst durch eine solche symbolische Kodierung tatsächlich mediengerecht werden. Für die Feindbildmechanismen, aber auch für die Bildung nationaler Klischees etwa, ist nun vor allem eine Dimension dieses an sich sehr komplexen Systems der Kollektivsymbolik grundlegend. Und zwar die Möglichkeit, eine schematisch zweigeteilte, dualistisch nach Schwarz und Weiß, Freund und Feind entgegengesetzte Struktur zu bedienen. So bildet sich symbolisch ein Gegensatz von »Innen« und »Außen«, von eigenem System und außersystemischem Chaos. Das eigene System, das »WIR«, der »Westen« kann so (etwa auf Karikaturen oder in bildlicher Rede) ein »Flugzeug« sein, das sich durch die »Turbulenzen« wirtschaftlicher Krisen oder terroristischer Bedrohungen bewegt. Ebenso kann es ein »Auto«, ein »Schiff« oder eine »Fußballmannschaft« sein. Immer ist es im übrigen unser eigener Menschen-Körper. Wesentlich ist dabei stets eine »Grenze« gegen das Chaos außen. Ein zentrales Merkmal des eigenen Systems ist, daß es Subjektstatus besitzt. Wobei »Subjekt« im engen Sinne einer autonomen, zurechnungsfähigen, quasijuristischen Person, eines Rechts-Subjekts verstanden werden muß. Symbolisch ist das eigene System insofern ein »Körper« mit »Kopf«, der sich »Therapien« gegen die »Krankheit« überlegen kann, ein industrialistisches Vehikel mit »Fahrer, der den Fuß vom Gas« nehmen kann; es ist ein »Haus« mit vernünftigen Bewohnern.

Aufgrund dieser Bestimmungen ergeben sich zwei Möglichkeiten, symbolische Oppositionen zu bilden. Zum einen kann dem System ein Gegen-System gegenüberstehen, das grundsätzlich auch Subjekt-Status hat. Diese Variante der Kodierung traf in den westlichen Medien der siebziger und achtziger Jahren etwa auf den sogenannten Ostblock zu. Zum anderen gibt es die Möglichkeit des außersystemischen Chaos, das gerade keinen Subjektstatus hat. Wie gravierend dieser Unterschied tatsächlich ist, wird klar, wenn die konkrete empirische Ausformulierung dieser grundsätzlichen symbolischen Varianten berücksichtigt wird. Einzelne oder Gruppen, die dem Gegen-System zugeordnet werden, sind nämlich etwa »Gegner« im »Fußball-«, »Schach-« oder »Pokerspiel«. Symbole des außersystemischen Chaos sind dagegen entsprechend der beschriebenen Bildlogik des symbolischen Körpers etwa »Bazillen«, »Viren«, »Gifte«, »Ungeziefer«, »Fluten«, »Wüsten«, »Stürme«, mit denen sich dann auch die entsprechenden Charakterbilder des Wahnsinns und des Irreseins verbinden. Das heißt aber, daß wiederum einzelne oder Gruppen, die dem Chaos zugeordnet werden, symbolisch zum Objekt rein technischer Behandlung und nicht zum – zwar gegnerischen, aber eben doch letztlich möglichen – Spiel-Partner von Verhandlungen »präfabriziert« werden.

Es ist genau diese Perspektive, die die Khomeini-Karikatur entwirft. Mit »Feuer«, »Nacht«, »Blindheit« und »Irrsinn« sind gleich mehrere Kollektivsymbole für das subjektlose, außersystemische Chaos realisiert. Khomeini repräsentiert eine Masse von »Fundamentalisten«, die eigentlich eine »Feuer-Flut« sind, mit der nicht verhandelt, die nur gelöscht werden kann. Hier deutet sich ein weiterer, neben Symbolik und Charakterbild wichtiger Faktor derartiger Feindbilder an, und zwar die Struktur einer Subjekt-Situation. Gemeint ist dabei die Situation, die an dieser Stelle für die Rezipienten der Karikatur automatisch mitentworfen wird. Ihr wichtiger Effekt besteht etwa in der subjektiv direkt nachvollziehbaren Bedrohung: Khomeini, also die bedrohlichen Massen, kommen direkt auf »mich« zu. Es läßt sich vermuten, daß gerade diese Subjekt-Situationen die Akzeptanz von möglichen Kriegen durchaus erhöhen können.

Bevor wir aber genauer auf die Entwicklungen des Golfkriegs eingehen, seien noch Thematisierungen eines weiteren arabischen Politikers erwähnt, der, lange vor Saddam Hussein, zum wichtigen symbolischen Feindbild in den Medien wurde. Es geht um den libyschen Staatspräsidenten Ghaddafi. Über ihn heißt es in einer Schlagzeile der »Bild« vom 15. April 1986: »Gefährlicher Ghaddafi: Der Wahn, der aus der Wüste kommt.« Bereits im Fettdruck der Überschrift sind hier mit »Wüste« und »Wahn« Symbole des Chaos und die Subjekt-Situation der Bedrohung realisiert. Der Artikel gibt sich wissenschaftlich. Zwei Psychologen erklären den »Charakter« Ghaddafis. Ihre sich dabei widersprechenden Zuschreibungen von »Leidenschaft, Genußfreudigkeit, Sinnlichkeit« auf der einen und »Askese« auf der anderen Seite irritieren diese symbolische Strategie nicht. Denn es sind beides Elemente des Orientstereotyps, die ihn als Raum »unter« dem Okzident situieren. Die Kennzeichnung »Islam« spielt hier etwa im Gegensatz zu Khomeini keine Rolle, dafür werden anhand einer Gesichtsdiagnose »Fanatismus« (Augen), »Unnachgiebigkeit« sowie »Herrschsucht« (Wangenfurche) hervorgehoben. Zu dem Artikel gehört übrigens ein Foto von Ghaddafis Gesicht, ein Bild also, das durch die Zuschreibungen symbolisch aufgeladen wird. Es ist dies ein Verfahren, das – nicht so explizit wie in diesem Fall – allgemein in den Medien bei verschiedenen Fotos mit entsprechenden Einstellungen oder Retuschierungen und insbesondere durch zahlreiche Ghaddafi-Karikaturen reproduziert wird. Das wichtigste bei der Bild-Diagnose ist jedoch der »Wahnsinn«, der angeblich klinisch ist: »Ghaddafi ist seelisch krank. Er leidet wie Hitler oder Stalin an Verfolgungswahn, muß zum Beispiel jede Nacht an einem anderen Ort schlafen.« Auch hier also schon der Stalin- und Hitlervergleich, der später bei Saddam Hussein noch mit viel größerer Vehemenz funktionierte. Er hat natürlich besonders im Falle Hitlers eine enorme Entlastungsfunktion für die westliche Perspektive, da auf diese Weise das Phänomen Hitler symbolisch in den Orient abgeschoben wird.

Nur eine Woche später, am 23. April 1986, kommt »Bild« dann allerdings zu einer anderen Diagnose: »Drogen: Ghaddafi süchtig.« Nicht nur die »Herrsch-Sucht« führt also im Falle Ghaddafis zum Verlust von Selbstkontrolle, Autonomie und damit des Subjekt-Status, sondern nun auch noch die Drogen-Sucht. Zugleich sind die Drogen eines der gefährlichsten Gifte für den westlichen symbolischen Körper, da sie eben die Vernunft ausschalten und unzurechnungsfähig machen. Symbolisch wird Ghaddafi somit auf verschiedenen Ebenen zur Bedrohung. Dem an dieser Stelle möglichen Einwurf, eine solche Feindbildkonstruktion sei typisch für – aber eben nur für – die »Bildzeitung«, sei eine Schlagzeile der »Zeit« vom 10. Januar 1986 entgegengehalten: »Bedrohlich wie die Wüste. Muammar al-Ghaddafi: eine gefährliche Randfigur der Weltpolitik.«

Der Irre aus Bagdad

Hatten Ghaddafi oder Khomeini in den achtziger Jahren bereits ihre festen Konturen als westliche Feindbilder erhalten, so stellte Saddam Hussein zu Beginn der sogenannten Golfkrise offensichtlich noch ein Problem für die Medien dar. Er mußte erst entsprechend aufgebaut werden. Denn Saddam Hussein galt – wie oben die Khomeini-Karikatur deutlich in Erinnerung brachte – jahrelang eher als positive Gegenfigur zur absolut negativen des iranischen »Fundamentalisten«. Das laizistische Regierungssystem wie die Aufgeschlossenheit gegenüber einer angeblichen Frauenemanzipation wurden hervorgehoben und machten ihn eher zu einem Vertreter westlicher Vernunftsprinzipien innerhalb dieser symbolischen Konstellation. Das ist übrigens auch sicherlich ein Grund dafür, daß bis heute kaum die Frage gestellt wurde, warum der irakische Angriff auf den Iran etwa vom UNO-Sicherheitsrat nie als Aggression verurteilt wurde. Tatsache ist jedenfalls, daß zu Beginn der sogenannten Golfkrise die westlichen Medien nicht über ein stereotypes negatives Saddam-Bild, das z. B. in Karikaturen sofort als solches erkannt werden könnte, verfügten. Gerade die dann einsetzende Neuproduktion eines Feindbildes Saddam lenkt den Blick darauf, daß es sich bei solchen Produktionen offensichtlich um diskursiv geregelte Verfahren handelt, die sich an Ereignisse ankoppeln können, um dann ihrerseits zu wichtigen und notwendigen Elementen politischer Entwicklungen zu werden.

Die »Bildzeitung« löste bekanntlich das Problem auf ihre genial-einfache Weise – sie machte Saddam zum »Irren« schlechthin. »Was macht der Irre jetzt?« (9. August 1990) – »Jetzt quält der Irre auch Deutsche« – »Der Irre ist umzingelt« (14. August 1990) – »Deutsche entkam dem Irren« (20. August 1990). Zur gleichen Zeit werden jedoch auch die notwendigen Konturen einer entsprechenden Ikonographie entworfen. Ein Artikel des »Stern« vom 9. August 1990 formuliert unter dem Titel »Der Brandstifter« die folgende genauere symbolische Kodierung (S. 12): »Seine Lider sind wulstig und schwer wie ein Bollwerk. Ein stechender Blick schießt unter ihnen hervor. Gefurchte Stirn, klobige Nase, ein Schnurrbart in Form eines Säbels. Dieser Mann, sagt das Gesicht, hat in jeder Sekunde ein feindliches Ziel im Auge.« Durch diesen Text, der sich liest wie eine Anweisung für Karikaturisten oder Fotografen bzw. Retuscheure, wird zum einen die angeblich viertstärkste Militärmacht der Welt – eine Aussage von Experten, die sich mittlerweile als Element der Desinformationsstrategie amerikanischer Militärs erwiesen hat – direkt ins Gesicht Saddam Husseins eingeschrieben. Der »Säbel-Schnurrbart« zeichnet es gleichzeitig als »orientalisch« aus. Zum anderen werden Elemente des Fanatismus wie ungeheuere Aggressivität und permanente Feindseligkeit etwa durch den »stechenden« Blick noch zusätzlich bildlich realisiert. Das Symbol des Feuers, das bereits im Titel des Artikels den Fanatismus andeutet, bestimmt bereits das Titelblatt der Zeitschrift – Saddams Kopf vor einem brennenden Hintergrund.

Ein genaueres Charakterbild des sogar klinischen Wahnsinns entwirft ebenfalls im August ein Artikel der »Zeit« (31. August 1990), der durch den Titel »Aus tausendundeiner Alptraumnacht« zugleich das Orientstereotyp akzentuiert. Während der Text selbst vom »schwankenden Gemüt Saddams« spricht, wird die genauere Diagnose auch hier einem Fachmann überlassen, noch dazu einem irakischen Mediziner, also einer bezüglich westlicher Vorurteile angeblich unverdächtigen Person, die es genau wissen muß: »Ein – inzwischen entlassener – Leibarzt diagnostizierte kürzlich im Ausland Schizophrenie, Schwankungen der seelischen Befindlichkeit, welche auch Saddams abwechselnden Verbrauch von Aufputsch- und Beruhigungsmitteln erklärten.« Die Parallelen zu der »Bildzeitungs«-Diagnose Ghaddafis werden dann noch vervollständigt, wenn es im gleichen Artikel heißt: »Fast jede Nacht schläft Saddam in einem anderen Raum.« Gerade diese Stereotypie legt die Verfahren solcher Feindbildmechanismen des Mediendiskurses offen. Wahnsinn und Drogen sind Symbole des Verlustes von Selbstkontrolle und Autonomie und stehen somit für Subjektlosigkeit, für das außersystemische Chaos. Als Krankheit und Gifte bedrohen sie noch dazu den symbolischen Körper des Systems. Und, da es sich um gefährliche »Krankheitsherde« handelt, kann eine »therapeutische« Schutzmaßnahme durchaus angemessen erscheinen. Bezogen auf einen möglichen Zusammenhang zwischen derartigen Feindbildern und der militärischen Eskalation am Golf ergibt sich so zumindest die Frage, inwieweit auf diese Weise verheerende Bombardements durch die Symbolik der »chirurgischen Schläge« eine scheinbare Notwendigkeit und gefährliche Normalität erhalten.

Zusammenfassend läßt sich für die beschriebenen Feindbilder feststellen, daß gerade die symbolischen Verfahren es ermöglichen, so grundsätzlich verschiedene Politiker wie Khomeini, Ghaddafi und Saddam Hussein gleichzusetzen. Ihre besondere Evidenz erhalten solche Gleichsetzungen dann noch durch ihre an einigen Stellen bereits angesprochene Verbindung mit einer negativen Kulturtypologie. Die Klischees und Stereotypen einer solchen Typologisierung werden dabei durch die Feindbilder aktualisiert und in ihrer Geltung verstärkt. Am Beispiel des Kollektivsymbols »Wüste«, das für die diskursive Verarbeitung der militärischen Operation mit Namen »Wüstensturm« eine besondere Funktion hatte, läßt sich dies genauer beobachten. Innerhalb der kollektivsymbolischen Logik des westlichen Mediendiskurses ist die Wüste, wie bereits erwähnt, ein Symbol des außersystemischen Chaos. Insbesondere signalisiert sie durch das Element des »wandernden Sandes« die Unmöglichkeit bzw. den Verlust von Ordnung und Orientierung. Sie wird in Verbindung mit der Hitze der Sonneneinstrahlung zum Ort des Verlustes von Selbstkontrolle und damit zum Ort des Wahnsinns. Als ein Element der Geographie arabischer Staaten wird sie gleichzeitig zu einem funktionalen Symbol für die gesamte Kultur und Politik dieser Region. Auf diese Weise kann die Kriegs- und Nachkriegspolitik der USA pathetisch zum Versuch werden, »der Vernunft einen Pfad durch den Treibsand nahöstlicher Politik bahnen zu können« (Die Zeit, 8. März 1991). Ein Beitrag im »Spiegel« (10/ 1991) warnt davor, daß die »Pläne (der USA, U. G./J. L.) schon bald im Treibsand des Nahen Ostens untergehen« könnten. Die sich hier andeutende symbolische Markierung des Nahen Ostens als Ort der Gefährdung westlicher Vernunft wird in einem Kommentar des »Rheinischen Merkurs« (1. März 1991) genauer ausformuliert:

> »Im Nahen Osten soll eine neue Weltordnung erste Konturen annehmen, ausgerechnet im Sand der Wüsten, über die der Wind bläst und alle Spuren verwischt. Die neue Weltordnung soll in einer Weltgegend geboren werden, an der amerikanische Diplomaten, Außenminister und Präsidenten fast verzweifelten und in der sie keinen anderen Ausweg mehr wußten als jetzt den Krieg.«

Integriert in das grundlegende symbolische Schema von Ordnung/Chaos und Vernunft/Wahnsinn wird also das von Bush geprägte militärisch-politische Konzept der »Neuen Weltordnung« entsprechend symbolisch aufgeladen. Auch der Krieg wird auf diese Weise »vernünftig«, der letzte »Ausweg« der »Vernunft« angesichts des »Wahnsinns«, bevor eben diese Vernunft selbst zu Schanden geht, »verzweifelt«. Symbolisch wird die geopolitische Region des »Nahen« und »Mittleren« Ostens (auch in diesen Begriffen äußert sich ja übrigens bereits eine eurozentristische Perspektive) zur »Wüste des Wahnsinns« schlechthin. Die Eskalation von Feindbildern in den Medien während Golfkrise und -krieg ist also verbunden mit der vehementen Aktualisierung einer negativen Kulturtypologie, die einen strikten Gegensatz West/Ost, Okzident/Orient mit entsprechender Wertungshierarchie konstruiert. Dabei werden Stereotype wie »die Araber« und insbesondere »der islamische Fundamentalismus« innerhalb des aktuellen kollektivsymbolischen Systems auf allen Ebenen in eine absolut negativ akzentuierte Position gerückt. Die sich auffällig in den westlichen Medien wiederholende Beschwörung der »brodelnden arabischen Massen« situiert die Region als subjektloses Chaos. Auf der wichtigen, durch die räumliche Vorstellung von vorne/hinten bestimmten, symbolischen Achse des Fortschritts wird sie ganz hinten positioniert, eben als »dunkles Mittelalter«. So gilt beispielsweise für einen Artikel der Zeit (1. März 1991) »nicht der Streit um Arabiens Ölreichtum« als Erklärung für »den Krieg am Golf, sondern das ökonomische Mittelalter der Region«. Und zwar besteht dies für den Verfasser in dem angeblich kaum vorstellbaren »Dschungel« von Vorschriften für westliche Investoren. Mit dem Symbol des Mittelalters verbindet sich ganz typisch auch sofort ein Symbol des außersystemischen Chaos.

Auf der vertikalen Achse der Symbolik erhält dann etwa eine islamisch orientierte Bevölkerung den Platz ganz unten, mit entsprechender Wertungsperspektive. Eine drastische konkrete Ausformulierung dafür liefert anhand der Körpersymbolik wiederum ein Artikel der »Zeit« (22. Februar 1991). Theo Sommer kommentiert die sowjetischen Verhandlungsinitiativen kurz vor Beginn der Landoffensive gegen den Irak Ende Februar als den Versuch Gorbatschows, es zu verhindern, »daß die Amerikaner dicht am ›weichen Unterleib‹ der Sowjetunion eine dauerhafte Militärpräsenz einrichten«. Es muß wohl kaum erwähnt werden, daß das Symbol des »weichen Unterleibs« Momente umfaßt wie Sexualität, Schmutz, problematische Körpergrenzen, also solche Momente, die zumindest aus der dominanten Perspektive gegenwärtiger Kultur negativ akzentuiert sind. Erfaßt werden nun mit diesem Symbol genau die sowjetischen Republiken mit einem hohen moslemischen Bevölkerungsanteil.

Negative Spiegelbilder

Mit solchen grundlegenden symbolischen Kodierungen ist gleichzeitig eine aktuelle Version des Orientstereotyps verbunden. Die Kollektivsymbolik schließt sich damit an das an, was

Edward Said in seiner bekannten Studie als »Orientalismus« (1978, dt. 1981) rekonstruiert hat. Und zwar kennzeichnet Said den Orientalismus als ein Netz aus wissenschaftlichen Disziplinen und Institutionen, politisch-ökonomischer Praxis sowie kunst- und gebrauchsliterarischen Texten, das insgesamt »den Orient« als eine gesonderte Identität erst schafft. Grundlegend für das so entstandene Stereotyp des Orients ist die Entgegensetzung von westlich-europäisch und östlich-nichteuropäisch. Dabei erhält der Orient eben die Identität des Nicht-Europäischen, eine Identität als das »Andere« des Westens. Gerade in dieser Relationierung erweist sich die Bedeutung des Orientstereotyps für eine europäische bzw. westliche Identität, die gleichzeitig innerhalb dieser Konstellation als eine grundsätzlich überlegene gekennzeichnet ist. Während das »Okzidentale« die Gültigkeit des »Normalen« erhält, wird das »Orientalische« zur »Abweichung«, zu dem »Anderen«. Anschaulich läßt sich die Bedeutung dieses Orientstereotyps vielleicht beschreiben als die eines negativen Spiegelbildes, in dem sich der Westen immer neu seiner eigenen Souveränität versichert. Die bisher beschriebenen kollektivsymbolischen Verfahren aktueller Feindbilder sowie der Mediendarstellungen der politischen Entwicklungen in der Golfregion schreiben sich in genau dieses Stereotyp ein, so etwa in das Klischee vom Orient als Ort der »Gegen-Vernunft«. Tatsächlich wiederholen sich dann auch seit Golfkrise und -krieg in den Medien viele der Konzepte des Orientstereotyps, die Saids Untersuchung nennt; besonders etwa der »orientalische Charakter« mit seinen Merkmalen Irrationalität, Unfähigkeit, Rückständigkeit, Gleichgültigkeit und der »orientalische Despotismus«. Auch dies sei mit einer kleinen Auswahl empirischen Materials dokumentiert.

Im August 1990 – also zu einem Zeitpunkt, als die angeblich ungeheuere Schlagkraft der irakischen Armee und damit die Gefahr, die vom Irak ausging, ein wichtiges Thema war – heißt es in dem oben bereits genannten Artikel der »Zeit« (31. August 1990), daß sich, wenn Saddam etwas durchsetzen wolle, »die Ausführungsorgane ganz unarabisch effizient« zeigen würden. Die Kennzeichnung »arabisch« ist, wie Said für die zweite Hälfte des 20. Jahrhunderts konstatierte, zu einem

Synonym für »orientalisch« geworden und trägt offensichtlich auch hier die Merkmale »unfähig«, »faul«, eben »ineffizient«. Aus derselben Perspektive kann dann mit kaum noch erträglichem Zynismus ein Kommentar der Zeitung »Die Welt« vom 18. Januar 1991 – also in der ersten Ausgabe nach Bekanntwerden der Bombardements – feststellen, daß die Chemie- und Nukleartechnik »bei Saddam Hussein glücklicherweise nur orientalisch funktionierte«. Der Einsatz des Klischees von der orientalischen Ineffizienz schützt zu diesem Zeitpunkt sicherlich auch vor einer Irritation, die etwa durch die Frage entstanden wäre, ob eine weitere unvorstellbare Eskalation des Krieges nur durch den unerklärlichen Entschluß eines »Irren« oder die eventuell verantwortungsbewußte Haltung irakischer Militärs verhindert worden ist. Insgesamt müßten – so der Kommentar weiter – »die Araber« jetzt erkennen, daß Krieg kein »orientalischer Märchentraum« sei, sondern ein Mittel, um »mit elektronischer Präzision ein verbrecherisches Regime auszuschalten«. Hatte bereits der oben genannte Artikel der »Zeit« in seinem Titel die für die populären Vorstellungen vom Orient zentralen »Märchen aus Tausendundeiner Nacht« etwas verfremdet zitiert, so wird hier mit dem Topos ›Märchentraum‹ auf drastische Weise das dualistische Schema von ›orientalischer‹ Irrationalität und ›okzidentaler‹ Rationalität realisiert. Der Zugang zu den Standards einer High-Tech-Kriegsführung wird damit nicht zur Konsequenz einer bestehenden Machtstruktur zwischen hochindustrialisierten Ländern und Schwellenländern, sondern zu einem Charaktermerkmal. Noch dazu erscheinen durch die Bindung der High-Tech-Vernichtungswaffen an den »rationalen westlichen Charakter« deren gefährliche Eskalations- und Vernichtungsrisiken gebannt.

Mit derselben bereits verräterischen Generalisierung »die Araber« entwickelt ein Leitartikel des »Rheinischen Merkurs« (1. März 1991) mit deutlich neorassistischen Tendenzen eine imaginäre Skala von Entwicklungsstandards zur Distinktion verschiedener Kulturen. Zum einen wird ganz allgemein die symbolische Fortschrittsachse thematisiert. Es geht um »die arabische Welt, die gewiß nach einer anderen kulturhistorischen Uhr läuft als die Industriekultur des Westens«. Zum anderen wird diese Zeitachse symbolisch verbunden mit dem Komplex der Erziehung, denn – so der »Rheinische Merkur« – »die Araber brauchen, gerade zum Schutz einer geordneten Entwicklung und zur Wahrung ihrer Substanz, die Anerkennung von verbindlichen Regeln der politischen Aufführung«. Die Relation zwischen Orient und Okzident ist hier deutlich hierarchisch: kindisch, unmündig und unfähig zu eigenständiger Entwicklung der eine – in der Position des notwendigen Erziehers, der allein weiß, was gut ist und die entsprechenden Regeln setzt, der andere.

Auffällig ist der Einsatz des Orientstereotyps auch dann, wenn es um ambivalente Feindbilder von Politikern geht, d. h. um solche Bilder, die doch noch Subjektstatus haben; Bilder, die offensichtlich notwendig sind, wenn nicht Be-handlungen, sondern mögliche Ver-handlungen thematisiert werden. Die harte Haltung der USA gegenüber den irakischen Rückzugsangeboten vor Beginn der »Landoffensive« kommentiert Theo Sommer in der »Zeit« (s. o., 22. Februar 1991) folgendermaßen: »Es widerstrebt ihnen jegliches diplomatische Feilschen nach der Manier orientalischer Basare.« In derselben Nummer werden an anderer Stelle Rafsandschanis »Talente als gewiefter Teheraner Basari« betont. Unter dem symbolischen Titel »Viele Bräute, keine Ehe« heißt es über den iranischen Präsidenten, er habe »seine Gabe, wortgewandt, mit vielen Zungen zu reden, noch verfeinert« und verfolge »seit Beginn der Golfkrise im August vorigen Jahres konsequent seine Politik, sich der Mitgift mehrerer Bräute zu versichern und dennoch keine Ehe einzugehen«. Schon beim Titel des Artikels läßt sich nicht nur der orientalische Topos des Harems, also einer nichtfamilialen Erotik, assoziieren, sondern er ist gleichzeitig mit Merkmalen wie Schwindel und Betrug verbunden. Noch verstärkt durch den »Basari« und die ›Doppelzüngigkeit‹ entsteht so das stereotype Bild eines orientalischen Charakters. Die Bedeutung solcher Symbole und Klischees für den Mediendiskurs zeigt sich besonders in solchen Fällen, in denen es zu auffälligen Wiederholungen kommt. Das Symbol des Basars greift etwa der amerikanische Journalist Don Jordan im ARD-Presseclub vom 25. Februar 1991 in mehreren seiner Wortbeiträge wieder auf und erklärt, der Irak habe versucht, »die UNO und die ganze Welt in einen orientalischen Basar zu verwandeln«. Hier werden mögliche Rückzugs- bzw. Verhandlungsangebote gleich zur Aggression, zur Bedrohung des Okzidents durch das ›Orientalische‹.

Bekanntlich ist Saddam Hussein noch immer an der Macht. (Es kann hier nicht um Vermutungen über die Funktion der irakischen Regierung für die Szenarien der »Neuen Weltordnung« gehen.) Innerhalb der symbolischen Logik des Mediendiskurses wäre diese Tatsache allerdings unerträglich, wenn es sich um den nur »Irren« handeln würde. Schon deshalb muß er offensichtlich auch ein kalkulierender Charakter sein, ein Taktiker. Für die notwendige symbolische Distanz zu anderen, etwa westlichen Politikercharakteren bürgt die Kennzeichnung orientalisch. »Saddams Taktik« bezüglich der Forderungen des Waffenstillstandsvertrages – so ein Artikel der »Frankfurter Allgemeinen Zeitung« vom 10. August 1991 – sei begründet in der »orientalischen Regel, daß die Zeit demjenigen hilft, der am meisten Geduld hat«. Das Leid, das die irakische Bevölkerung dadurch erführe, lasse ihn »kalt«. Es ist also das Charakterbild des – eben typisch »orientalischen« – grausamen Zynikers. Das immer noch andauernde Leiden der Zivilbevölkerung unter den Folgen des Krieges ist also begründet im »orientalischen« Charakter. Es bedeutet deshalb keinerlei Irritation einer Politik, an der auch ›westliche‹ Staaten beteiligt waren und sind. Das neuerlich aktualisierte stereotype Bild des Orients als ein negatives Spiegelbild des Okzidents fungiert damit auch als Projektionsfläche gerade für mögliche negative Erscheinungen der Politik. Konkret bezogen auf den Golfkrieg gilt dies insbesondere für die diskursive Verarbeitung politischer Maßnahmen der mehr oder weniger offiziell alliierten Staaten des westlichen Bündnisses, wie z. B. der Türkei. Die im August 1991 erfolgten türkischen Bombenangriffe auf kurdische Dörfer im Irak wurden bekanntlich mit eher zurückhaltender Kritik geduldet. Weit entfernt von offizieller Verurteilung oder gar Sanktionen unterbrachen die Industrienationen – mit Ausnahme der Schweiz – noch nicht einmal die laufenden Waffenlieferungen an die Türkei. Der Verdacht eines möglichen Zusammenhangs zwischen der Politik der Industrienationen bzw. der

»Neuen Weltordnung« und diesen Bombardements wird exemplarisch in einem Artikel der »Frankfurter Rundschau« (10. August 1991) durch den Einsatz des Orientstereotyps bereinigt. Denn hier heißt es, die türkische Vernichtungspolitik gegenüber den Kurden hätte mit »einem modernen und demokratischen Staat nichts zu tun, sondern mehr mit jener orientalischen Despotie«. Die Türkei wird gespalten in einen orientalischen Rest und einen westlichen Anteil. Letzterem können dann auch die Waffen geliefert werden. Eine etwaige negative Anwendung dieser Waffen ist eben »orientalisch« und hat von daher nichts mit der »westlichen« Politik zu tun. Hinzu kommt als ein grundlegender Effekt des Topos vom »orientalischen Despotismus« auch an dieser Stelle die generelle Überlegenheit einer »okzidentalen« Perspektive, die als die einzige demokratische gilt.

Karl May und die Schwerter des Islam

Eine wichtige Instanz der Verbreitung und Vervielfältigung dieser kollektivsymbolischen und klischeehaften Markierungen des Orients waren die, besonders in den Monaten des Krieges, beliebten »Expertenrunden« der Medien. Schon diese spektakuläre Produktion von Wissen über »den Orient«, »den Islam«, die auch durch den Buchmarkt unterstützt wurde, legt den Verdacht nahe, daß die Ursachen des Krieges wiederum auf den »Orient« abgeschoben werden. Ein Blick auf das populäre, bereits für die Medien aufbereitete Expertenwissen – und auf das wollen wir uns aufgrund unserer Untersuchungsperspektive hier beschränken – scheint dies zu bestätigen. Repräsentativ dafür sind Namen wie Scholl-Latour oder Konzelmann. Beide waren nicht nur gefragte Beiträger für die verschiedensten »Expertenrunden«, sondern es erschienen auch prompt Neuauflagen ihrer älteren Veröffentlichungen. Scholl-Latour produzierte bekanntlich eine eigene Sendereihe mit entsprechender Buchausgabe. Titel wie »Das Schwert des Islam«, »Allahs neues Weltreich«, »Die Araber« weisen bereits darauf hin, daß es sich bei diesem Expertenwissen um jeweils aktualisierende Fortschreibungen des Orientstereotyps handelt. Wobei die Aktualisierung genauer in der Verknüpfung gegenwärtiger politischer Ereignisse mit der Geschichte des Islam besteht. Geschichten aus dem ersten Jahrtausend christlicher Zeitrechnung und aus noch davor liegenden Epochen machen deshalb meist einen Großteil der Darstellungen aus. Mit Beschwörungen der »Urzeit« oder »Frühgeschichte« und Zitaten aus alten Texten, die gerade die angebliche Identität des Orients erst konstituieren, wird die Vielfalt und Komplexität gegenwärtiger politischer Prozesse hemmungslos reduziert auf das Stereotyp vom Orient. Dieses, eben ihr eigenes Verfahren, ordnen die Experten wiederum dem ›Wesen des Orients‹ zu. So »stoßen wir« laut Scholl-Latour – und dessen Veröffentlichung »Das Schwert des Islam«, die durch den Golfkrieg noch eine besondere Popularität erhielt, kann als Beispiel dienen – auch im Kontext des Golfkrieges »auf eine permanente Gegebenheit des Orients: ferne Geschichte vermischt stets mit der Gestaltung der Gegenwart und der Zukunft« (S. 22). Der Konflikt zwischen Palästinensern und der israelischen Regierung entspräche »einem uralten unerbittlichen Gesetz«, ja er reiche »in die Urzeit zurück bis zum Stammvater Abraham« und sei die »Fortsetzung eines semitischen Bruderzwistes, (...) der sich in der Nacht der Frühgeschichte verliert« (ebda.). An dieser Stelle, wo gleichzeitig die gefährliche Nähe von Orientstereotyp und Antisemitismus zu spüren ist, deutet sich an, daß auch das populäre Expertenwissen bestimmt wird von der beschriebenen Kollektivsymbolik, wie etwa die vom Orient als Ort der »Finsternis«. Insbesondere aber ist das gesamte Wissen strukturiert durch das dualistische Schema einer negativen Kulturtypologie, die durch Scholl-Latours Text eine besonders pointierte Ausprägung erfährt. Wiederholt ist die Rede von Klüften und Abgründen, die ›aufreißen‹ zwischen Orient und Okzident, welcher auch hier der »rationale Westen« ist (S. 25). Mit der entsprechenden Symbolik der ›brodelnden Massen‹ und der ›möglichen Flut‹ arabischer Flüchtlinge und Auswanderer wird eine Subjektsituation permanenter Bedrohung für den Westen entworfen (z. B. S. 29 u. 155). Gerade diese symbolische Konstruktion eines sich verschärfenden Gegensatzes scheint eine wichtige Akzentuierung des aktuellen Orientbildes zu sein.

Wie prägend dies bereits für die Kultur der Bundesrepublik geworden ist, zeigt nicht zuletzt der zum Bestseller und Kinoerfolg avancierte Roman »Nicht ohne meine Tochter« von Betty Mahmoody, den wir hier nur kurz erwähnen wollen. Mit dem Gestus autobiographischer Betroffenheitsliteratur werden in diesem Text die negative symbolische Kodierung und die bekannten Klischees vom Orient als Ort des Fanatismus, des Wahnsinns, des Schmutzes, der Ineffizienz, der Degeneration und besonders des Anti-Feminismus in Szene gesetzt. Zum Standard der Frauenbefreiung erhoben ist dabei allerdings die Position einer westlichen (genauer: amerikanischen, christlich-familialistischen) Mittelklasse-Mütterlichkeit. Gleich zu Anfang formuliert der Text das bekannte dualistische Schema mit entsprechender Hierarchisierung als das zentrale Konzept für Figuren und Handlung (dt. Ausgabe, S. 8): »In seinem Kopf (gemeint ist der iranische Ehemann, U. G./J. L.) saß brillante Intelligenz neben düsterer Verwirrung. Kulturell gesehen war er eine Mischung aus Ost und West; nicht einmal er selbst wußte, welcher der Einflüsse in seinem Leben vorherrschend war.« Diese Unfähigkeit zur Selbstreflexion zeichnet bekanntlich den »Orientalen« aus, und so übernimmt die Heldin des Okzidents in ebenfalls bekannter Souveränität diese Aufgabe der Wissenden, um dabei alle nur denkbaren Klischees und Vorurteile zu bestätigen.

Als ältere populär-literarische Verarbeitungen stereotyper Bilder vom Orient sind besonders in Deutschland nach wie vor sicherlich die Romane Karl Mays von großer Bedeutung. Auch sie fungieren deshalb als wichtige Bezugstexte unserer aktuellen kulturellen Perspektive und werden in den Medien entsprechend zitiert. Im Februar 1991 realisiert etwa ein Artikel des »Spiegels« (5/1991, S. 146) bereits in seinem Titel »Kriegshysterie in Jordanien« (im Text geht es dann weiter um die »Massenhysterie, die in den Moscheen... angetörnt« würde) den möglichen Wahnsinn als ein Element des orientalischen Charakters. Über einen jordanischen Intellektuellen und Politiker heißt es dann, er sei »ein Korangelehrter wie aus einem Roman von Karl

May: klein, dick, Kaftan, Turban, rauschebärtig«. Mit diesem Hinweis auf Karl May wird nicht nur die konkrete Beschreibung, sondern der gesamte Komplex des Orients realisiert. Denn mit erstauntem Gestus stellt der Artikel weiter fest, daß dieser Gelehrte ein »hochgebildeter Mann mit guten Kenntnissen der westlichen Geschichte« sei. Was für den Okzident normal ist, nämlich die Kenntnis des Orients, ist wiederum für den Orientalen ungewöhnlich, und außerdem ist die eigentliche Bildung offensichtlich westlich bestimmt. Dieser erstaunte Kommentar zitiert geradezu die Figur des Kara Ben Nemsi, als der wohl populärsten literarischen Subjektivierung der westlichen Überlegenheit. Bekanntlich kennt dieser nicht nur die Sprachen, sondern auch den Koran, und damit auch das »Orientalische«, besser als die »Orientalen«. Er weiß, wie häufig festgestellt wird, alles, selbst das, was man nicht sieht. Aber er sieht eben auch viel mehr, denn Kara Ben Nemsi hat ein Fernrohr; auch das ein Symbol überlegener Perspektive. Und hier ergeben sich erstaunliche, aktuelle Parallelen. Denn ähnlich wie Kara Ben Nemsis Fernrohr wurde auch der High-Tech-Einsatz während des Golfkriegs zugleich symbolisch verarbeitet.

Exemplarisch für sehr viele Medienbeiträge sei dies an einem Artikel aus der »Welt« vom 18. Januar 1991 aufgezeigt. Unter dem Titel »Elektronik im Einsatz« wird der Golfkrieg als Ereignis gefeiert, das »schlagartig erhellt« habe, »wie groß und wie entscheidend – das Gefälle in der Hochtechnologie geworden ist. Chips, Sensoren und Laser erweitern die Sinne des Menschen auf geradezu phantastische Weise: er kann im Dunkeln sehen, unter Wasser fühlen, auf Hunderte von Kilometern hören, punktgenau identifizieren.« Die High-Tech-Ausrüstung macht hier den westlichen Charakter symbolisch zum fast mythischen, übermenschlichen Subjekt. Eine besondere Faszination hat dabei die »punktgenaue« Identifizierung. Sie ist gleichzeitig Element des Symbols vom »chirurgischen Schlag«. Denn – so der Artikel weiter – die Strategen könnten »dank der Elektronik punktgenau wie ein Chirurg mit dem Skalpell die Ziele des Gegners exakt herausoperieren«. Erinnern wir uns noch einmal an die Wüste als Ort ohne Orientierungsmöglichkeiten und damit als Symbol des außersystemischen Chaos, des

Wahnsinns, dann wird gerade diese Faszination erklärlich. Auch die berühmten Fernsehbilder mit dem Fadenkreuz erhalten eine Funktion, die über die häufig kritisierte Verharmlosung des Krieges zum Videospiel hinausgeht. Denn sie werden zum Symbol der Systematisierung dieses Chaos und damit zum Bild der westlichen Rationalität, die sich eben gerade an diesem Ort des Wahnsinns ihre unermeßliche Souveränität beweist. Auch die »Killing-Boxes«, d. h. die Einteilung der Wüste in zu bombardierende Planquadrate, erhalten auf diese Weise durch die symbolische Konstellation ihren zusätzlichen Sinn.

Der symbolische Status, den der »Orient« im Mediendiskurs erhalten hat, dokumentiert sich nicht zuletzt in der immer noch als Erfolg und Bestätigung der Führbarkeit von Kriegen verbuchten »Kill-Rate«. Sie beläuft sich bekanntlich ohne Berücksichtigung der Opfer unter der Zivilbevölkerung auf 1000 : 1. Der symbolische Wert eines arabischen Lebens bemißt sich also für die Vertreter der »Neuen Weltordnung« offensichtlich entsprechend. Der Komplex »Orient« – so läßt sich insgesamt feststellen – ist ein Element der symbolischen Konstellation des sich extrem zuspitzenden dualistischen Schemas von westlicher Normalität und nichtwestlicher Anormalität. Ein sich aus der symbolischen Logik ergebender ›Handlungsbedarf‹ von ›Begrenzung‹, ›Ausgrenzung‹ und ›therapeutischen Maßnahmen‹ bis hin zu ›chirurgischen Schlägen‹ könnte zu einem bestimmenden Faktor der Politik werden, wenn es nicht gelingt, gerade auch diesen symbolischen Automatismus zu entschärfen.

Die Autoren

Adonis (bürgerlich Ali Ahmad Saᶜid Esber), geb. 1930 in einem nordsyrischen Dorf, gilt als der bedeutendste zeitgenössische arabische Dichter. Entstammt einer Familie armer Bauern. Sein Vater macht ihn vertraut mit dem Koran und klassischer arabischer Dichtung. Erster dichterischer Auftritt mit 15 Jahren, vor dem Präsidenten der gerade unabhängig gewordenen Republik Syrien, Shaker al-Kawatli.

1958 aus politischen Gründen Emigration in das liberale Beirut. Dort Annahme des Künstlernamen Adonis, eine Beschwörung des unsterblichen syrischen Gottes der Erneuerung durch Tod und Wiedergeburt. Adonis' Lyrik beeinflußt eine ganze Dichter-Generation, gleichzeitig wird er zum Wortführer und Motor progressiv-modernistischer arabischer Intellektueller. Da er für sich das Recht beansprucht, Realität immer wieder neu zu deuten und in eine eigene, visionäre Sprache zu fassen, zieht er sich die Feindschaft islamischer Fanatiker und Fundamentalisten zu, für die Gott bereits im Koran die absolute Wahrheit offenbart und allen Dingen schon ihren endgültigen Namen gegeben hat.

Nach wiederholten Drohungen islamistischer Kreise emigriert Adonis 1986 nach Paris.

Sadik Jalal al-Azm, geb. 1934 in Damaskus, entstammt einer alteingesessenen Damaszener Familie, die ehemals führende Notabeln und Aristokraten stellte. Al-Azm ist Professor für Philosophie in seiner Heimatstadt und Gastprofessor für zeitgenössisches arabisches Denken an der Princeton University, USA.

In der arabischen Welt bekannt wurde er vor allem durch

seine Bücher »Selbstkritik nach der Niederlage« (Beirut 1968) – darin untersucht er die Gründe der arabischen Niederlage gegen Israel 1967 und kritisiert insbesondere die überschwengliche Rhetorik der arabischen Regime, die sich eher an Wunschbildern denn an der Wirklichkeit orientiere – und »Zur Kritik des religiösen Denkens« (Beirut 1969). Für dieses Buch mußte er sich vor Gericht verantworten, weil seine radikale Kritik an erstarrtem religiösen Dogma als ein Angriff auf den damals bestehenden religiösen Proporz libanesischer Politik gewertet wurde.

Der Beitrag von al-Azm basiert auf seiner bislang unveröffentlichten Vorlesung »Islamic Revivalism revisited«, die er 1987 in Princeton gehalten hat. Sie wurde für diesen Band grundlegend überarbeitet.

Mohammed Arkoun, geb. 1928 in einer algerischen Kleinstadt, ist Professor für die Geschichte islamischen Denkens an der Pariser Sorbonne Nouvelle. Er gehört zu den wenigen arabisch-islamischen Philosophen, die öffentlich »Für eine Kritik der islamischen Vernunft« eintreten – so der Titel eines seiner Hauptwerke.

Friedemann Büttner, geb. 1938, ist Professor für Politik und Zeitgeschichte des Vorderen Orients an der FU Berlin.

Ali E. Hillal Dessouki, geb. 1944 in Kairo, ist Professor für Politische Wissenschaft und Direktor des »Center for Political Research and Studies« an der Universität Kairo, Visiting Professor an der University of California, Los Angeles, und an der Princeton University, USA.

Adel S. Elias, geb. 1938 in Tripolis/Libanon, ist Nahost-Redakteur des *Spiegel*.

Ute Gerhard, geb. 1952, Dr. phil., Literatur- und Kulturwissenschaftlerin, Mitarbeiterin der Diskurswerkstatt Bochum.

Arnold Hottinger, geb. 1926, Dr. phil., Nahost-Korrespondent der *Neuen Zürcher Zeitung* seit 1958, zuletzt mit Sitz in Nikosia.

Tahar Ben Jelloun, geb. 1944 in Fez/Marokko. Entstammt einer Kaufmannsfamilie. Philosophiestudium in Rabat, Gymnasiallehrer in Tetuan und Casablanca. Erste Gedichte 1965 als Reaktion auf eine brutal niedergeschlagene Studentenrevolte. Lebt seit 1971 in Paris. Promotion in Sozialpsychiatrie über die psychosomatischen Hintergründe von Erkrankungen maghrebinischer Gastarbeiter in Frankreich.

Erhält 1987 den bedeutendsten französischen Literaturpreis, den Prix Goncourt, für seinen Roman »La nuit sacrée«.

Regelmäßige Beiträge in *Le Monde*.

Gudrun Krämer, geb. 1953, Dr. phil., ist Referentin, Fachgruppe Nahost, der Stiftung Wissenschaft und Politik in Ebenhausen bei München.

Jürgen Link, geb. 1940, ist Professor für Neuere deutsche Literaturwissenschaft, insbesondere Diskurstheorie, an der Ruhr-Universität Bochum.

Cherifa Magdi, geb. 1941 in Kairo, Dr. phil., lebt als Übersetzerin und Publizistin in Frankfurt.

Reinhard Schulze, geb. 1953, ist Professor für Orientalische Philologie und Islamwissenschaft an der Ruhr-Universität Bochum.

Udo Steinbach, geb. 1943, Prof. Dr. phil., ist Direktor des Deutschen Orient-Instituts in Hamburg.

Bassam Tibi, geb. 1944 in Damaskus, ist Professor für Internationale Beziehungen in Göttingen und Research Associate an der Harvard University, USA.

Fuad Zakariya, geb. 1927 in Kairo, ist Professor für Philosophie an der Universität Kuweit. Er ist einer der bedeutendsten Wortführer einer Säkularisierung der islamischen Welt und sieht sich dafür heftigen Anfeindungen ausgesetzt.

Der Beitrag von Zakariya ist seiner Essaysammlung »Das islamische Erwachen auf der Waagschale der Vernunft«, Kairo 1989, entnommen und für diese Ausgabe neu überarbeitet worden.

Bücher zu aktuellen Themen

Anneli Ute Gabanyi
Die unvollendete Revolution
Rumänen zwischen Diktatur und Demokratie
228 Seiten. Serie Piper 1271

Johannes Grotzky
Konflikt im Vielvölkerstaat
Die Nationen der Sowjetunion im Aufbruch
201 Seiten. Serie Piper 1409

Johannes Grotzky
Herausforderung Sowjetunion
Eine Weltmacht sucht ihren Weg
463 Seiten mit 24 Abbildungen. Geb.

Dorothea Gräfin Razumovsky
Chaos Jugoslawien
Historische Ursachen – Hintergründe – Perspektiven
190 Seiten. Serie Piper 1577

Roland Tichy
Ausländer rein!
Warum es kein »Ausländerproblem« gibt
165 Seiten. Serie Piper 908

»Was ist des Deutschen Vaterland?«
Dokumente zur Frage der deutschen Einheit 1800–1990
Hrsg. von Peter Longerich.
285 Seiten. Serie Piper 1269

PIPER